新世紀的法律課題

Law Issues for the New Century

楊君仁◆主編　黃錦堂等◆著

通識叢書總序

　　在萬物之中，人類是極為獨特的一種存在，這是很多思想家一致的看法。這種看法並不是單純地出於人類中心的主觀角度，而是有許多客觀事實做為根據的。例如亞里斯多德認為，人之異於其他動物在於具有理性；孟子主張，人之所以為人在於具有四端之心。亦有其他說法指出，人之獨特處在於人有自覺心、人有反省力、人有創造力、人有超越的需求。凡此種種，皆屬客觀事實，而這些獨特的條件使人類社會得以創造出知識、科學、技術、藝術、道德、宗教等等文化現象。

　　在四十六億年的地球史上，從原初渾沌未分的物質作用環境，發展到人類這種生物的出現，極其難得。而人類能發展出繽紛燦爛的文化，更是難得可貴。人類的遠祖或許可以追溯到五百萬年前的東非猿人，但人類創造出文化，只有不到一萬年的歷史。有了文化，不僅使人類脫離野蠻、蒙昧，使人類享有豐富的生命內涵，也讓無聲無臭、無知無覺的宇宙擁有一位參贊天地化育的夥伴。對於這難得可貴的文化，人類不僅要傳承既有的成果，更要暢通創造的本源，而這就是教育的任務了。因此，簡單的說，教育的基本目的不僅在於傳承知識與技術，更在於提升人的品質與能力，使人能夠持續追求理想、開創價值。

由此看來，教育的重要性自然是不言可喻。但是，教育發展的實際情況仍然受到教育資源多寡和社會發展程度的影響。事實上，無論中西，直到西元前六世紀，教育還是少數貴族的專利。即使到了二十世紀初期，世界上能夠接受學校教育的人口比例還是很低的。這種情況一直到了二十世紀後半葉，才大幅改變。在此階段，許多國家都在快速發展，因應各方需求，教育的發展也頗爲蓬勃，其中尤以大學教育爲甚。就台灣二○○五年的狀況來說，大學數量高達一百六十餘所，大學錄取率接近九成。

　　在以社會需求爲主導的潮流下，當代大學教育明顯朝向工具化的目標前進；大學科系的設立以實用性爲主，課程的規劃則以專門性爲主。這種趨向固然能解決一時的需求，但是似乎忘了教育的本來目的，不只是爲了滿足社會需求，亦在提升人的品質。縱使我們由實用的目標來看，過度專門化的課程使得學生知識和視野狹窄，也未必有利於社會的長期需求和個人的未來發展。在這種背景之下，美國在一九七○年代出現大量論述，主張加強大學的通識教育。台灣則在一九八○年代興起熱烈的討論，教育部甚至於一九八四年通令全國大學必須開設通識課程。自此，通識教育在台灣成爲一個全國性的教育議題，也成爲大學教育的一個重要領域。

　　關於通識教育的理念，談的人很多。例如哈佛大學通識教育的原始規劃人羅斯福斯基教授主張，通識教育在於使學生達到五項標準：第一、要有最起碼的溝通與說服力，即思慮清楚、文辭達意。第二、對宇宙、社會、人類要有基本的知識，培養獨立思考判斷能力。第三、在生活品質、閱歷上有較寬廣的視野。第四、遇到進退兩難時，要在道德選擇上有足夠的明辨力。第五、在主修科目上能掌握問題的理論、方法和數據，未來可在較深基

礎上觸類旁通。中央研究院前院長吳大猷則表示，通識教育培養出來的人，要有廣闊的「知識」，要有哲學、文學、藝術的「修養」，還要有客觀分析的「習慣」和審辨的「能力」。

當代學者對於通識教育的期望很高，有人強調視野、格局、器識的培養，也有人強調天人物我的交融合諧。不過，對於在課堂上授課的教師而言，這些目標實在很難企及。因此，有些人寧可專就知識層面來談通識教育，在此，範圍雖較確定，亦有如下之目標：第一、基礎之通，如語言表達和資訊運用的基礎能力。第二、橫向之通，如在自然學科、社會學科和人文學科等領域皆有所涉獵。第三、縱貫之通，如學會某種看問題之角度或掌握一門學問之方法。這些目標較易在課堂授課中達成，但其成敗亦有賴於優良的師資以及優良的教材。

回顧廿年來，在教育部的政策支持和熱心人士的鼓吹之下，通識教育成為一個熱門的教育議題。然而，就具體落實的層面而言，通識教育仍有一些必須正視的問題。其中最常被提及的問題是，部分大學生不重視通識課程，甚至視之為「營養學分」。要改善此一問題，不能只是訴求理念上的宣導，根本的對治之道其實就是要把通識課程教好，提高課程本身的「可尊敬性」。落實優質教學是教育的基礎，更是通識教育成功的關鍵。

台灣現有大學校院多非綜合大學，各校在某些通識領域固然有優良師資，但就課程設計的完整性而言，師資陣容在廣度和深度上多感不足。我在過去幾年，因主持教育部的教學改進計畫，有機會邀集全國各個學校的專家學者組成教學團隊，分別就文學、歷史、哲學、藝術、社會學、政治學、法律等領域，設計出十多門通識課程，並撰寫教材。威仕曼文化事業股份有限公司發願將其全套出版，以供教師和學生參考。這些教材撰寫者皆一時

之選，願意在此計畫中共襄盛舉，殊為難得，對國內通識教育的提升必有助益。值此系列叢書出版之際，除感謝威仕曼文化公司外，更要再度感謝各領域的召集人與教授們。

朱建民　謹識

新世紀的法律課題

主編序

　　本書乃集合九十三學年度「大學校院通識教育巡迴講座」法律領域的講稿而成，講座規劃之初，因適逢新千禧年到來，故以新世紀的法律課題為主軸，邀請民、刑、公、商、法領域法律學者，就當代最具挑戰性的法學問題，提出深入與前瞻的專家觀點，並有別於法律學院的專業法律教育模式，嘗試以更口語化的用詞，更寬廣的視野，更具教育關懷的意念，投入通識教育法律巡迴講座，提供我國高等教育學子法學通識修養的機會。

　　我國高等教育推行通識教育，至今亦已逾二十餘年，但不可諱言的，處於現今專業系所林立的大學校園環境，投入通識教育的資源人力畢竟有限，因此，當時受總計畫「教育部第二梯次提升大學基礎教育計畫」──「大學校院通識教育巡迴講座」主持人，國立中央大學哲學研究所朱建民教授之邀，擔任法律領域協同主持人，負責規劃與邀請學者安排講座時，實感責任重大，心情並不輕鬆。原因在於，既然定位為「巡迴講座」，內容自不能同於一般通識法律課程，而法律人向來習慣功成於自家法學專業，講者是否願意奔波道途，面對著並不熟悉法律用語的學子環境，只為熱情澆灌通識教育理念，確實是件頗具挑戰的工作。所幸諸多顧慮，其實僅屬杞人憂天而已，結果證明，本次講座不僅多位

教授鼎助，講稿更編印刊行，值茲本書出版之際，藉此說明成書因緣，並向參與伙伴再表謝意。

楊君仁　謹識

新世紀的法律課題

目錄

通識叢書總序　i

主編序　v

第一章　我國中央政府體制的現況與展望　**黃錦堂**　1

第一節　前言　4

第二節　現行中央政府體制以及相關制度　6

第三節　現行體制的由來：當初的憲政選擇與轉變風貌　17

第四節　現行體制的優點與缺點　23

第五節　台灣雙首長制之下行政的實際運作情形　30

第六節　未來的修改議題　40

第七節　結論　46

第二章　現代婚姻關係之課題　**鄧學仁**　59

第一節　婚姻關係之成立　63

第二節　婚姻關係之效力　67

第三節　婚姻關係之解消　73

第四節　結論　80

第三章　現代親子關係爭端之解決　**鄧學仁** 89

第一節　前言　92

第二節　親生子女關係與法定親子關係之差異　96

第三節　親生子女關係訴訟之問題點　98

第四節　DNA鑑定技術之限制　106

第五節　結論　106

第四章　新世紀經濟犯罪與追訴　**黃朝義** 115

第一節　經濟犯罪之範圍　119

第二節　經濟犯罪之類型　120

第三節　經濟犯罪之規範與追訴　130

第四節　經濟犯罪之整體對策　140

第五章　維護經濟秩序的憲法──公平交易法　**陳榮隆** 157

第一節　公平交易法簡介　160

第二節　公平交易法規範之行為　161

第三節　反托拉斯行為　164

第四節　不公平競爭行為　177

第五章　多層次傳銷行為　192

第六節　違法之責任　197

第七節　法規之競合　202

第八節　結語　205

新世紀**的**法律課題

第六章　憲法理念與我國釋憲制度　**鍾國允**　209

第一節　合憲性審查之涵義　212
第二節　我國憲法上司法結構　217
第三節　大法官組織上之疑慮　220
第四節　解釋憲法與保障人權功能尚有距離　227

第七章　永續台灣與法律對策　**楊君仁**　239

第一節　永續發展的理念　243
第二節　永續發展與法律對策　249

第八章　新世紀的公司治理　**楊君仁**　271

第一節　公司治理的議題　275
第二節　監察人制度存廢問題　282

第九章　法律的全球化與在地化　**楊君仁**　309

第一節　全球化的理念與實踐　313
第二節　法律的全球化與在地化　317

目錄

第一章　我國中央政府體制的現況與展望

台灣大學
政治系教授

黃錦堂

作者簡介

黃錦堂

　　德國杜賓根大學法學博士，台大政治學系教授，主要研究科目為行政法、地方自治法、憲法、環境法、歐洲聯盟法。曾任勞委會、考選部、銓敘部訴願審議委員會，體委會、環保署、台北市政府、台北縣政府法規委員會委員，並曾任行政院環境保護署環評會委員。現任環保署法規委員會委員、考試院銓敘部人事制度研究改進委員會委員。

教學目標

一、指出中央政府體制的理念型，亦即內閣制、總統制、雙首長制、委員會制等常見的選用考量，以及憲政主義的精義。於此有理念型之迫於現實政治之選用的問題。

二、我國現今雙首長制的由來，亦即威權體制轉型後之憲政選擇，有內外諸多的考量。

三、指出我國雙首長制的構造特色與優缺點，尤其一輪選出之總統得自由任命行政院長而可能造成朝小野大困局，以及大選激烈化所引發的民粹與社會撕裂危機。

四、指出未來修憲的可能選擇方案，以及維持現制下之改良。

新世紀的法律課題

摘　要

　　我國歷經六次修憲，並加上釋字第五二〇號解釋與三次大選所呈現之激烈的纏鬥以及民眾一般均認為大選具有政黨更替之意義，已經建立雙首長制的憲政體制。

　　現行雙首長制擁有對內與對外的戰略與有效治理的意涵，並能深化民主——儘管迄今為止台灣的民主與發展仍有相當的改良空間。我國雙首長制的另一個重要環節，為我國歷經威權體制、威權轉型到如今之民主鞏固（初）階段，現今政、經、社、文、法制、地方等次體系乃呈現一定的脆弱性。我國雙首長制最大的問題，在於總統權力很大，其並無義務依立法院的席次比例而過半數席次政黨或聯盟組成多數統治，而選舉過程具有高度的議題操控性、對立性而容易造成社會撕裂的結果。立法院於二〇〇四年八月二十三日完成廢除國大、公投入憲與修正修憲程序、削減立法委員席次、引入單一選區兩票制、總統彈劾改由大法官負責等的修憲案決議，並由國民大會於二〇〇五年六月七日完成複決。這對於未來中央政府體制之修憲——所謂「第二階段」憲改，具有一定之意義。若真有中央政府體制之修憲，國內多數意見出於現狀與現實而務實主張朝向美國式總統制；若無法達成修憲共識而必須維持現狀，則應強化國會之監督權、國會之聽證、必要行政機關之獨立等，以維持權力之分立與平衡。

3

中央政府體制係整體社會（gesamtgesellschaft）中具重要地位的政治次體系的權力配置與組織規定，其設計的良窳將影響與其他次體系的發展。我國中央政府體制於制憲當時爲修正的內閣制；遷台以來經由動員戡亂時期臨時條款而引入與國家安全會議等的機制以及經歷威權體制的過程，而成爲「雙首長制」[1]。一九九一年以來的六次修憲，尤其一九九一與一九九二年有關總統決定國家大政方針以及國家安全會議與人事行政局之設置的保留入憲、一九九四年總統直選與一九九七年總統任命行政院長不須經立法院同意，以及後續之有關國家安全會議的組織法、國防法等的制定，或甚至釋字第五二○號解釋有關新當選之總統得經由行政院長而就已經立法院議決之重大議案之移請覆議之見解，加上一九九六年、二○○○年、二○○四年總統大選所呈現之激烈的纏鬥以及民眾一般均認爲大選具有政黨更替之意義，我國可謂已經確立雙首長制的憲政體制。

第一節　前言

在我國現行雙首長制的憲政體制之下，相對多數所選出的總統得絕對自由任命行政院長，而無所謂「自動換軌制度」，這是自陳水扁總統任命唐飛、張俊雄以來的實踐情形；總統也無義務在立法院籌組過半的聯合內閣或聯合政府，這是二○○一年十二月民進黨於立法委員選舉後在立法院成爲最大政黨而未擁有過半席次以來所建立的一個憲政實例。「少數政府」面對仍然握有法律案之審查權與預算案之審議權的立法院，儘管行政院團隊有高度

的施政企圖，但總不免受到在野黨的嚴厲把關（掣肘），乃一方面意圖迴避立法院審議而在諸多案件中引發行政、立法權限爭議問題，而另一方面行政權乃企圖透過人事與資源的配置，第三方面乃嘗試透過放話、造勢、巡視拜訪等而拉抬聲勢並壓迫在野黨。但在野黨也因掌握相當的席次與舞台而反唇相譏，於是叫罵與對立四起、煙硝味瀰漫，整體社會乃不免瀰漫不安與對抗的氣氛。

　　二○○四年總統大選藍綠雙方實力差距不大，對於此一決定政權得喪的選舉，泛藍占據大半立法院，而泛綠擁有總統府與行政院，雙方無不用盡各種手段以增強自己戰力，行政、立法的權限劃分拿捏，乃更成為爭議，重大案件如陳水扁總統所擬舉辦的防禦性公投的合法性乃至合憲性爭議、行政院與中選會之間的權限劃分與指揮監督關係、立法院得否決議退回行政院所送請審議之整本預算案等。總統選舉的絕對輸贏性，以及因而之行政（此處泛指包括總統府與行政院之體系）與立法間之激烈纏鬥與煙硝瀰漫，已經影響到整體社會其他部門的運作，並引發民眾的疑懼。最新的發展為，二○○四年三月二十日的選舉結果，陳水扁、呂秀蓮的得票數為六百四十七萬一千九百七十票，得票率50.11%；國親聯盟提名的連戰、宋楚瑜得票數為六百四十四萬二千四百五十二票，得票率49.89%。陳呂僅領先連宋二萬九千五百十八票，險勝0.22%[2]。泛藍的候選人連戰先生宣稱選舉不公平，包括公投綁樁、選前槍擊案疑雲、廢票太多或甚至投開計票的精確性等，而依總統副總統選舉罷免法提起選舉無效與當選無效的訴訟，並訴求政府相關單位立即、公開驗票、點票，並且組成彈道和醫療小組，調查陳總統遭槍擊事件[3]。

　　由此顯示，現行雙首長制係總統選戰為政權得喪的攻防，本來已經是最激烈的性質，而加上政黨間的意識型態、經社基礎、

5

自我使命、利益網絡等系統的差別，競爭更是激烈，甚至，整個社會不免捲入狂熱與紛爭，甚且因得票率的接近而延燒到大選之後。

但另一面而言，四年一次的總統直選，以及三年一次的立法委員選舉，對執政者與在野者均構成嚴厲的考驗，蓋這些係民意最直接的表白，並構成對執政者最嚴厲的監督，且總統直選尚有其他的優點，這是不容否認的事實。

本文的目的，在指出現行中央政府體制的優缺點，並呼籲透過行憲以補強可能的缺失；若有修憲的空間，則不免將展開內閣制、總統制、雙首長制（三種理念型，得有下位類型）之對於台灣之最適宜性的討論。在進入得失與修憲與否的討論之前，有必要對現行中央政府體制以及相關的立法院與立法委員選舉制度等，加以描述。修憲涉及重大制度之選擇，非得停留於外國模型之單純引介而已，而須省思台灣的政經社文的歷史與結構，尤其考量立法委員的選舉制度、立法院的職權與實際的運作、主要政黨的得票率、內部構造與領導者的理念與行事風格或甚至彼此間的恩怨情仇等，此外也須考量變動中的國際與兩岸關係以及全球化、資訊化、後現代化、不斷細膩分化的世界性與在台灣的展現，此外也必須考量台灣整體而言屬於民主鞏固階段而仍有諸多民主與法治之深化必要的事實。

第二節　現行中央政府體制以及相關制度

當今中央政府體制得以「總統為權力核心」、「遭到弱化但尚

有一定牽制能力的立法院」，以及實際表現上為「高度的對峙與謾罵」，構成三大特色。析言之，現今雙首長制的主要直接特色，在於總統任命行政院長不須經立法院同意，而且總統得無視於立法院的政治生態而為任命，而不存有「自動換軌制」，這一方面使得立法院權力大減，二則使得依國會多數而為統治的內閣制精神蕩然無存，總統已經成為權力的核心。立法院儘管享有倒閣權，但因為總統得因而解散立法院，立法委員多憚於選舉成敗風險與經費而怯戰，乃形成實際上鮮有倒閣的可能。另一方面，立法院又享有質詢權、預算案審議權、法律案審查權，立法委員個人所召開的公聽會或立法院黨團所召開的記者會等，整體而言仍然構成視聽的一半——我國平面媒體與電子媒體大多採取兩方意見併同報導的方式，使得社會呈現「砲聲隆隆」、「口水對罵」、「愈罵愈兇」的窘境，在野黨也得對重大法案以各種理由（不論合理或誇大而帶有私利性質）予以杯葛。執政黨乃痛批在野黨之蠻橫，而在野黨則以惡詞回敬，吵鬧的朝野與分裂（分治）的政府與社會，使得國家力氣難以全面伸張，而一旦碰到選舉時雙方又各自尋找有利議題而為訴求，乃益發形成分散、對陣與謾罵，而難以細緻化討論公共政策。凡此，對於台灣之進一步有效治理的開展，構成阻力。以下進一步分析，而且係以憲政與法律之規定為主，而輔以實際的政經社文結構與行動之當前具體形成，作為整體的觀察。

總統已經成為權力的核心

現行中央政府體制的內容，為「雙首長制」，具有如下特色：

第一、總統係由人民直接選舉產生，係一次選舉決定勝負，亦即採相對多數制度。這理論上不排除「少數總統」之產生。二○○○年因有三組總統候選人而且實力相近，陳水扁先生最後係以39.4%之得票率而勝出，並在實務上享有絕對的閣揆任命自由，即為一個案例。「少數總統」原本係我國現行中央政府體制中的一大缺失，但這已因國民黨與親民黨於二○○四年總統大選結合為「泛藍」陣營與泛綠對抗，而不再發生。少數總統之情形在可見未來，預料原則上不易發生，蓋泛藍或泛綠之任何一方之分裂，將導致政權拱手讓人的結果，而這是各自所不樂見的結果。

　　第二、總統在憲政實踐上，可謂享有「絕對」之自由以任命行政院長，無須取決於立法院之多數，蓋立法院儘管有倒閣權，但總統得於不信案之通過後之十日內經諮詢立法院長後而宣告解散立法院（憲法增修條文第二條第五項）。由於立法委員之選舉十分激烈（這背後主要的原因之一為現行SNTV選制，參選人「人人有希望，個個沒把握」，而且各黨內已經產生參選爆炸的情形，政黨內與各政黨間的廝殺十分激烈，此外立委選舉所費不貲，而這也與SNTV選制有關），立委無不「怯戰」與避戰，即使政黨之中央黨部也未必有說服與壓迫的空間。原先憲法增修條文第三條第一項有關總統任命行政院長不須經立法院同意之立法，儘管在立法理由欄中提及須視立法院的生態而提名人選，但無論如何，並未化為條文（亦即只是在修憲之理由欄而已），從而並無實定憲法之明文規定。陳水扁總統任命唐飛、張俊雄組閣時，國民黨在立法院均享有過半的優勢，並沒有任何有權機關（尤其司法院大法官）提出任何不同的權威性決定；尤有進者，釋字第五二○號解釋肯認新當選之總統得經由其所任命的行政院長將重大政策移請立法院重為決議，尤其理由欄所稱新當選之總統肩負「最新民

意」，似乎也局部強化總統之閣揆任命權，但筆者認爲這是錯誤的見解，蓋其一則沒有憲法之依據，二則也與憲法所建立的「行政院向立法院負責」之責任政治或多數決統治的原理不符，容易形成少數政府，最後將導致國家治理（指經由行政與立法之分工與合作）之無效率，或甚至導致嚴重的朝野對抗[4]。二〇〇一年十二月立法委員選舉之後，民進黨成爲立法院第一大黨但並未擁有過半席次，陳水扁總統任命游錫堃先生主政依然不是一個立法院過半數席次的統治構造。

第三、總統有權決定國家安全有關大政方針，並因此於總統之下設有國家安全會議與所屬之國家安全局（憲法增修條文第二條第四項）。但無論如何，國家安全會議之決議並不具有法律之拘束力，而須由行政院與立法院各依職掌與權限而完成有關的決定。

9 ‧‧‧‧‧‧

第四、行政院對於立法院決議之法律案、預算案或條約案，如認爲有窒礙難行時，得經總統之核可，移請覆議，覆議時如經全體立法委員二分之一以上決議維持原案，行政院長應即接受該決議。詳言之，行政院長無須辭職，所以得「大膽」提出覆議；而所謂「窒礙難行」之要件，十分抽象，不無開啓行政院貪圖方便之可能——當然，就此部分非無爭議，但至少迄今爲止，立法院職權行使法第三十二條以下未爲進一步的界定；此外，究竟得否「一部覆議」，以及「一部」於如何之情形下已經影響「全部」而成爲整部不得提出，憲法增修條文第三條第二項也有欠明確。於二〇〇四年公民投票法之一部覆議案的過程中，國親兩黨立委並未從程序上加以駁斥，也未申請大法官解釋。若我國原則上承認一部覆議，則這也是行政權之強化的一個表現。

第五、總統的用人權很大：總統得提名考試院、監察院、司

法院之院長、副院長，以及委員或大法官之人選，並由立法院經由審議之後以立法委員總額二分之一之同意爲通過。從二〇〇三年十五位新任大法官人選之審議過程以觀，立法院之審議過程簡單而草率，經由反對而刷下人選之空間不大，除非總統所提的人選有明顯資格不符或嚴重不適任的情形[5]。進一步言之，行政院長、部長、政務次長的去留，立法院毫無置喙的空間；而敏感的職位如駐外大使（不論實際的官銜名稱爲何）、國安局長、調查局長、檢察總長，乃至警察大學校長，均由行政體系直接任命，相關人事人員與政策乃不無向行政院與總統傾斜的可能。我國雖然有中央選舉委員會、公平交易委員會與金融監理委員會等「獨立機關」的設置，但這一切依照行政院組織改造推動委員會的構想與立法進度，最快將於二〇〇六年元旦實施，在此之前相關委員均係依循既有的組織法律而由行政院長提名然後由總統任命之。於此值得注意者爲，總統、行政院長、部會首長並且間接掌握了常任文官的升遷，蓋我國現行有關考績與升遷的機制之「甄審委員會」之成員只有三分之一係票選產生，考績與升遷可謂係由「首長派」所掌控。更進一步而言，我國龐大的公營事業例如中鋼、中油、台電、台糖、中船、漢翔、唐榮、中華郵政、中華航空、中信局、土銀、台銀、農銀、合庫、中國輸出入銀行、自來水公司等，以及經濟部所協助出資成立而掌控董監事席次的各種財團法人，甚至這些國營企業或財團法人所轉投資的公司或私法組織，相關董監事職位均係由部長、行政院長、總統所掌控。整體而言，總統的人事權力乃係太大。

第六、總統的用錢權實際上也不小：我國就預算審議而言，預算編制權在於行政部門，立法部門只能爲刪減的決議（憲法第七十條），而且不得爲款項科目的挪用（司法院大法官釋字第三九

一號解釋），但行政部門之預算編制可謂幾乎沒有上限，一則我國憲法並無任何舉債上限的明文，二則公債法所為的限制從而畢竟屬於只是法律層次而得經由修法加以解決，而為相關修法時將因為涉及相關預算案對特定族群或人民的切身關係（例如蘇花高的建設經費涉及蘇花地區的民眾、六一〇八億的對美軍事採購案涉及國家安全而與每位民眾相關），在野黨的立委不敢輕言刪減。準此以觀，行政部門用錢的權力可謂很大，蓋立法部門不容易經由預算案的審查而為嚴格的把關[6]。

第七、總統享有緊急處置的權力：總統為避免國家或人民遭遇緊急危難，或應付財政經濟上之重大變故，得經由行政院會議之決議，而發布緊急命令，為必要之處置，但必須於命令發布後之十日內提交立法院追認，如立法院不同意時，該緊急命令立即失效（憲法增修條文第二條第三項）。此外，最新的發展為，依公民投票法第十七條，當國家遭受外力威脅，致國家主權有改變之虞，總統得經行政院院會之決議，就攸關國家安全事項，交付公民投票。這種「防衛性公投」，無需經立法院之決議，而且也無須送交公民投票委員會審議——儘管就此非無爭論。一般法律案或公共政策之提交公民投票，總統、行政院或各部會均不享有權利，而由立法院所壟斷。

第八、由以上的規定得導出，這也是陳水扁總統主政以來的實際情形，總統對於行政院長的人選、部長的人選，以及對各部會之主要政策方向或重大個案，甚至中型案件，均有置喙的空間。至於介入的程度，取決於系爭案件（包括法律案、預算案與個案）的嚴重性以及總統個人的主觀認定，乃至行政院長或系爭法案的部長之抗壓性（含專業權威、溝通技巧與網絡），此外也取決於整體人民與大眾媒體或主流知識分子的意見。整體而言，陳

水扁總統展現出高度意志力與決斷的企圖心，從而行政院長與各部長之自主空間受到一定的限制。

第九、總統並得發表文告或演說，也得針對重大議題發言，也得成立不具法律地位之顧問團，也得成立人權委員會、科技委員會等，也得籌組政府改造委員會，也得在總統府內設置實習生制度，凡此可謂取得視聽上乃至前瞻性、全國性議題形成的權限。

第十、總統並得兼任黨主席，而取得黨內的絕對優勢地位，派系無不披靡；甚至，身為黨主席的總統，在黨際互動上，享有主導權。總統得參與並操盤大選，取得發言或發動攻勢上的優越地位。

十一、因總統享有如上的權力，總統選舉已經成為最重要的政權得喪的標準，並影響政黨的重組，且相當程度將影響國家的施政走向；換個角度而言，立法委員選舉的重要性已經退居其次。

立法院遭到弱化但尚有一定的權限

立法院的權限，於一九九七年修憲以來的發展，約有如下的風貌：

第一、立法院在制憲之初便不得經由決議而決定個別部會首長的去留，當今亦然。行政院長、副院長或個別部長即使對立法院院會或委員會的質詢實問虛答，或甚至拒絕出席委員會，或於審查時雙方發生嚴重爭執，或就委員會的專案報告資料未有充分的準備等，立法院最多只能決議將之列為不受歡迎人物而已[7]。

新世紀 **的** 法律課題

第二、立法院對於政府官員之違法失職不享有調查權，最多只享有相關文件的調閱權，而且有一定的限制（見釋字第三二五解釋）。

第三、立法委員的權力不無「外強內乾」嫌疑：立法院所享有最主要的權利，為法律案之審查、預算案之審議與質詢；廣義言之，也包括個別立委之召開記者會之揭發弊案，以及經由院會、委員會或以黨團或立委個人之名義所召開的聽證會及公聽會。其中，最具殺傷力者為預算案的審議，但立法委員於此也受到如下的節制：1.不得為增加支出之決議。2.並無款項科目之調整權（見釋字第三九一號解釋）[8]。3.預算案審議之結論，不論為主決議或條件或期限，均不得牴觸法律或法規命令，至於附帶決議則對行政機關只有「參照法令辦理」的拘束力（以上見預算法第五十二條）。

在實際政治上，立委對於涉及地方經濟計畫或各種補助有關的款項，出於繁榮地方經社的考量而難以砍刪，而立委個人素無行政資源而又虧欠諸多的選舉人情債務，並有連任的壓力等，從而在實際問政上乃不排除或甚至輕易與行政部門達成一定交易的情形。

在二○○四年總統大選過後，勝選的泛綠陣營宣稱有意再度嘗試籌組多數聯盟，方法之一，便是「新十大建設」預算的金額所帶來的誘惑性，以及泛藍敗選後之崩盤可能、政治重組動力與所屬立委之自求多福的必要性[9]。

儘管法律案的審議也是立法院的利器，但因內容上必然涉及重要的政策（因為重要事項必須以法律為之，亦即所謂基本人權有關之法律保留原則或來自權力分立所導引出組織法上之重要性原則）[10]，立法者往往受制於利益團體，並面臨輿論的壓力。

第四、立法院儘管享有倒閣權，但實際上不易行使，蓋總統得因而解散立法院，立委多不願被提前終止任期。

第五、儘管立法院的權限有如上的實像與虛像，但畢竟仍宜注意者為我國與法國在低度法律保留之憲法規定有別，而且於法律未如期通過時行政部門不得暫時制定行政命令以為權宜之計，從而，若行政部門欲完成重大的改革，由於涉及修改各種相關法律，執政者必須在立法院取得過半的席次；換言之，「少數政府」較難完成重大的改革[11]。於總統大選或立法委員選舉期間，政黨的對抗態勢轉強，少數政府之預算案或法律案的推動，一般將難有開展性。進一步言之，只要泛藍與泛綠之間的爭執繼續存在，而這對抗背後復有政黨領袖、政黨內部派系構造、選舉期程、兩大陣營之間的恩怨情仇等因素的個別或匯集或交織等，而呈現激烈對抗時，國會的制衡角色將增強，少數政府的開展性施政將遭遇困難。儘管立委個人沒有行政資源而容易被行政部門所疏通或收編，但在黨紀伺候以及一旦遭黨紀處分嚴厲後果的考量下[12]，立委於重要的議案多不敢違逆黨意。總之，在政黨對抗的氣氛與態勢之下，尤其當總統選舉或立委選舉逼近時，國會仍得展現相當的制衡力。

其他

除了總統為權力核心與立法院之有限監督能力之外，尚應注意如下的特色：

第一、立法院或民眾對總統的直接控制，仍屬有限。憲法增修條文第二條第九項規定罷免，須經全體立法委員四分之一之提

議與全體立法委員三分之二之同意後提出，並經由中華民國自由地區選舉人總額過半數之投票以及有效票過半數之同意罷免，始為通過。罷免一般而言並不容易通過，蓋總統於遭到施政成效或治理能力之根本質疑時，得透過軟性的身段訴諸媒體，或積極為相關政策及人事的調整，而扭轉局勢。在朝野因為張俊雄內閣宣布停建核四所引起的爭執過程中，國民黨一度擬祭出罷免案，但陳總統快速以柔性的媒體談話而挽回民心，並責成補強有關停建核四的理由。至於同條第十項所規定之「彈劾」，性質上為司法案件，須有構成要件該當性，而與前述罷免屬於政治性之民意表現而且關注於施政成敗者不同。彈劾須經立法院提案，並進行國民大會代表的選舉，經國民大會代表總額三分之二之高度門檻之同意時，始成立彈劾。由於涉及國大之選舉與高額之門檻，預料原則上難以通過。二〇〇五年六月修憲之後，彈劾案改由司法院大法官審理，並以憲法法庭判決的方式而決定彈劾案是否成立。由總統提名並由立法委員總額二分之一同意而任命之大法官，未來之彈劾案審理之表現情形，有待關注。

第二、台灣社會力尚且薄弱，法治的累積也離先進國家（例如德國）有一定的距離，這是行政、立法之間權限爭執的一個溫床，也是陳水扁總統發動防禦性公投決定所採擴張或甚至曲解解釋卻仍然獲得相當民眾支持的一個因素[13]。台灣社會尚有省籍情節、統獨、台灣主體性建立等的爭辯。台灣更是一個面臨諸多轉型環節而客觀上存有有效治理壓力的社會，換言之，台灣政經社文諸面向仍有諸多亂象或有待改良的空間，從而整體而言需要一個能發揮有效治理的政府體制。

詳言之，我國雙首長制的一個重要環節，為迄今為止的政、經、社、文、法制、司法、媒體等所謂總體社會之各次體系之結

構。由於我國歷經威權體制、威權轉型到如今之民主鞏固（初）階段，現今上述各個次體系從而呈現一定的脆弱性。例如媒體本身仍有一定的無經驗、不深刻或爭相報導血腥報導的問題，甚且傳聞中若干主要媒體陷入財務困境，此外有置入性行銷等的事實。我國檢察體系由法務部長為指揮監督，部長得有通案性的調控權，而法務部長整體又對人事權有相當的調動空間與影響力（最近的一個案例為法務部的政務次長得直接調任最高檢察署主任檢察官）；儘管法務部長對個案不能下達指令，但就某一類型個案是否快速並強化為偵辦的對象，以及檢調單位是否對案情、對媒體為一定技巧性的曝光行為，則尚非無疑問，而當事人就此之救濟管道仍顯不足，遑論預防性的制止。在早些年份，調查局甚至於選前幾天披露對手陣營局室首長之重大違法失職案件[14]。我國法治未深化也可從憲法權力分立體制中有關行政與立法的分際窺見一斑。

民進黨政府上台以後因為朝小野大，為避免監督，乃以各種理由企圖迴避，乃發生行政立法間的權限劃分爭議[15]，而部長得於立法院各委員會質詢時以各種事由為請假，形成實際上立法部門難以監督的困境[16]。執政部門對於有關人民權利事項法律保留的問題（例如老人年金之發放需否法律依據）、制度性之法律保留（亦即就重大事項之立法院之決議），當然儘量採取保守的態度，這方面的劃界問題，我國向難謂已經絕對明確，而一旦發生問題，學界容易有不同的意見而形成紛擾，此時等待大法官會議之作成解釋以為釐清乃是相當緩慢的過程，此期間內行政部門可謂取得優勢，尤其在大選期間。我國相關法律與法制的規定仍有諸多不精確或偏惠行政權之處，而形成行政權的龐大化，例如有關「挑戰二〇〇八國家重點發展計畫」方案或「新十大建設計畫」

（行政院第二八六七次院會通過，二〇〇三年十一月二十六日）而言[17]，其需否先經過政策環境影響評估，需否先完成相關特別法律案之審查後始得提出預算案等，非無爭論。更進一步言之，此類龐大的國家建設計畫如何爲有效的行政內部評估，以及立法部門所得有參與的時間點與強度等，我國相關作法容或有民主化、法治化、效能化的改革空間吧！

第三節　現行體制的由來：當初的憲政選擇與轉變風貌

　　常見的憲政體制不外爲總統制、內閣制、雙首長制，各有不同的理念，而且各有一定的細膩類型或變形，以供選用。

三種常見政府體制的比較

　　關於憲政制度的選擇，國內有相當多的文獻。李國雄教授曾引介林茲（Juan Linz）對於拉丁美洲主要採行總統制民主政體的經常性失敗和西班牙民主化過程明確成功的案例，作爲比較，指出總統制常見缺失爲：任期固定導致僵化與贏者全拿的制度特色，易造成政治過程的僵化；社會力量在政治上不會占有適當比重；行政與立法雙重權威的對立，以及分裂的政黨制度（按：約指內閣制有助於政黨之間的良性互動與相互合作，而總統制則不然）[18]。對於美國式總統制的缺點，學者高朗曾經指出：一是總統及國會議員均由直選產生的「雙重合法性危機」，二是二者任期

均固定難以令對方去職而形成的「制度缺乏彈性」，三為政治責任歸屬不明，四則為贏者全拿的零和遊戲，五則容易造就民粹領袖[19]。但另一方面而言，也有學界對於美國總統制提出如下的辯護：1.責任歸屬尚稱明確。2.容易確認可能的執政人選。3.三權分立並相互制衡得以防範濫權（亦即反面言之，內閣制的行政與立法不明，立法制衡行政的功能時常不彰）[20]。吳玉山教授指出，台灣的雙首長制實際演出上接近美國總統制所產生的問題，在於行政與立法的分立、勝者全拿、國家元首和行政首長同一人而導致難以維持中立超然的立場而調處重大的政治爭議[21]。

與總統制不同，依前述林茲的分析，內閣制因為強調行政權與立法權的集中、堅強的黨紀、閣員由議員兼任、責任集中於內閣等特徵，少有出現政治對立與僵局的可能；此外，在政府的組成上，議會內閣制也提供政府許多選擇，包括組成聯合政府、在立法過程中政府與反對黨間的合作（包括公開或檯面之下）以及在後續的選舉中反對黨之可能有所斬獲因而消彌了總統制所帶有的零和遊戲本質等；此外，議會內閣制有助於政黨之間的良性互動及相互合作，從而促進政治穩定[22]。

至於雙首長制，或所謂的半總統制，其得有不同的類型。薩多利（G. V. Satory）總括地歸納為，雙首長制下的總統必須在他所屬的政黨掌握國會多數而建立起雙重正當性的前提下，才能有效的推展他的政策；美國式的總統制所易導致的分裂政府在法國不會產生，法國式的雙首長制，總統有權主動解散國會，或是妥協而提名國會多數黨的人士出任內閣總理，一如一九八六年法國總統密特朗（Francois Mitterrand）任命反對黨領袖出任內閣總理一般，而形成「左右共治」；此外，法國式的雙首長制的總統選舉也必須以絕對多數制或國家社會已經形成兩黨制或兩個聯盟的

新世紀的法律課題

競爭爲後盾，以避免多組人馬競選時所可能產生「少數總統」的困境[23]。

憲政選擇的常見考量

　　以上係大致類型之介紹。實際上得有細膩且稍有偏離的決定，只要合於國家與社會之發展。

　　筆者認爲，憲政制度設計或選擇時，須注意國家的內外政、經、社、文、科技、行政、法制、司法等次體系的歷史與結構，以及主要精英的意識型態、人格特質與策略行動[24]。社會學界，或社會科學界，當今主要的分析架構，均強調結構與行動的雙重面向，前者可謂政、經、社、文等等的結構所形成的制約與動能的空間，後者則爲微觀的行爲與行動面的觀察[25]。其中，就開發中國家與新興國家而言，最重要者爲政經條件。

　　學者高朗指出威權轉型國家的政治特質以及對於總統制的實際權力運作所可能產生的影響[26]。「在威權轉型期間，憲政制度的重建不可能在眞空下進行，必會受到當地政經環境的制約，致使相同的制度在不同的社經背景下，表現懸殊。因此當評價以總統爲核心的憲政體制時，不能忽略這些國家的特殊背景[27]。」李國雄也指出，「制度寄託於他所依附的環境中，因此他受到一個國家的歷史、文化、經濟發展、社會結構、選舉制度及政黨制度等等因素的制約，而不是平白的生存在空泛的架構裡[28]。」高朗也有類似的發現：就相關政經社文條件的歷史發展與現今結構中，威權轉型國家最嚴重的問題，便在於憲政主義的匱乏：「有限政府的觀念既沒有成爲政治精英的主流思想，在憲政制度上更

是憑以形式，使掌權者得以越權、濫權。民主與憲政主義，原本是一對連體嬰，必須相輔相成。只有民主，不談憲政主義，可能造就一位民選的獨裁者。尤其在半總統制下，憲法賦予總統過大、不受限制的權力，若是憲政主義不彰，其結果必然會出現俄國的葉爾欽，而不會出現法國的密特朗[29]。」

一九九四年總統直選與一九九七年刪除立法院閣揆同意權之修憲考量

我國雙首長制的內容與實際的風貌，已如上述。進一步的問題為：我們係出於何種考量，而選擇今天這種制度？當初的憲政選擇，其考量為何？

當今的雙首長制，筆者認為，有一半係出於修憲時的憲政選擇，但有另外一半的部分係出於陳水扁總統於二○○四年五二○就職後所為的拒絕自動換軌－先後分別任命唐飛、張俊雄、游錫堃先生為行政院長－而逐漸形成的慣例，而這項慣例如前所述對總統實際權力的擴張、立法院權力的消退與台灣政治的實際運作，有絕對性的影響。以下詳為說明。

我國憲法原先採取修正內閣制，亦即係以內閣制為基礎，但刪去內閣之中有關倒閣與立法院的國政調查權。政府遷台以後，經由動員戡亂時期臨時條款的制頒而引入國家安全會議、人事行政局等，並經由釋字第三十一號、憲法本文第二十八條第二項之有關國大任期屆滿改選的扭曲性解釋以及後來動員戡亂時期臨時條款的規定，而形成「萬年國會」。在此漫長的動員戡亂時期與戒嚴的期間中，我國係採行雙首長制，行政院長對立法院負責，總

統任命行政院長須經立法院同意，而總統經由國家安全會議的設置與憲法第三十六條軍事統帥權的扭曲性解釋等而使得總統不再為單純之儀式性的、代表國家與民族統一的內閣制總統的性質。在國民黨主政的漫長期間內，原則上不發生總統與行政院間之權大的爭辯，蓋一切以國民黨中常會的決議為依據。一直到國民黨執政之晚期，李登輝先生繼任總統（一九八八年一月十三日蔣經國先生病逝），總統與行政院長間之權限劃分之爭議被逐漸傳聞開來。

在李登輝先生出任總統之後，亦即一九八八年元月，國民黨內部事實上呈現主流非主流的路線爭議，並展現於一九九○年之李登輝先生競選總統連任之國大投票上（當時李登輝、李元簇為一組人馬，林洋港、蔣緯國為傳聞中的另一組人馬，林洋港並且喊出「候選而不競選」，後來終因中正紀念堂「三月學運」而作罷，李登輝總統並因而召開「國是會議」，而此期間立法院並也已作出釋字第二六一號解釋，明定老代表退職之最後期限以及新的選舉制度之建制方向[30]。李登輝先生乃推動六次的修憲[31]。

一九九四年修憲總統改為直選，一九九七年並進一步將立法院的閣揆同意權刪除，理由在於擔心國民黨一旦在立法院沒有過半，民進黨與新黨將合組一個政黨而一舉過半奪下政權，從而，修憲當時仍有意以立法院的多數為統治。

一九九一年五月的第一次修憲可謂程序性的修憲，旨在擬議未來全國性的中央民意代表選舉的方案；同年底經由全國性選舉而選出國民大會之後，乃於一九九二、一九九四年、一九九七年、一九九九年、二○○○年進行第二到第六次的修憲，其中關於中央政府體制主要係於一九九四年修憲完成總統直選的改革，而一九九七年修憲達成行政院長之任命不須立法院之同意與精省。

第一章　我國中央政府體制的現況與展望

經過前述修憲一九九四年、一九九七年，我國仍然維持雙首長制，立法院為最高的立法機關，行政院為國家最高行政機關，向立法院負責，但立法院喪失閣揆的同意權，凡此已如前述。

　　本處最重要的關懷者，在於一九九七年之刪除立法院閣揆同意權，究竟係有如何的意涵，尤其保有總統與立法院多數分屬不同政黨之「自動換軌」的機制？依筆者查閱國民大會的修憲提案，以及對於修憲過程中大致的理解，修憲者似乎含有自動換軌的意涵，筆者曾撰文指出[32]：憲法增修條文第三條第一項規定「行政院長由總統任命之，……」，可謂最直接且根本之條文，其理由欄指出：「現行行政院長由總統提名，經立法院同意的設計，一旦立法院無任一政黨控制過半席次時，恐不利於政治之穩定，本項調整旨在賦予總統根據民意逕行任命行政院長的權力。惟該項權力之行使仍必須考量立法院之政治情勢，任命多數黨可接受之人選。」

　　以上理由一「總統於立法院無多數黨或聯盟時，可順利任命行政院長，有助維持政局之安定」，若從反面推論，則於立法院內已有過半數席次之單一政黨時，無組織聯合政府之問題，自動換軌乃是當然。值得注意者為，原提案總統選制為絕對多數，其權力尚且如此，則相對多數所產生之總統更應遵行「自動換軌」。理由二明確指出「立法院無多數黨時，必須組織聯合政府」，「此時若無解散權與倒閣權之設計，則政黨之聯盟承諾可隨時滅失，反而造成政治之不穩定」，已可看出修憲當時確實有「由穩定之多數執政」之理解。換言之，其應係指當立法院三黨不過半時，總統有義務提名由聯合內閣所組成之多數——而這對當時從未聯合執政之民進黨並無不利；當立法院已有單一之多數政黨時，則總統必須聽由該黨組閣。第三條第一項之說明，則更是無比清楚。

但另一方面言之，這也是筆者於前述文章撰寫後受到不同意見學者衝擊後的省思：對於自動換軌如此重要的憲政制度，應以憲法明文規定爲之，亦即屬於憲法保留的層次，而不宜只在修憲理由欄註明而已。從這個角度而言，修憲者顯然沒有想要貫徹眞正自動換軌的制度，從而最多只是一種道德性的呼籲而已。立法院享有倒閣權，也可以當作是一種權力的賦予，而得以抗拒總統之不提名立法院過半之黨（而且與總統分屬不同政黨）之人選出任行政院長；至於立法委員們憚於選舉之煩累與壓力，乃係另外一層次的問題[33]。

　　陳總統於二○○○年當選後無視於立法院多數的情形而先後提名唐飛先生、張俊雄先生與游錫堃先生擔任行政院長，而且一直到二○○四年十二月十一日立法委員選舉結束爲止，我國係呈現分裂政府的情形。這已然形成一種憲政的慣例，亦即並不存有自動換軌制度，未來之總統當選人享有閣揆提名權之絕對自由。

　　這個缺失，事實上得由總統當選人之審愼判斷而以各種可能的方式組成過半的聯合統治集團（其中以提名立法院中過半的政黨人士最爲單純）加以克服。在以上程度內，修憲所形成制度的優點，以及可能「分裂政府」的危險，可謂係政治實踐的問題，有待總統當選人之愼思明辨，這也是台灣修憲以來最直接的問題所在吧！

第四節　現行體制的優點與缺點

　　總統直選的優點，在於將國民黨政權暴露於每四年一次之全

民普選監督之下，從而國民黨之主政者必須「心繫台灣」；其成就台灣「總統直選」的民主格局，以有別於香港之特別行政區首長之經由遴選委員會之侷限性。

現行雙首長制的優點或所謂戰略意涵

整體而言，現行雙首長制有如下的優點：

第一、四年一次的總統普選，逼迫藍綠雙方必須施政本土化，亦即以台灣民眾的福祉為依歸。

第二、大選期間總統、副總統候選人與施政的成敗（亦即執政黨的施政績效與在野黨的問政表現），將受到選民的徹底檢驗。而四年期限其實很短，從而構成對執政者與在野者之嚴厲督促。

第三、每三年一次的立委選舉，尤其在未來相當一段期間內將與總統選舉分開，構成一定的「期中選舉」的意涵，若加上也屬激烈的縣市長暨議員以及直轄市長暨議員選舉等，台灣整體而言有相當接續的選舉，而構成對執政者與在野者的壓力。

第四、雙首長制係由總統作為國家與憲法的「守護者」。其得組成內閣，並於必要時加以撤換以因應各種新的情勢。總統也得登高一呼而訴求必要的改革或運動。理論上，新當選的總統係站在一個經由普選所築起的高點，以宏觀並對歷史與整體社會負責的態度，守護並帶領國家。從而，若總統的個性、視野、膽識與行動力出了問題，未能大公無私、知人善任、善於溝通、堅持中道等，則將對整體社會的發展造成負面作用，尤其若總統醜聞纏身（包括情色與政商網絡或私生活之言行舉止等）或不能知人善任等，將成為動亂的根源[34]。總統之直接民選體制較能確保總統

之排除地方派系的糾葛，並以全國全方位為施政而免除內閣制之議員集中於選區利益之問政考量，尤其我國立法委員的選舉因為以區域選舉的名額為主，而且採用中大型選區單記不可讓渡投票制度（SNTV），而導致議員問政之派系化、地方化甚至黑金化，以及突顯個人與背後支持團體所聚焦的利益導致黨鞭控制的困難[35]。但筆者也必須指出，若經由適當的選舉制度的設計，內閣制也可一定程度避免此項缺失。

第五、經由普選產生，台灣民主乃漸深化，得成為華人世界的榜樣[36]。申言之，總統直選意味人民當家做主的本體性格將更為增強，台灣民主化將更為徹底，而這對於華人圈的國家以及亞太與世界而言，都是一項驕傲，也是一項政府形象宣傳的利器，也可謂係兩岸對峙中之台灣安全保障的一項利器。如此的憲政體制格局，將可確保台灣即使於未來兩岸統一（或被吞併，國內就此有統獨方面的爭論）之後，因為台灣已經實施總統制從而曾經滄海難為水，在相關的談判中仍有一定的台灣最高領導人仍續行以直接選舉產生的確保，而免除例如香港或澳門特首之經由遴選產生而不免發生對內對外治理的困境。

第六、普選後產生的總統得任命行政院長以及行政院團隊。由於行政院團隊人選可被隨時調整，從而必須認真施政以貫徹總統的意旨。經由行政院長施政方針以及對各部會所為的績效管理（含策略性計畫與執行性計畫），行政院整體形成一個貫徹總統選舉承諾的團隊。內閣必須勇於任事，或換言之，必須以顧客（亦即廣大的人民）為導向，而無法訴諸德國式或英國式內閣制之經由選舉制度所穩定保障下的執政。

第七、總統與行政院團隊間得有一定的分工。一般而言，總統負責國家安全有關的事項（在台灣則包括兩岸、國防與軍事）。

25

經、社、環保、勞工等部門，因有較大的現實性與動態發展性，原則上宜交付行政院團隊。

第八、總統掌握國家安全有關事項，理論上不無優於內閣制之下由多數政黨共同組成聯合內閣時之「人多口雜、心意分歧、充滿現實政治考量」等的不穩定性[37]。

第九、總統掌握國家安全有關的事項，並且為人民普選產生，從而在對外的關係上，將有一定的能見度與知名度，而這對台灣的國際處境有一定的正面意義[38]。

第十、總統事實上仍受到相當的監督，包括立法委員之質詢（經由報章媒體披露）、立法院之決定或決議、媒體之高密度報導、報章中所披露學界及主要精英與團體的批評；此外，從大格局而言，總統也受到來自美方有關民主化與亞太安全等的制約，以及來自中共之經濟競爭的壓力，更何況總統本人也會有一定的自我期許。在總統大選期間，總統候選人或甚至其家人，受到徹底的檢驗，亦即除了政策之外更包括施政、人品、政商網絡之面向。在大選期間，有線電視台之政論節目，更是盯緊前述各方面的議題而廣泛析論，總統候選人無所逃避可能。

總之，現行雙首長制擁有對內與對外的戰略與有效治理的意涵，並能深化民主——儘管迄今為止台灣的民主與發展仍有相當的改良空間。

惟無論如何，這樣的改革構想是否過當，尤其，若欲督促國民黨之本土化轉向，則只須國會議員之全面改選並因而組成過半統治的內閣即可完成，至於國際的能見度或國際影響力等，事實上亦得經由閣揆的學養與專業，或國民的整體支持等，加以實現。雙首長制使得總統一人擁有大權（尤其包括經由後來一九九七年修憲取消立法院之閣揆同意權），其人品與政治手腕乃成為關

鍵，而且總統與行政權之間將不免產生權限爭議。

現行雙首長制的潛在危險

現行雙首長制的危險約有如下幾項：

第一、總統民選、立委選舉及地方選舉期間之分歧，構成細密的選舉期程，而且因得失心重容易導致施政之選舉考量，內容上不外爲赤裸裸的地方綁樁或大開選舉支票，造成天天都在選舉的結果。總統大選，以現今台灣人民的民主與法治素養而言，是否導致「民粹主義」，亦即候選人不免採取統獨、省籍、建國、本土化等的招牌，且這些也有一定的訴求力！總統大選兩組人馬對決，各自用盡各種手段與能量動員，將不免造成「分裂」的可能，而台灣因有多族群而使得風險更高；若選舉結果得票數太過接近——這正是二〇〇四年三月二十日選舉的情形，挑戰將更爲嚴峻。但無論如何，二〇〇四年十二月之第六屆立法委員選舉，陳水扁總統及民進黨所繼續推展的統獨、本土化、國民黨黨產、黨徽、黨歌等的競選策略——而不是積極提出施政願景與構想，終究沒有得到過半數選民的支持，於此也顯示台灣選民對於選舉與投票有一定的學習能力，民粹主義未必所向披靡。

第二、有三組或以上候選人時將不免產生少數總統。但這個問題在二〇〇四年形成泛藍與泛綠兩大陣營之後，發生的可能性已經降低[39]。

第三、總統得任命少數政府，無視於立法院的政治生態（亦即各政黨的席次分配），不免出現「朝小野大」的情形，而難以發揮有效治理。於朝小野大之時，執政者爲了突圍，必須用盡對

抗、焦土、訴諸媒體、訴諸民意等各種的手段，而在野黨也必定全力反抗與封鎖，雙方激烈攻防，而執政者於大選逼近時因擔心「基本盤」之落後與施政績效不彰，而不免在議題設定或競選策略上採用非常強烈的手法，長久以來將造成整體社會內部的對立與不信任。

第四、總統享有大權，其個人的私德[40]，以及人格、氣度、用人，乃至日常與大選期間的言行，對國家造成影響。

第五、另一個被提出的觀點，是總統與行政院長間的權限劃分不明，但筆者並不認為這是個問題。蓋總統享有行政院長的任命權（不需經立法院同意），這是一種「上游」而屬於總體且樞紐開關的位置，行政院長從此不再享有絕對的自主性，而必須在各個方面配合演出。若謂二者權力必須截然劃分，則原則上總統應對於國家安全的事項擁有決定權，並對其他政策領域之重要方針有決定或建議的權力。

由以上分析可知，我國如今雙首長制的危機，在於總統實際的權力或影響力太大[41]。其次，也容易形成「少數政府」（或稱「分裂政府」，亦即總統所屬的政黨在立法院沒有過半），使得施政面臨較大的杯葛，少數政府經由媒體的報導來加以抨擊與圍剿，在野黨們乃不甘示弱而反唇相譏，形成嚴厲的對抗，優質、美好的政治對話與社會氣氛不易形成。這種困局，得稱為內耗。我國雙首長制的第三個特色，在於激烈選舉過程中的過度動員、精緻化的媒體操作與議題操控，經由媒體的競相報導，形成一種「撕裂台灣」的現象。第四點可能的風險，在於總統作為領導人的人格及氣度等。

就社會撕裂、總統獨斷的危險，未來應有緩和的可能，亦即筆者係採樂觀的看法，理由如下：台灣地狹人稠，國民知識水準

高，具有相當良好的平面與立體的媒體報導，於經歷多次的各級選舉之後，人民可謂已經建立高度的主體意識，整體而言形成一個堅實的知識與民主的基礎。其次，台灣的國民所得於二○○四年已經達到每人一萬四千美元[42]，儘管經濟結構尚有面臨全球化、經貿自由化、大陸吸金效應等的困擾，而資本在全球化之下之於全世界更為自由的投資乃造成高度的競爭壓力，但整體而言，長年來經濟的發展已經建立一個可競爭性的體制。台灣已經建立中產階級的社會，而且係一個有競爭觀念、勤奮而且有紀律的「中年」以上的世代，並為各種精神面、文化面與心靈面的開展活動。我國憲法人權與基本國策條文，以及司法院大法官歷年來所為確保自由權與平等權保障的解釋，整體已經形塑出一個民主、法治、人權保障、權力制衡的基礎。隨著現代性的進一步開展，以及資訊傳播的發達，加上後現代社會中之個人風格展現為主的表現，台灣整體在人文精神面應該已經建立一個基本的體制，而不會被政治力所貫穿[43]。二○○四年十二月十一日的立法委員選舉，其間陳水扁總統於造勢場中所提出的國民黨黨產、黨徽問題以及指稱泛藍為中共同路人等，或有關老人年金加碼等，普遍遭到主要平面媒體的批判，顯示知識分子逐漸看穿有關的伎倆[44]。

另外一個值得注意的特色，但這未必屬於缺點，係總統是由人民直接選舉產生乃引發並茁壯台灣的本土意識。台灣本土意識的建立與強化固然是一種正面發展，但宜注意美國的整體亞太戰略布局，台灣固然構成圍堵中共的一個棋子，但若堅決主張獨立將可能引發台海全面失控而爆發戰爭的可能，屆時美國出於國家利益未必有意願開啓與中共的世紀大戰[45]。

第一章　我國中央政府體制的現況與展望

第五節 台灣雙首長制之下行政的實際運作情形

　　二〇〇〇年五月二十日陳水扁先生就任第二任民選總統,執政五十年的國民黨淪為在野。陳總統曾先後任命唐飛、張俊雄及游錫堃先生出任行政院長。二〇〇四年陳總統以些微票數再度勝出,進入第二次的任期。

　　二〇〇〇年以來的政黨輪替,總統成為新的強人,與行政院整個團隊作為總統執行中心的新架構,而國會有在野黨過半的監督,雙方攻防激烈,對台灣公共行政與政策產生影響[46]。

　　本書屬於行政組織的研究,但行政組織之是非與如何建立,以及建立之後實際運作(例如就蘇花高興建與否的政策方案與預算的編制,再如實際施政重點的建立,或有關補助款的運用),必須觀察台灣整體的政、經、社、文、行政、法治、司法等次體系結構的限制,而其中的關鍵,為政治次體系,其特色為台灣歷經威權體制、威權轉型而進入當今民主鞏固之初階段,以及本章所稱雙首長之下總統制的強勢地位。以下略作有關的描繪,並充作我國行政組織法制實際運作面的一項參考。

對於行政組織與人事之衝擊

　　我國由於對各部會的組織採高度法律保留,各部會的任務、一級單位之名稱、一級單位之職掌、首長制或委員會制、副首長

之人數、所有人員之職缺與職等以及祕書單位或聘任性質的研究員職缺，均在組織法律中詳細規定（請參看行政院大陸事務委員會組織條例），新上任的部長也無能力變更，除非經由修法，但仍有一定的操作空間。我國公務人員正式編制的職缺係由高普特考及格的公務人員出任；公務人員享有法律所定之任用（尤其考績）、升遷、退休、撫恤之照顧與因爭執所發生的保障（公務人員保障法等），晚近並有司法院大法官會議釋字第四九一解釋有關記兩大過免職之前之意見陳述機會之保障，久之不免使公務人員權利受到高度保障，主官難以記過、調職與降調，而歷年來的升遷未必「人盡其才」，新任部長的靈活調整權限乃受到影響。

儘管如此，新上任的部長仍得透過下屬單位業務重心的推移、非正式編制的委員會、外界的諮詢、外聘的顧問、外聘的督察、考核、稽核小組之設置等，調整行政機關的制式性或僵化性。新部長也得經由研究計畫的委託，而援引外部的人力充當行政機關的創意提供者或併兼該案件的推動協力者與該規劃案經轉換為政策後的後續執行者。

關於人事，最大的問題，仍然在於我國考績與升遷的過程中所籌組的「甄選委員會」仍然只有三分之一的代表為票選產生，其餘則是依有關規定而直接任用，部長派（也可稱為主流派）從而容易掌控委員會的程序與實質的決定；在此程度內，新上任的部長，或廣義言之，新上任的政府具有人事上的優勢。此外，除了考績與升遷之外，尚有「調動」的問題，由於各部會均有一定正式編制的顧問、參事、技監之職缺，從而若有一級單位主管表現未如預期或未得新部長的信賴，或新的部長有意安插拔擢自己的人選，則新的部長係有相當的調整空間。以上畢竟係針對常任文官而言，新任部長尚得就法律所允許編制內的機要人員為自由

的任用，其中最激烈者爲李俊毅以講師地位而占簡任的職缺，以及陳定南的司機一躍而爲簡任的機要，最具爭論。此外，各部會首長身邊常有小辦公室或小辦公團體，均爲部長先前一起打拼的下屬人員，大體均十分年輕。

關於治理的手段——部長之自主空間下降

新政府上台以後由於「朝小野大」，加上行政院長係由總統任命不須由立法院同意，得隨時以新人選替代，從而院長必須尊重或甚至完全遵從總統的決定或指示。陳總統有高度的施政企圖心，由選舉起家而隨時並高度重視民意的反映，此外更有選戰的競爭或鬥爭的實際考量，行政院長的自主空間受到擠壓，決策的事前猶豫或事後更改並非少見，例如公民投票法經立法院三讀通過後之覆議與否、關於「非常光碟」之強力取締與否、關於基層農會金融信用部改革方案快慢緊鬆之拿捏等。

正因爲院長所承受之壓力龐大，各部長既然係院長所延任（至少名義上如此，而且游錫堃院長於組閣時享有相當的部長選用或留任的決定權），必須爲院長分憂解勞，從而各部會首長的自主性地位有一定的下降。換言之，部長自主提出政策的空間限縮，反而配合總統與院長決定的成分加深。這即是論者所稱「我把部長作小了」的意義。當然，各部會首長得依各自的個性建立權威或甚至政通人和有關的人脈與資源脈絡，此外加上自己的堅持與對媒體適度的互動或操控（於此非完全指否定的意義），而得有一定的伸縮空間。例如林全先生於主計長任內對於各方（主要指立法委員與縣市長）之補助款之需索不爲所動，對於主計處的統計

數字是否得有一定的更改空間也採取捍衛的態度，對於是否加稅也採取較爲開放的態度，但最後對於陳總統在選戰後期所提的「五年五千億」的計畫則指示表示贊成的態度。

新院長與新部長的對內治理方式，係採績效管理的方法，亦即院長設定全院級的策略目標與年度操作目標，而部長對部內也是採相同的手法，建立起一套完整而綿密的方案。

問題在於，此類方案的內容未必妥善，於此涉及治國或治理部會的能力問題，尤其如何以既有的人力，並以立法院的生態爲基礎，而爲有效的切入，以便爭議最小而效益最大。舉例言之，有關政府改造的方案，迄今沒有任何一部法律草案（例如中央政府機關組織基準法、總員額法、行政法人法、各部會的刪減或擴大的法律、行政院組織法等草案）在立法院獲得通過。再如鄉鎮市自治選舉之取消，在立法院因爲遭到國民黨與親民黨等政黨聯盟之抵制，但主管部會並未能提出有效的折衷方案。事實上，有關地方政府的改革諸多議題，主管部會也未必有積極的施政開展，例如依地方制度法第二十四條而提出有關自治事項與委辦事項劃分綱要。凡此，涉及新任部長的專業知識、政治判斷力與政治行動力，此外也涉及與媒體的溝通、經由立法院內有效的合縱連橫與遊說等的突圍。中華經濟研究院董事長蕭萬長先生在二〇〇三年八月份行政院國家發展研究班的上課中，便批評新政府對立法院的溝通與突圍毫無成效。

新部長不一定須有專門的學識，但必須有政經變遷與因之施政重點的洞察力，細膩之處得交由學者專家爲一定的諮詢與協助，聽取學者專家的諮詢與協助，廣義而言，也是執政者表現善意並請求支持、小幅結盟的的手段。新政府在這方面，至少以筆者周遭所知的公共行政學界人士的經驗，並未聽取足夠的諮詢意

見。

　　新政府當然有一定的新政策係配合總統與院長的構想，而具有開展意義者，例如「八一○○計畫」、「觀光客倍增計畫」、「全球運籌中心計畫」、「綠色矽島」等，但整體而言在報章媒體並沒有引起足夠的迴響；反對黨批評學界對於財政的可行性或衝擊性欠缺足夠評估，再者是否具有選舉競爭或鬥爭的考量，亦非無疑問，而且兩岸關係停滯對於相關經貿計畫順利開展的影響也有待評估；此外，是否因一再地提出計畫使得各界「彈性疲乏」而未能積極重視，也值得注意。

　　新政府的另外一項作法，而且係延續蕭萬長內閣時代者，係每天早上針對輿情召開小組會議，並作成處置的大致原則，然後由行政院長直接打電話交代各部會首長辦理。這是一種重視民意、反映民意、防範不利議題的擴散或甚至積極主導議題發展的重要手段。例如有關內政部次長許應深胞兄之公司參與內政部消防署招標案件的明快處置，內政部原先打算交由法務部以召開專案會議的方式加以處理，但這勢必拖延一段時間而媒體恐將窮追猛打，游院長乃指示內政部當日立即作出指示，內政部並立即作出廢標的決定，避免事態的擴大而損及執政團隊的威信。

　　最後，因為部長變小以及績效管理，而且部會必須隨時因應國內外的政、經、社、文情勢所發展出來的議題或總統與院長所交代的方向或事項，部會內的常任文官的自主性，亦即擬具政策方案或堅持政策方案的地位，嚴重下滑；部會一級單位主管或下屬之科長與科員，淪為跑腿、影印、聯絡人員的功能，即使部長，有時也相當程度淪為一種「傳聲筒」與「救火隊」的性質，因為自主積極並前瞻決定政策方向的空間縮小，而因應國內外的政、經、社、文情勢的議題與上級所交辦的事項，或選舉對抗中

的議題，已經占據絕大部分的時間。

對於上述因政黨輪替所導致的行政實務面的變遷，吾人應為如何之評價？

就合憲性與合法性而言，難謂有根本值得非難之處，除了憲法面總統任命行政院長是否絕對自由或必須參照同黨在立法院之席次多寡而任命過半數立委支持行政院長一事，陳總統拒絕籌組在立法院過半之政府（尤其經由「聯合內閣」，而非招降納叛之「聯合政府」），乃導致朝小野大之根本的困局[47]。

至於部長人選之決定、機要的任用或上述所稱的治理模式，大體均符合現行的公務員法律、行政組織的法律或向來有關的法學通說[48]。關於部長延請外部的顧問參與部務會議或委請學者專家到法務部所屬矯正機構為一定的評鑑，只要這些人不具有最後的決定權，在合法性上並無疑問，但妥當性（如何兼顧參與的必要性與相關員工倫理與信心等）則有待討論。

其次則是對於相關治理方式是否合於正義、合於台灣發展需要、合於政治可行性（尤其朝小野大，立法院內主要政黨的立場與構想）、合於財政可行性、是否符於公務倫理（尤其有關機要人員的職等與任用）、是否合乎民主參與原則（尤其指重大經建計畫之廣泛聽取各方人民、團體、地方政府、主要政黨、主要學術精英的意見），或反面言之，其是否出於衝撞立法院（亦即無視於立法院的構想而悍然提出超級的改革方案，或打算經由民意或媒體而施壓以強渡關山），是否出於選舉的競爭與鬥爭考量、是否出於意識型態掛帥（政黨非不得有意識型態，但應可能謀求現實政治上的必要妥協，從而在細膩的方案上得有精確的討論餘地），則有待討論[49]。

政策面的改變與所引發的衝擊

　　新政府上台，當然在施政上有一定的重點，並反映於具體的政策內容與整體價值觀，也得反映於有關政策決定的過程，各部會的施政重點得有一定的差別。就政策實質內容的決定而言，其必須符合憲法與相關法律的規定，若與現實法律不合則應進行修法，但修法則將面臨立法院的把關與在野黨的考驗。

對權力分立造成衝擊

　　因為「朝小野大」，新政府不無企圖繞過立法院監督動作的情形，例如有關老人年金之開辦，再如有關墊借核能發電後端營運基金給予中船公司員工資遣及裁減經費九十億元之爭議等[50]，而最大的案例為核四的停止興建以及所引發的合憲性爭議（這最後經由司法院大法官會議釋字第五二○號解釋加以解釋，並由立法院與行政院簽署協議而解決）。其因面臨「朝小野大」而企圖擺脫立法院的監督，從而對於憲法所規定的權力分立也造成一定的衝擊，或至少製造出議題而有待大法官會議或學界去細膩的思索。

行政、立法兩院各執一詞

　　行政部門不乏制定有關的架構、方案或甚至行動方案與立法

草案，但在立法院內卻難以推動，例如有關「建立非核家園」的構想，再如有政府改造的相關議題與法案。但另方面言之，立法院是否「強人所難」，也非無疑問，例如立法院曾決議將行政院二○○四年的預算案整本退回重議，再如有關公民投票的提案機關只限於人民連署、立法院決議與總統之防衛性公投，而不及於行政院或部會，三如健保雙漲多收取的保費之退還，以及要求積極檢討藥價黑洞與醫療資源浪費等的決議，在預算審議中所完成綿綿密密的條件與期限以及附帶決議，尤其對於政府所得為的補助款（例如九二一地震災區重建有關的兒童營養午餐等等）規定必須將有關的方案送請立法院相關委員會的審議通過[51]，也引發寬嚴之爭執。

新政府提出新的政策方向與價值

　　新政府施政的整體價值觀，顯示對科技（強調科技發展與知識經濟）、對文化（文化、景觀與觀光等）、男女平權、環境保護、各種科技園區等的推動（包括中央核定或地方自行推動者）、交通的建設、台灣文化、總統府空間解嚴，均採行一種進步、人文覺醒而且強化本土色彩的發展方向。但某些地方也應注意是否過當的問題，例如有關中文的英文拼音與語言政策等的拿捏，而且兩岸人民關係條例已於晚近進行修改而有更大的彈性，但無論如何兩岸關係仍不脫「一邊一國」的架構，並因總統大選的選戰日趨白熱化而有一定的激烈演出，例如將大陸公證事務的參訪團以未依照有關議程進行而驅逐出境，而且在各種言詞中試圖激怒中共（例如四九六枚導彈的部署事項以及防衛性公投舉辦的堅

持，或所謂二○○八年催生台灣新憲法以及是否以台灣國爲民意等）。

惟無論如何，關於教育、婦女人身安全與治安、經濟的發展，則民衆普遍滿意度較低，而這也與相關決策之欠缺整體方向之指引有關，甚至於也不無「一邊一國」堅持下的一定開展性（例如有關大陸學歷的認證，再如有關兩岸是否三通的經濟評估報告）。

另外一項政策的價值，也許得稱爲「地方自主發展」的決定，原則上地方得提出各種經建的計畫，中央得視財政狀況予以配合，嚴格言之，這是精省後「地方自主發展」的必然趨勢，也是地方行政首長與議員直接選舉之對地方民意的回應要求。

至於行政院與台北市之間的激烈爭執，不論就「非常光碟」案之取締，或就環境影響評估後的開發案得再經由公投決定，或就里長延選案，或就健保費用的繳納案，或台北市長選舉中所產生的言詞交鋒等，或元宵節燈會改由高雄市政府主辦等，均得成爲進一步討論的議題。

另外一項重大的決定，爲考試院長以及局部的考試委員的提名，以及此等出任後所爲對五權憲法根本的詆毀或對中華民國存否根本的敵視態度。當然，有些改革，包括試題是否局部爲台語的命題以及有關歷史科目的重點或稱謂上有關中國者之完全撤換，非全然毫無合理性。凡此，不免使得相關公務人員有一定的錯愕，並引發媒體以及大衆對於新政府意識型態治國的疑慮。以朝小野大的格局而言，這些言論或決定未必具有妥當性或優先性。

決策程序

　　整體而言，新政府的相關決策有較大的開放參與性，這是時代使然，也與行政程序法的完備化有關，更與少數政府要突破封鎖並爭取支持有關，但其中也不無粗糙的部分，例如二○○四年七月三十一日行政院經建會舉辦「從大甲溪流域的未來評估中橫是否重建聽證會」，由時報文教基金會余範英董事長主持，在公共電視台舉辦，邀請當地政府、民代、環保團體、學者專家、農委會、公路局、台電、德基水庫等單位與會。余董事長說明這是依行政程序法所舉辦的聽證會，為民主化、制度化、專業化、生活化的進步，意義非常重大，當時的行政院游院長並率領多位部長全程聆聽。事後游院長表示該案將充分聽取各界看法，凝聚更多意見，至於決定何時出爐，目前並無時間表。次日的報章媒體大都抱持正面的評價。事實上，該聽證會固然是一個進步，但頂多只是出席之代表「各自陳述」，並沒有交互詰問，事前也無委託而提出專業的鑑定意見。台灣行政（本處指環保有關者，但也得推廣到一般領域）快速學得西方的名詞，但精髓與神韻恐怕還需要時間，這正是台灣環境憲法與環境行政法著力的重點吧！

　　此外，主管部會似乎未能充分體認朝小野大的困境，仍然提出大型的改革案，例如鄉鎮市長改為官派、政府改造的諸多法案，沒有為妥協的拿捏或次佳的方案，或階段性將獲得的共識加以立法化，也沒有善用不須經立法院同意的部分，例如有關社區的充實、地方自治事項、委辦事項的劃定等。甚至，就精省的改革而言，民進黨大體將原先省府的組織（各部會的中部辦公室）

經由修法而轉化爲中央部會的中部常設機關，不無違反原先精省、擴大縣市權限的構想。至於朝野各自的功過，則各說各話，而有待評價。

自二〇〇〇年以來的政黨輪替，新政府自有一套新的治理模式，包括價值觀—對國會、行政部門、媒體操作手法—主要的議題設定模式。但整體而言，吾人宜注意下述三個構造特色：「朝小野大」的格局；新政府的網絡、資源、人才體系與國民黨政府有根本的差距；新政府與國民黨間之根本的對抗——零和遊戲，而立法院仍有法律案審查權、預算審議權、質詢權等，而與法國式之兩院且弱勢國會制有所不同。整體而言，與政治權力結構及總統的操盤決定、意志、人格有關。此外，二〇〇〇年陳水扁於三分天下而勝出，儘管已經展開治理，但不少公務員或行動主體仍心存觀望——例如有關部會組織改造或行政任務私營化等，二〇〇四年陳總統再度勝出之後，觀望的氣氛可望有所改變[52]。

另一方面，從實體而言，類如行政院之積極回應媒體、引入績效管理、所研擬的政府改造方案（包括部會的重組、行政院祕書處的強化、四化——去任務化、地方化、私營化、行政法人化）、軍購案等，蕭萬長內閣時代便已經逐漸建立，而因爲各有其合理性，新政府也難以刪減，甚至只能加碼演出。

第六節　未來的修改議題

依上所述，我國雙首長制最大的問題，在於總統權力很大，其並無義務依立法院的席次比例而以過半數席次政黨或聯盟組成

多數統治，且選舉過程具有高度的議題操控性、對立性而容易造成社會撕裂的結果。

行憲具有重要性

這問題得經由總統的裁量而完成，無須修憲，但也得於修憲中明定自動換軌或多數統治等的條文。某部會的一位政務次長在私下言談中曾表示，陳水扁總統已經飽嚐少數政府施政的困窘性（亦即難以有效開展施政），其若再度當選，一定將籌組過半統治的內閣；四年以來的嘗試，已經給了足夠的教訓，而這真可謂寶貴的一課。

惟無論如何，二〇〇四年總統大選迄今，陳總統就此並未有所承諾。

中央政府體制之修憲短期內難以完成

修憲取決於主要政黨的合作，必須有合作的氣氛或外在壓力，短期內難以完成。第二個議題且屬於修憲層次者，為根本檢討現行雙首長制的得失，並思考究竟朝向內閣制、總統制、法國式雙首長制（主要指絕對多數之選舉制度）或瑞士委員會模式（約指由委員會統治、分權化，並在中央與地方層級引入廣泛的公民投票制度），而為調整。

若涉及內閣制之修憲，或其他大幅之修憲，則困難在於涉及各主要政黨的實力與版圖的消長，而將有諸多議題與糾葛，如國

會改革（包括席次減少、單一選區兩票制）、總統選舉之改採絕對多數，此外尚有五院體制之存廢、國民大會之改制等，短期內似乎難能有共識的版本，而二○○四年底之立委一旦選出，原則上有三年的任期保障，改革的時間不免太過遙遠。

　　就中央政府體制的改革，胡佛教授認為內閣制較適合於台灣。學者陳一新則提出質疑：首先、類如英國式的純粹內閣制大多只成功於央格魯薩克遜民族有關的加拿大、澳大利亞、愛爾蘭、蘇格蘭、紐西蘭等。其次、台灣實際上自政府遷台以來除了嚴家淦先生出任總統期間內閣制精神較為顯著之外，實際上總統均是屬於實權的總統。第三、從一九九六年總統選舉改為直接選舉進行以來，每一位總統當選人均可謂缺乏意願推動內閣制的改革。第四、我國民情以及總統直選實行三次以後，人民不太可能接受一位虛位總統。第五、總統制權力集中於總統一人，而導致勝者全贏，但事實上內閣制又何嘗不然。第六、而就對總統的監督而言，美國式總統制受到選民與國會的雙重監督，而內閣制之行政與立法合一導致反對黨更難以施展。第七、美國式總統在其他國家實施並非沒有成功的可能，而且近半世紀以來台灣深受美國社會文化與價值觀之影響，非無繼受的可能[53]。

　　對於美國式總統制，國內有持保留意見者。彭錦鵬指出，美國式總統制的特點在雙元選舉（雙元民主正當性）、政府首長與國會任期皆固定、總統的雙元代表性，而形成的困境則為如下幾項：第一、雙元選舉下，施政責任由誰負責並不明確。第二、總統與國會任期皆固定的情形下，行政與立法的僵局並無解決機制。第三、總統為國家元首與政府首長之雙元代表性，造成不同民意要求的衝突。彭氏引述美國學界的見解而認為美國總統制能夠存活或成功的原因在於憲法已有二百年歷史與憲政主義的傳

統、堅強又普遍受尊重的最高法院、分散權力的聯邦體制、獨特的兩黨體系中各大黨大致沒有意識情結、黨紀不嚴明、文官信守中立、國會有充分的幕僚人員與機關以供監督、美國憲法隨時代不斷調整的可能性與實踐等[54]。施明德先生也指出，美國的聯邦、邦分權體制、美國的司法體系、美國相對客觀的媒體等特色，台灣都沒有，偏偏台灣有規模龐大的公營事業，而使總統得任命親信接管，總統選舉輸贏太大而導致天天都在大選，國家哪有安寧之日，台灣不宜採用總統制或現今之雙首長制[55]。

相當之人士採取現制改良說。蘇永欽教授認為，從人民的層級認知以及現行憲政體制所衍生的問題，內閣制已經不太可能，而總統制又離台灣太遠，在考量不大幅進行變動之下，全面填補雙首長制的缺口，才是正途。吳庚教授也認為總統已經直接民選而難再走回頭路，而台灣也未達到美國總統制的條件，最好且最小成本的方式，就是採取法國式雙首長制[56]。學者吳玉山認為，我國現今憲政體制應為一種半總統制，但實際卻演變成為總統制，分裂政府（亦即府會不一致）的問題十分嚴重，而且我國實際上沒有採用法國左右共治的實踐，總統將所有權力都抓在手上（包括經濟力量與新聞媒體等），呈現總統權力過大的情形。在有關未來的改革議題上，吳教授認為應該賦予國會「閣揆同意權」並藉由兩輪投票制的選舉，使總統有過半民意的支持，此外也必須像法國一樣給總統主動解散權，以便新總統與舊國會之間有權力的不一致，始得經由解散國會的程序而解決府會不一致的問題[57]。國民黨籍的立委黃德福（發言當時為立法院國民黨團書記長）也採類似見解，認為以目前政治氣氛來看，朝野間對於總統制、內閣制應該很難取得共識，國民黨於下階段修憲的重點應是在於「強化現行憲政體制」，內容包括總統選舉由現行相對多數決改為

43

絕對多數決，並加入閣揆同意權[58]。

　　陳宏銘先生指出，在二十世紀九〇年代之後，隨著憲政理念與比較憲政等研究的散播，以及若干國家的實施經驗可供借鏡等，新興民族國家有更為寬廣的制度選擇空間，而不必言必稱美國或英國模型，亦即得採行混合的制度安排，包括選舉制度與政府體制。鼓吹內閣制優越論的人必須回答，國人在歷經多次直選總統經驗之後，虛位元首體制是否可行以及適合符合我國的政治文化傳統與國民認知；而相對的，主張總統制的人必須誠正討論總統僵局解決機制不足的零合遊戲的困難[59]。

　　台灣短期內不存有大幅修憲的政治條件，立法院於二〇〇四年八月二十三日的臨時會，完成廢除國大、公投入憲與修正修憲程序、削減立法委員席次、引入單一選區兩票制、總統彈劾改由大法官負責的修憲案決議。於立法院公告滿六個月後，乃依當時憲法增修條文第一條第一項，於三個月內選舉三百人席次的國民大會代表，行使複決權。二〇〇五年六月七日，國民大會在國民黨與民進黨聯手下完成如上修憲案之複決。陳水扁總統乃進一步宣示，將設立憲改委員會或憲改辦公室，進行全國性的修憲討論，期待於二〇〇七年年底完成徹底之修憲並於新總統就職日實施。就此，泛藍陣營人士一般持保留意見。

現制改良之重點

　　在有限的修憲之下，或於不修憲下經由憲法解釋與立法實務，以下應是現制改良的重點：

　　第一、在野黨強烈要求總統選舉改為絕對多數，並引入自動

換軌制度。這原則上合於台灣的民主與有效治理的需求，並得免去朝小野大的對峙與內耗。若此項改革能夠成功——事實上未必容易，則以下所舉制度改革的壓力較小，反之則不然。

第二、就總統選舉，鑑於向來以及可預期之未來選戰之激烈性與差距之微幅性，得考慮引入一定得票率差距下之全面重新驗票，甚且明訂驗票的主體、程序與期程等。若有必要，也得引入獨立超然的調查委員會之機制；立法院之「三一九槍擊事件真相調查特別委員會設置條例」之立法與釋字第五八五號所為之違憲宣告以及所提的架構，應已經提供一個架構。

第三、總統就大法官、考試委員、監察委員人選的壟斷性提名權應加以限制，例如開放立法院或其他憲政機關之提名，或就立法院的同意權行使加以改良，包括審查的程序與同意的門檻，或嚴格化被提名人的要件。

第四、調查局長、國安局長、最高檢察長、駐外使節等，或進一步有高度政治爭議必要之單位首長[60]，其任命須經立法院同意，此外應強化立法院之監督權。

第五、就行政權，應於必要領域設置「獨立機關」，例如中選會、金融監理委員會、通訊傳播委員會、中央銀行等，現行制度應予以修改[61]。

第六、立法院的地位與職權行使，仍應予以保障，蓋一九九七年之修憲並無意「拆解」立法院，而人民普遍也認為應有立法院制衡總統與行政院——當然，立法委員席次與選舉制度非無討論的空間。就立法院之職權行使，未來得考慮引入聽證制度，以便強化立法院之威信，並有助於立法與行政兩院的理性互動。關於行政院就法律案或預算案提起覆議、部長之答詢義務等，也應從維護立法權的角度出發。釋字第五八五號解釋所肯認之立法院

之調查權，相關法制也應予以完備化。

第七節　結論

　　現行雙首長制並非一無是處，這是學界應努力省思的[62]。現行雙首長制有擴大民主格局、完成本土化並避免香港化的優點。現制的第一個缺點在於可能產生「少數政府」，但這得由總統吸取經驗教訓而主動改正。一般而言，於總統選舉完畢而新的政權態勢底定之後，不無存在政黨重組的空間。目前立法院泛綠九十九席，泛藍一百一十二席，無黨籍十二席，非無籌組成立多數聯盟的可能。

　　至於現行雙首長制的第二個缺點「民粹」則得經由整體社會的反省與進步而減緩，台灣應該有這個能力吧！行憲比修憲或制憲來得重要，上述兩點應成為台灣整體社會的努力目標。若要修憲，從務實角度出發，應以現制的改良為首要的考量吧！

問題討論

一、我國現今中央政府體制的名稱以及特色為何？

二、我國現今中央政府體制的優點與危機，各是如何？

三、我國何以演變成為今日的中央政府體制？

四、我國未來有無可能進行中央政府體制之修憲？各主要政黨有無共識？於無法完成相關修憲時，對現制應如何予以改良？

註釋

1 總統與行政院長間的權限劃分並未明確,而是留由當時強人所居的
職位決定,而實則為一黨所掌控。

2 參見http://archive.udn.com/2004/3/21/NEWS/NATIONAL/NATS10/
1911664.shtml。

3 參見http://archive.udn.com/2004/3/21/NEWS/NATIONAL/NATS7/
1911976.shtml。

4 關於一九九七年修憲有關取消立法院之閣揆同意權與「自動換軌」
義務之有無的討論,見黃錦堂,〈台灣雙首長制的內涵──向總統制
或向內閣制傾斜?〉,收錄於明居正、高朗主編,《憲政體制新走向》
(財團法人新台灣人文教基金會,2001);原發表於「憲政體制與政
黨政治的新走向」研討會,台大政治學系、財團法人新台灣人文教
基金會共同主辦,二○○○年十二月二十三日,台大法律學院暨社
會科學院國際會議廳(2001)。

5 精確言之,這涉及審議時間的倉促,以及審議過程中的簡單。對這
次大法官被提名人之同意權行使而言,平均每一位候選人只用了四
分之一天審查時間;而行使同意權過程中執政黨之立委或出於維護
總統與政黨之威信,或出於政黨間鬥爭的有效壓制的考量,或對於
被提名人的認同,幾乎全部為無條件之同意。

6 雖然立法部門得由預算審議相關預算案通過時,附帶為一定的條件
或期限而要求行政部門遵守或作出一定的附帶決議並必須參照法令
辦理(以上見預算法第五十條),而形成行政部門於預算執行的一些
限制(例如立法院要求行政部門必須對某一項預算案的動支已作成
相關的評估報告,並提交立法院相關委員會同意後始得動支),但整

新世紀的法律課題

體而言，行政部門只是程序較為麻煩，而最後畢竟仍然得動支有關的經費，此外並得於立法院悍然拒絕時發動相關標的團體為訴求，也得招呼媒體為相關的報導而形成壓力。參見黃錦堂，〈論立法院之預算審議權——評釋字第三九一號解釋並兼論司法院大法官應有之功能定位與解釋立場〉，《台大法學論叢》，第27卷，第3期（1998）。

7 當然，爭執之發生究竟出於何方之過錯或出於體制乃至政治對抗因素使然等，係另一問題，須視個案情形而為判斷。

8 有關立法院預算之審議權與釋字第三九一號解釋之評價，見黃錦堂，〈論立法院之預算審議權——評釋字第三九一號解釋並兼論司法院大法官應有之功能定位與解釋立場〉，《台大法學論叢》，第27卷，第3期（1998）。

9 目前立法院內泛綠占九十九席，藍軍有一百一十二席，另有無黨籍立委十二席。

10 關於組織法上之重要性原則，見黃錦堂，〈機關爭議問題釋憲方法之應用〉，論文發表於司法院大法官學術研討會，二○○一年十月十三日，台灣大學法律學院暨社會科學院國際會議廳。

11 陳水扁總統四年任內，對於鄉鎮市長改為官派、金融監理體制與組織的推展等，甚至政府改造一系列的法案（包括中央政府組織基準法草案、總員額法草案、行政法人法草案等），均無法獲得立法院的支持，即為例證。

12 目前各黨內部已經呈現參選爆炸的情形，立委個人一旦違規將受到嚴厲的處置，甚至將遭到開除黨籍的命運，而離開政黨之後的積極問政空間應該不大，尤其當民進黨、國民黨、親民黨、台聯黨、新黨均呈現參選爆炸的情形。以台灣的政治走向而言，至少在可見的未來，因為政黨競爭激烈，無黨籍的問政空間將受到相當的擠壓，

都會區尤然。

13 關於「三一九槍擊事件眞相調查特別委員會條例」的合憲性爭議，以及該條例於公布施行後之行政部門拒不執行而申請大法官爲急速處分引發的釋憲爭議，可謂係最激烈嚴重之權限分際、權力分立、輸贏最大之釋憲案，未來大法官爲何有關的解釋，值得各方關注。

14 台北縣政府地政局長莊育焜，因涉及台北大學弊案及三芝土地弊案，而在縣長大選前被披露。

15 有關預算案審議的爭議，見吳文弘，〈行政院與立法院間預算爭議之解決機制──預算法制之健全化〉，台大政治學系政府與公共事務碩士在職專班碩士論文（2003）。

16 但另一方面而言，在野黨的立法委員們在委員會的質詢中有無偏頗，或藉著問答技巧而希望引起談話的激鋒，或故意予以羞辱，也非無疑問。

17 請參看經建會網站，2004年11月25日，http://www.cepd.gov.tw/indexset/indexcontent.jsp?topno=1&linkid=7。

18 李國雄，〈總統制、議會內閣制及雙首長制的探討〉，收錄於高朗、隋杜卿主編，《憲政體制與總統權力》（財團法人國家政策研究基金會出版，2002），頁3、17。

19 引自高朗，〈總統制是否有利於民主鞏固〉，收錄於高朗、隋杜卿主編，《憲政體制與總統權力》（財團法人國家政策研究基金會出版，2002），頁115、118。

20 高朗，前揭文，頁122以下。

21 吳玉山，〈台灣正受實質總統制之苦〉，《中國時報》，2004年4月7日，A4版，「名家專論」。

22 李國雄，前揭文，頁19以下。

23 同前註，頁21以下。

新世紀的法律課題

24 同前註，頁26。

25 筆者認為，在方法論上，吾人必須承認民主與憲政係核心的制度設計與實踐，其順利開展，取決於結構與行動，亦即該國之歷史形成以來諸多國內外政、經、社、文、行政、法制、司法等結構，以及主要行動者的內部構造與策略行動。這是筆者的方法論，特色在於開啟歷史的縱深與諸多的觀察，而且又及於微觀的個人與個體面。這種方法論事實上係最為完整，而且不排除將科技的發展與人類知識的累積以及長期以來所建立的人類價值觀的推移等，以及一個國家歷史與地理的構造，當作深層結構。筆者的方法論與主要的民主化研究或國家現代化或民主發展的政治學者，並沒有不同，例如拉利‧戴蒙（Larry Diamond）便曾指出：「民主的鞏固有賴於某些制度、政策，以至於行為層面上的改變，期間強化國家機關的能力、經濟體制的自由化與合理化、在保障基本自由的前提下維持社會與政治秩序的安定、促進水平式責任政治（horizontal accountability）的形成，以及依法行政與懲治貪污的事項，都直接有助於政府統治能力的提升而有利於民主的鞏固。此外，加強政黨及其餘社會團體的連結關係，避免出現小黨林立的政黨體系，強化立法機關和地方政府的自主性和公共性，以及激發民間社會的活力等，均能促進民主政治體制的代議功能。」其所指稱者，便是筆者所指的相關次體系，見氏著，廖益興譯，〈緒論：民主鞏固的追求〉，收錄於田弘茂、朱雲漢、Larry Diamond、Marc Plattner合編，《新興民族的機會與挑戰》（國家政策研究中心授權出版，1997），頁1、9。該書內多位學者的觀點與論述，均不出如上寬廣的討論架構。民主鞏固與民主發展有關的理論與各國的比較，進一步請參看同前述四人合編，《鞏固第三波民主》（國家政策研究中心授權，業強出版，1997），內有諸多文章。

26 高朗，前揭文，頁132以下。

27 同前註，頁142。

28 李國雄，前揭文，頁26。

29 高朗，前揭文，頁142。

30 該號解釋明確指出資深民意代表的最後退職期限為一九九一年十二月三十一日，「並由中央政府依憲法之精神、本解釋之意指及有關法規，適時辦理全國性之次屆中央民意代表選舉，以確保憲政體制之運作」，其中值得注意者為「全國性」三個字。

31 其中第五次涉及國大代表的延任案而被司法院大法官宣告為違反自由民主的憲法原則與正當的修憲程序，見釋字第四九九號解釋。

32 黃錦堂，〈台灣雙首長制的內涵──向總統制或向內閣制傾斜？〉，收錄於明居正、高朗主編，《憲政體制新走向》（財團法人新台灣人文教基金會，2001）；原發表於「憲政體制與政黨政治的新走向」研討會，台大政治學系、財團法人新台灣人文教基金會共同主辦，二〇〇〇年十二月二十三日，台大法律學院暨社會科學院國際會議廳（2001）。

33 儘管有前述的民選總統之憲政權力大小的法理爭議，但從民選總統大選中之激烈對決性與民眾的高度參與性，以及司法院大法官釋字五二〇號解釋所為有利於民選總統實權的見解，似乎尚難導出民選總統之毫無推展施政抱負權力的結論，而其中的一項權力便是閣揆的任命權。

34 俄羅斯總統普丁於二〇〇四年二月二十四日解散內閣，根據普丁的聲明，此項措施的目的，係要在三月十四日總統大選前調整內閣人事。至於此項調整閣揆人事的動機，究竟係基於有效治理或其他的考量，則有待進一步的研究。相關報導見《中國時報》，2004年2月25日，A14版。

新世紀 的 法律課題

35 立法院黨鞭就個別立委控制的困難，晚近因爲立法委員的選舉已經呈現高度的參選爆炸，且政黨間的對決激烈，導致無黨籍的空間縮小，個別立委問政時——尤其就重大的議案，多半已經遵守黨團的指揮，而不願冒著被開除黨籍以致於日後競選困難的危險。

36 儘管台灣在三次總統直選的過程中，尤其二○○四年不無訴諸族群、攻訐隱私之情形，且公共政策之辯論未能詳細，但整體而言仍然展現高度的對峙與競爭。商業周刊發行人金惟淳並指出，二○○四年總統大選是首次真正徹底的大選，蓋由於兩軍對決而非類如二○○年之三組人馬，以及兩邊的實力接近而攻防激烈，突顯出這次選舉中的激烈性與對台灣前途影響的重要性；見《商業周刊》，第848期，頁14（2004、2、23-2004、2、29）。

37 組成聯合內閣的政黨們如果意識型態相近，並有相當的合作經驗，則並非不能建構一個穩定且前瞻的國家安全政策。從而具體的政黨內部構造以及主要行動者的人格特色等，亦即現時的情況，將具有重要性。

38 但反面言之，這種正面意義也非不得由穩定且具有威望的內閣的行政院長或外交部長所擁有。

39 該次選舉結果開啓後來的「扁宋會」以及十點決議。

40 吾人得想像例如美國柯林頓總統之緋聞案，而爲思考。

41 這一方面與制度設計有關，一方面也與台灣整體政、經、社、文、法治、司法發展迄今的構造有關，已如前述。

42 參見行政院主計處網頁http://www.dgbas.gov.tw/dgbas03/bs4/news/news9311.doc

43 關於民主法治國之有效運作的條件，約見Ulrich Karpen, "Die Bedeutung der rechtlichen Rahmenbedingungen fuer die demokratische Entwicklung", *ZRP*(1993), S.177, 179；進一步請參看Franz Lehner,

Vergleichende Regierungslehre, 2. Aufl(1991) S. 113ff，其中提及國家行為之若干決定性的因素，尤其包括政治上的有關各種利益紛爭協調、經濟的整體表現、科技政策的結構與策略，以及中央與地方的府際關係等。

44 見諸此其間《中國時報》、《中時晚報》、《聯合報》等的社論、方塊文章與讀者投書，也見諸新新聞雜誌。

45 這方面簡短但深刻的論著，見朱雲漢，〈戰略棋子，戰略棄子〉，《中國時報》，2004年11月15日，A4，星期專欄。

46 當然也影響到本書所關懷之行政組織面。

47 詳請參見黃錦堂，〈台灣雙首長制之內涵——向內閣制或向總統制傾斜〉，收錄於高朗、明居正主編，《憲政體制新走向》（財團法人新台灣人文教基金會出版，2001）。

48 行政法學中就行政組織法之研究顯示，行政院係以「行政一體性」的方式對立法院負責，院長享有一定政策方針的決定權，從而自然行政方針的決定權得採取績效管理的模式，部會首長對於部內的經營管理，向來行政法學也認為屬於內部事項，並不予以足夠的重視，而相關理論中有所謂行政規則的理論，明白賦予部會首長對於內部事務的分配、業務處理的方式、人事管理等之處置，這並且為我國行政程序法第一百五十九條第二項第一款所明定。請參看黃錦堂，〈《行政法總論之改革：基本問題》要義與評論〉，發表於憲政時代，第29卷，第2期（2003年10月）；黃錦堂，〈行政組織法之基本問題〉，收錄於翁岳生主編，《行政法2000》，第6章（翰蘆出版，2000）。

49 關於法規的評估，約請參看黃錦堂，〈行政法規衝擊評估之研究〉，論文發表於「行政法規影響評估研討會」，台北市政府法規委員會主辦，二〇〇三年九月十七日，台北市政府公務人員訓練中心

禮堂。

50 詳見吳文弘，〈行政院與立法院間預算爭議之解決機制——預算法制之健全化〉，台大政研所碩士專班論文（2003），頁216以下。

51 關於條件、期限與附帶決議等，見黃錦堂，〈地方府會關係與選舉制度之研究〉，收錄於黃錦堂，《地方制度法基本問題之研究》，第5章（台北：翰蘆出版，2000）。

52 於陳水扁總統二〇〇四年三月二十日競選連任勝出之後，以及在野黨儘管有近乎一半選民的支持但並未發展出強力有效的監督機制與氣勢，整個政府的施政更呈現總統權大、行政院與各部會益形強勢的現象。此外，就心存觀望的無黨籍或中小政治勢力或文官，乃必須認真思考相關的改革議題。二〇〇四年十二月十一日的立委選舉中，若綠軍過半，將意味著陳總統改革時代的到臨。

53 陳一新，〈內閣制較適合台灣？〉，《中國時報》，2004年8月9日，A15版，時論廣場。

54 彭錦鵬，〈總統制是可取的制度嗎？〉，收錄於明居正、高朗主編，《憲政體制新走向》（財團法人新台灣人文教基金會，2001），頁211、220、240。

55 見同上出處的報導，但非於同一研討會上。

56 見中國時報與范馨香基金會合辦的「中央憲政體制的抉擇與配套」研討會之發言意見，《中國時報》，2004年2月16日，A6版。

57 以上吳玉山的觀點，見《聯合報》，2004年8月30日，綜合A10版的報導。

58 見《聯合報》，2004年8月30日，綜合A10版的報導。

59 舉例言之，警察大學之校長。

60 獨立機關已經為中央行政機關組織基準法明白引進。

61 陳宏銘，〈超越統治權的二元對立〉，《中國時報》，2004年9月7

日，A15，時論廣場。

62 筆者很早便提出這個論點，黃錦堂，〈由「精省」看九七憲改〉，《台大法學論叢》，第27卷，第2期（1998），頁95以下。

新世紀的法律課題

參考文獻

中文書目

田弘茂、朱雲漢、Larry Diamond、Marc Plattner合編（1997）。《新興民族的機會與挑戰》。台北：國家政策研究中心。

李國雄（2002）。〈總統制、議會內閣制及雙首長制的探討〉，收錄於高朗、隋杜卿主編，《憲政體制與總統權力》。台北：財團法人國家政策研究基金會。

高朗（2002）。〈總統制是否有利於民主鞏固〉，收錄於高朗、隋杜卿主編，《憲政體制與總統權力》。台北：財團法人國家政策研究基金會。

彭錦鵬（2001）。〈總統制是可取的制度嗎？〉，收錄於明居正、高朗主編，《憲政體制新走向》。台北：財團法人新台灣人文教基金會。

黃錦堂（2001）。〈台灣雙首長制的內涵——向總統制或向內閣制傾斜？〉，收錄於明居正、高朗主編，《憲政體制新走向》。台北：財團法人新台灣人文教基金會。

黃錦堂（2000）。〈行政組織法之基本問題〉，收錄於翁岳生主編，《行政法2000》，第6章。台北：翰蘆出版社。

黃錦堂（2000）。《地方制度法基本問題之研究》。台北：翰蘆出版社。

中文論文報刊

吳文弘（2003）。〈行政院與立法院間預算爭議之解決機制——預算法制之健全化〉。台大政治學系政府與公共事務碩士在職專班碩士論文。

黃錦堂（1998）。〈由「精省」看九七憲改〉。《台大法學論叢》，第27卷，第2期。

黃錦堂（1998）。〈論立法院之預算審議權——評釋字第三九一號解釋並兼論司法院大法官應有之功能定位與解釋立場〉。《台大法學論叢》，第27卷，第3期。

黃錦堂（2001）。〈機關爭議問題釋憲方法之應用〉。論文發表於司法院大法官學術研討會。台北：台灣大學法律學院暨社會科學院國際會議廳。

黃錦堂（2003）。〈《行政法總論之改革：基本問題》要義與評論〉。《憲政時代》，第29卷，第2期。

黃錦堂（2003）。〈行政法規衝擊評估之研究〉。論文發表於行政法規影響評估研討會。台北：台北市政府公務人員訓練中心禮堂。

吳玉山（2004，4月7日）。〈台灣正受實質總統制之苦〉。《中國時報》，A4版，「名家專論」。

陳宏銘（2004，9月7日）。〈超越統治權的二元對立〉。《中國時報》，A15，時論廣場。

朱雲漢（2004，11月15日）。〈戰略棋子，戰略棄子〉。《中國時報》，A4，星期專欄。

陳一新（2004，8月9日）。〈內閣制較適合台灣？〉。《中國時報》，A15版，時論廣場。

《中國時報》。2004年2月25日，A14版。

《中國時報》。2004年2月16日，A6版。

《聯合報》。2004年8月30日，綜合A10版。

新世紀的法律課題

第二章　現代婚姻關係之課題

中央警察大學

法律系教授

鄧學仁

作者簡介

鄧學仁

　　日本神戶大學法學博士。在經歷方面，曾任中央警察大學法律系副教授，現任中央警察大學法律系教授及法律系主任。並曾擔任警政署法規審查會委員，與現任中央警察大學法規審查會委員、法務部民法親屬編修正審查委員以及內政部身心障礙者保護委員會委員。

　　研究之領域主要在於家族法方面，於一九九七年六月著有《親屬法之變革與展望》一書，另與嚴祖照、高一書於二○○一年一月合著《DNA之鑑定——親子關係爭端之解決》。

教學目標

一、指出現代婚姻與傳統婚姻之不同。

二、說明婚姻如何成立、婚姻之效力以及婚姻之解消。

三、釐清現代婚姻關係課題之所在。

新世紀**的**法律課題

摘　要

　　本文針對婚姻關係之成立、效力乃至於解消加以檢討。本文認為：第一、就婚姻關係之成立要件中，應將傳統之儀式婚修正為登記婚，並應適度放寬擬制血親結婚之限制。第二、就婚姻關係之效力而言，應持續改進夫妻財產制之公平性與合理性，以謀求男女平權與交易安全。第三、就婚姻關係之解消，則應導入破綻主義之離婚原因，以及保護弱勢之離婚效力。

　　既然現代婚姻關係與傳統婚姻關係已產生明顯之差異，即應針對現代婚姻關係之特性加以調整，亦即由男尊女卑之婚姻結構，轉變為貫徹男女平等原則，再由傳宗接代之家本位思想，進化為維護婚姻本質生活之和諧，並由男主內女主外之婦女默默貢獻，進而肯定家事勞動價值。蓋現代之婚姻關係乃隨時代而演化，除解決夫妻間之紛爭外，更應促進夫妻情感之圓融，最後在於調和身分法與財產法之保障財產交易安全。總之，婚姻關係無法自外於社會，必須折衝婚姻內之當事人與婚姻外之利害關係人之權利義務，始能圓滿解決現代婚姻關係之課題。

61 ⚫⚫⚫⚫⚫⚫

第二章　現代婚姻關係之課題

現代婚姻與傳統婚姻有何不同？此可從婚姻之組成、婚姻之存續期間以及婚姻之解消得以窺知。從婚姻之組成而言，傳統婚姻向來係依公開儀式及二人以上證人之形式要件，並由一男一女之夫妻所構成，但隨著男女禮教之防逐漸淡薄，自由戀愛興盛，未依結婚形式要件之事實上夫妻，以及一夫一妻以外之同性戀夫妻乃出現於現代婚姻之中。而從婚姻之存續期間而言，傳統強調白頭偕老之婚姻，亦因近年來離婚率之增加而逐漸縮短。再從婚姻之解消觀之，傳統婚姻之解消常以勸合不勸離而繼續維持，而現代婚姻易因破綻主義而終結。現代婚姻既然有異於傳統婚姻，則吾人處於現代之婚姻關係中，不宜再有處理傳統婚姻之態度，例如對於同性戀婚姻之排斥、重男輕女之夫妻財產制，以及勸合不勸離之婚姻觀等，均有重新省思之必要，究竟現代婚姻法之規定如何，又其問題何在，本文擬從此方面著手，藉以釐清現代婚姻關係課題之所在。

規範婚姻關係之親屬法自西元一九三一年施行以來，歷經一九八五年、一九九六年、一九九八年、一九九九年、二〇〇〇年以及二〇〇二年等六次之修正，其中一九八五年與一九九六年以及二〇〇二年之修正均與婚姻關係有關，未來法務部仍將繼續提出婚姻之成立要件與離婚效力等修正案，對於作為基礎法律之民法本以安定為宜，然如此修正之頻繁，正顯示出有司為使親屬法符合現代婚姻關係實質內涵之努力，以下針對現行婚姻關係之規定，以及其問題點分別說明。

第一節　婚姻關係之成立

　　成立婚姻關係必須符合結婚之形式要件與實質要件，前者係指應有公開儀式及二人以上之證人（民法第九八二條第一項），後者則指不得違反結婚無效（民法第九八八條）或得撤銷（民法第九八八條至第九九七條）之規定。此類規定究竟問題何在？首先，結婚之形式要件雖遷就事實採取儀式婚主義，避免已舉辦儀式之男女因未辦理登記而形成事實上之婚姻關係，然由於當事人是否曾舉行公開儀式，將因時間經過越難查證，且儀式是否合於法定方式，因無客觀標準，證人恐怕亦難判斷，如此不僅影響身分關係之安定性，同時對第三人亦屬不利[1]。

　　雖然一九八五年親屬編修正時新增「經依戶籍法爲結婚之登記者，推定其已結婚。」（民法第九八二條第二項），但對於已經舉辦儀式而結婚者，由於戶籍上形同未婚，故仍得再與他人結婚，此種重婚之情形顯然無法有效防止。依現行法之規定，重婚雖爲無效，但對於信任戶籍之善意者而言，顯屬不公。且用推定之方法來決定身分關係，頗爲不當，尤其容易使不諳法律之人民，誤以爲我國兼採儀式婚與登記婚之雙軌制，捨儀式而選擇登記，遭致婚姻效力受推翻之結果[2]。此外其是否有違其他結婚之實質要件（例如近親間之結婚、是否到達法定結婚年齡、法定代理人是否同意以及女子是否合乎禁婚期間等），恐亦難以知悉。

　　由於目前結婚後申報戶籍之手續，可謂已爲一般人民接受，且離婚已採登記主義，若未登記結婚，將來欲離婚時又因戶籍上

無婚可離容易滋生問題[3]，為求兩者相互配合，結婚實應與離婚相同，採行登記婚主義。

其次，就結婚之實質要件而言，對於近親禁止結婚之規定，有學者主張應縮小禁婚親之範圍[4]，鑑於禁止近親結婚之規定，一者在於維持我國固有倫常，例如報載：「台中縣太平市一名十六歲的黃姓少女，因母親臨終時交代她報答繼父的養育之恩，決定和七十六歲的高姓繼父結婚……[5]」，即違反民法第九八三條第一項，與直系姻親不得結婚之禁止規定，再者在於優生上之考量，凡違反此規定之婚姻無效，可謂關係至為重大，故若無違反上述規定之虞者，例如旁系姻親之間，或因收養而成立之親屬間，允宜適度放寬，以避免婚姻動輒無效。

至於目前對於禁婚親之範圍何者有適度放寬之必要？其中似以養子女與養父母之婚生子女結婚，是否有違民法第九八三條禁止近親結婚之規定，最具討論之餘地。過去判例雖認定兩者不得結婚[6]，但其後之大法官解釋，則以收養若屬「將女抱男之習慣非受民法禁婚限制」[7]，認為兩者得以結婚。然不久又為兼顧收養之效力，旋以「被收養為子女後另行與養父母之婚生子女結婚者，自應先行終止收養關係[8]」，採有條件地承認兩者之結婚。然成為問題者，若養親死亡，養子女無從終止收養者，則無法與養父母之婚生子女結婚，此時大法官解釋另闢蹊徑認為：「但養親收養子女時本有使其與婚生子女結婚之真意者，不在此限。」又例外地承認無須終止收養即可結婚。由於養親已死，其真意已難掌握，當時有認為應依民法第一○八一條第六款終止收養始為正途[9]，但此種情形是否合於「其他重大事由」，又成另一問題。

依目前修正後之民法雖增列死後許可終止收養之規定（第一○八○條第五項），但須以「養子女不能維持生活而無謀生能力」

為要件，欲終止收養恐難如願。鑑於此種情形之結婚，當事人既無倫常紊亂之虞，且無優生上之問題，對此應可參考德國民法第一七六六條所規定「婚姻破收養」[10]之原則，使收養關係於結婚之同時終止，如此方為根本解決之道。

最後，有關實質要件中重婚無效之規定，依照現行法重婚無效之規定，除一九八五年現行法施行前之重婚仍適用得撤銷之規定外（民法親屬編施行法第一條），按理重婚情形應不致發生，然實際上於下列情況下，重婚之情形仍有發生之可能。

前婚配偶之死亡宣告受撤銷

因配偶受死亡宣告而再婚者，其後受死亡宣告之配偶安然生還，而撤銷死亡宣告之判決，由於撤銷之效果與自始未受死亡宣告同[11]，因此，已經消滅之前婚應溯及回復未受死亡宣告前之效力，惟因撤銷死亡宣告之判決，於判決確定前以善意之行為，不受影響（民事訴訟法第六四〇條但書），故後婚之雙方若均係善意，則後婚不因死亡宣告之撤銷而受影響，前婚因死亡宣告而消滅，不再復活。但雙方若有一方惡意時，後婚之婚姻效力則受影響，失蹤人歸來後得向法院聲請撤銷後婚[12]。於此情形下，於失蹤人聲請撤銷後婚以前，即有產生重婚之可能。

海峽兩岸之重婚

過去隨同政府撤退來台者，因配偶滯留大陸無法來台相聚，

於前婚婚姻關係存續中仍再婚者不在少數，其中因重婚而被大陸配偶撤銷後婚，而聲請大法官會議解釋（釋字二四二號）之鄧元貞重婚案即屬此類[13]，本件解釋認為修正前之民法第九九二條「嚴重影響後婚當事人及其親屬之家庭生活及人倫關係，反足以妨害社會秩序」，以其抵觸憲法，故允許後婚當事人，對於已被撤銷且判決確定之後婚提起再審之訴，使後婚得以繼續維持有效，而且因為上開大法官會議解釋，今後對於相類似之案件，前婚勢必無法再撤銷後婚，如此一來由於前婚原本即繼續有效，則後婚與前婚即成重婚之狀態。

前婚之兩願離婚受撤銷

　　夫妻兩願離婚後，當事人經合法再婚者，其前婚之離婚協議，有無效或得撤銷之情形時，即有發生重婚之可能。由於兩願離婚之無效，係自始、當然、絕對無效，亦即前婚如同未曾離婚一般，前婚之婚姻關係繼續有效存在，因此，縱使當事人一方再婚，亦因民法重婚無效之規定，其後之再婚無法有效成立，故於兩願離婚無效之情形，應無發生重婚之餘地。與此相對地，於撤銷兩願離婚之情形，由於兩願離婚撤銷之效果，與婚姻撤銷不溯及既往（民法第九九八條）之效果不同，兩願離婚之撤銷於其本質上，應溯及於離婚時發生效力[14]，此時即有發生重婚之可能。換言之，因兩願離婚後再婚之當事人，由於其前婚之兩願離婚被撤銷，此時前婚即回復至自始未曾離婚之狀態視為繼續有效，故當事人離婚後之再婚即成為重婚。

前婚之離婚判決受再審之廢棄[15]

　　因裁判離婚而再婚者，若其前婚之離婚判決因再審而廢棄者，例如，雖明知被告住居所，卻偽稱所在不明而主張公示送達（民事訴訟法第一四九條），於被告不知之情況下，取得離婚判決，或該離婚判決係以不法手段取得者（日本學者稱此為「騙取判決」[16]），等之情形，均得提起再審之訴，訴請廢棄該離婚判決（民事訴訟法第四九六條）。離婚判決一經廢棄，前婚本應溯及回復未離婚前之效力，亦即，「再審之訴之判決，當然溯及既往發生效力」[17]，而後婚則因為重婚無效之規定本應無成立之可能（民法第九八八條第二款），惟因再審之判決，對於第三人在起訴前以善意取得之權利，並無影響（民事訴訟法第五〇六條），於此情形重婚即有產生之可能[18]。

　　針對重婚問題大法官會議解釋先後作成三六二號前後婚姻同時有效，以及修正此不合理現象之五五二號解釋，並責成由立法機關衡酌信賴保護原則、身分關係之本質、夫妻共同生活之圓滿及子女利益之維護等因素，就民法第九九八條第二款等相關規定盡速檢討修正。

第二節　婚姻關係之效力

　　婚姻關係成立後發生之效力，可分為身分上之效力與財產上

之效力，身分上之效力，包括夫妻之冠姓、同居義務、夫妻之住所、日常家務之代理權以及家庭生活費用之負擔等部分。此外，因配偶關係而衍生之繼承權與互負扶養權利義務等更屬重要。至於財產上之效力，主要係指夫妻財產制之決定方式，依據親屬法之規定，我國夫妻財產制之形式，僅限於法定財產制與約定財產制二種，而後者又分為分別財產制與共同財產制二種，除此之外當事人不得創設其他形式之夫妻財產制。值得一提者，法定財產制於二〇〇二年作大幅之修正，有關新法定財產制之內容，以及其與舊制有何不同，茲說明如下。

新制之內容

本次夫妻財產制之修正，揭櫫「貫徹男女平等原則」、「維護婚姻生活和諧」、「肯定家事勞動價值」以及「保障財產交易安全」等四項立法原則[19]，其中有關法定財產制之修正重點可歸納如下：

一、簡化夫妻財產種類

過去係以聯合財產制為法定財產，此次修正刪除民法第一〇一六條，廢除原為法定財產制之聯合財產制，從此法定財產制名實俱符，再無其他名稱替代，並修正民法第一〇一七條，依夫妻結婚時點，以「婚前財產」與「婚後財產」取代「原有財產」與「特有財產」，不僅解決原有財產過去認定與適用之困難，且此時僅以「婚後財產」列入剩餘財產分配之對象，於是法定財產之內

新世紀 的 法律課題

容不致如此繁複。至於在婚姻關係存續中，原以契約約定共同財產制或分別財產制為夫妻財產制，而改用法定財產制者，其改用前之財產視為婚前財產。同時為避免舉證之困難與爭議，對於不能證明為婚前或婚後財產者，推定為婚後財產，對於不能證明為夫或妻之財產，推定為夫妻共有。亦即，藉由法律之擬制以杜絕可能發生之爭議，藉由法律之推定以擴大婚後財產之範圍，使得法定財產制更能符合上述維護婚姻和諧生活之立法原則。

二、維護夫妻獨立平等

夫妻在家庭中應具有獨立人格及平等地位，過去聯合財產制雖得約定由妻管理，但無約定時仍由夫管理，其有管理權之一方並得使用、收益聯合財產，所收取之孳息於支付家庭生活費用與管理費用後，始歸他方所有，且於管理上必要之處分，尚可不經他方同意處分他方財產，鑑於聯合財產制通常由夫管理，此類規定無異架空妻之財產所有權，未免損及男女平等原則，此次修正為確保夫妻人格獨立經濟地位平等，乃明定夫妻各自管理、使用、收益及處分其所有財產（新法第一○一八條），而原條文有關使用收益（民法第一○一九條）、處分（民法第一○二○條、一○二一條）之條文均予以刪除。此外，夫妻各自對其債務負清償之責，夫妻若以自己財產清償他方債務時，雖於婚姻關係存續中，亦得請求償還（民法第一○二三條）。

三、新設自由處分金制度

新設自由處分金之目的，在於保障夫妻經濟之自主性，對於

長期從事家務勞動之家庭主婦（夫）更顯重要，因爲從事家務者之經濟來源通常爲他方，縱使將他方之金錢用於家庭，若遇他方錙銖必較，將使從事家務者事事仰人鼻息毫無尊嚴可言，因此乃有本制度之倡議。但本制度之設立，將帶給一般民衆家務有給之印象，夫妻間斤斤計較於家務報酬之多寡，恐非當前社會觀念得以接受，反而有礙於婚姻和諧，此亦官方版當初未設此制度之原因所在。本次修正之內容可謂折衝兩者之情況而成，然則自由處分金依夫妻協議訂定，不僅無強制力（夫妻不得以此作爲請求權之基礎），且因非屬家庭費用之範疇，本項規定之性質爲何不明[20]（民法第一〇一八條之一），如此象徵性規定，是否有助於維護婚姻生活和諧，恐須留待法律施行一段期間之後方能論斷。

四、落實剩餘財產之分配

　　法定財產制中以剩餘財產之分配，最能肯定配偶從事家事勞動之價值，但分配剩餘財產必待法定財產關係消滅之時，此段期間長短不定，夫妻財產關係可能發生無法預料之變化，且因新法已修正由夫妻各自管理其財產，爲避免將來剩餘財產分配請求權落空，特規定「夫妻就其婚後財產，互負報告之義務」（民法第一〇二二條），以瞭解雙方財產狀況。同時爲避免他方惡意脫產，參考民法第二四四條之精神，增定一方對他方惡意所爲之有償或無償之行爲，亦即，除履行道德義務外之無償贈與，以及受益人明知有損及剩餘財產分配請求權之有償贈與以外，均得聲請法院撤銷之（民法第一〇二〇條之一）。惟爲避免既得權利長期處於不確定狀態，此次修正乃另設撤銷權之除斥期間，以期貫徹上述保障財產交易安全之立法原則（民法第一〇二〇條之二）。

新世紀*的*法律課題

五、強化剩餘財產分配請求權之規定

家事勞動價值能否合理反映實際婚姻生活，端視乎剩餘財產分配請求權能否貫徹，新法定財產制強化本項請求權，對於專職家庭主婦（夫）或收入較少而對家庭有貢獻者尤為重要。有關此部分修正之重點包括：第一、排除「慰撫金」於剩餘財產之外，因其具一身專屬性，且與婚姻貢獻無關。第二、新設清償債務之計算規定，如夫妻之一方以婚前財產清償婚後債務，或以婚後財產清償婚前債務者，除已補償者外，均應分別納入現存之婚後財產，或以婚姻關係存續中所負債務計算之。第三、增訂惡意處分婚後財產之追加計算規定，將其價額視為現存之婚後財產。同時規定應給付差額之一方，若不足清償他方應得之分配額時，他方得向受益之第三人請求返還。第四、新增現存婚後財產與應追加計算財產之計算基準，並設夫妻因判決而離婚者，以起訴時為準之但書規定，以杜爭議（參閱新法第一○三○條之一至第一○三○條之四）。

新制與舊制之區別

舊制有關法定財產制之規定計有十六條，新制刪除其中十一條，修正五條，並新增六條，原條文保留原狀者竟無一條，足見本次修正規模之大，究竟新制與舊制之區別何在，可從下表窺其全貌21。

表2-1　新、舊法定財產制比較表

比較項目	新制	舊制（聯合財產制）
財產種類	一、 婚前財產。 二、 婚後財產。	一、 原有財產。 二、 特有財產（法定及約定）。 三、 聯合財產（夫及妻之原有財產之組合）。
所有權	各自所有。	分別所有。
管理權	各自管理。	一、 聯合財產：原則由夫管理，例外得約定由妻管理。 二、 特有財產：各自管理。
管理費用負擔	各自負擔。	一、 聯合財產：由管理權之一方負擔。 二、 特有財產：各自負擔。
使用及收益權	各自使用、收益。	管理權之一方對他方之原有財產有使用、收益之權。
處分權	各自處分其財產。	管理權之一方經他方同意，始得處分他方之原有財產。但管理上必要之處分，有管理權之一方可逕行為之。
債務清償責任	各自對其債務負清償責任。	依財產種類之不同區分責任歸屬，關係較為複雜。
保全措施	婚姻關係存續中，夫妻一方所為詐害他方剩餘財產分配請求權之行為，他方得聲請法院撤銷。	無。
剩餘財產分配請求權	一、法定財產關係消滅時，夫或妻現存之婚後財產，扣除債務後，應平均分配。 二、不列入分配之財產：因繼承或其他無償取得之財產及慰撫金。 三、法定財產制關係消滅前五年內，夫或妻惡意處分婚後財產之價額，得追加計算。 四、夫妻應受分配之一方，得就不足部分，向特定第三人請求返還。	一、聯合財產關係消滅時，夫或妻於婚姻關係存續中，所取得而現存之原有財產，扣除債務後，應平均分配。 二、不列入分配之財產：因繼承或其他無償取得之財產。

新世紀 的 法律課題

比較項目	新制	舊制（聯合財產制）
財產生活費用負擔	除法律或契約另有約定外，由夫妻各依其經濟能力、家事勞動或其他情事分擔之。	夫無支付能力時，由妻就全部財產負擔。
自由處分金	夫妻於家庭生活費用外，得協議一定數額之金錢，供夫或妻自由處分。	無。

　　由上表之比較可知，新法定財產制已針對舊制作相當程度之變動，然則新舊制相異之處雖然不少，但觀兩者之內容，可發現新制仍隱含舊制之色彩，例如法定財產制中最能反映家事勞動價值之剩餘財產分配制度，仍然延續此規定於新制中，並且發揚光大，特增設脫產之保全措施，以及追加計算與追回之規定，以保障剩餘財產分配請求權不至於落空。此外，自由處分金制度之創設，對於從事家務勞動而無收入者更具時代意義，似此落實夫妻經濟自主以及人格獨立之平權精神，儼然已成為本次新法定財產制之最大特色。

第三節　婚姻關係之解消

　　婚姻關係之解消主要係指當事人死亡、結婚撤銷以及離婚等三種情形，由於結婚撤銷之效果亦準用離婚之規定，因此本項主要探討離婚之問題。健全之離婚法，必須兼顧男女兩性平等，保障弱者之離婚後生活，以及維護子女利益等，方能發揮其立法之

73

目的。檢視我國之離婚法，仍隱含有不少問題點亟待修正[22]。

兩願離婚之要件有待充實

　　雖然兩願離婚占離婚事件大部分，但現行法對於兩願離婚之規定頗為簡陋，除於第一○五○條規定離婚之形式要件：「兩願離婚，應以書面為之，有二人以上證人之簽名並應向戶政機關為離婚之登記。」之外，僅於第一○四九條規定所謂之實質要件，亦即「夫妻兩願離婚者，得自行離婚。但未成年人，應得法定代理人之同意。」除此之外，其他離婚實質要件均付之闕如。因此如遇離婚要件有瑕疵之情形，其效果究為有效、無效或得撤銷，均成問題。例如有關當事人離婚能力之欠缺（為禁治產人之情形），離婚意思之欠缺（通謀之離婚）或瑕疵（受詐欺或脅迫之離婚）等，現行法均未規定，又其中若為得撤銷之情形，其是否有溯及之效力[23]，均使離婚之效力產生影響。即連上述未成年人離婚須經法定代理人同意，以及離婚之形式要件等部分已有明文規定，但對於違反者之效力如何卻乏明文規定[24]，究竟應適用民法總則之規定或親屬編之規定即產生疑義，為避免紛爭宜明定兩願離婚於性質相近者，準用結婚無效或撤銷之規定[25]，以作為適用之依據。

兩願離婚之方式有待加強

　　離婚固然不應完全予以禁止，但亦不宜完全放任不管，現行

新世紀的法律課題

法之兩願離婚過於自由，容易產生問題。例如因一時意氣用事所造成之「衝動離婚」，因他方配偶之壓迫所造成之「逐出離婚」，或因逃避債務等原因所造成之「假裝離婚」等，其與婚姻關係之神聖性與身分行為之安定性顯然有違。或謂既然結婚純為個人自由，則離婚理應聽任當事人之自由，此種說法應無置疑之處。然而，所謂離婚自由，必須本於婚姻關係之本質目的無法遂行為前提，由於離婚意思之「浮動性」[26]，勢須經由一定程序，較能確認當事人離婚意思之有無或真偽，或有無瑕疵之情形。此外，因離婚之成立，而造成侵害子女福祉，或陷他方於惡劣之環境者[27]，則非單純主張離婚自由，即可為之。

換言之，縱使離婚自由，亦應於解決前述問題之後，方得主張離婚。因此，於立法論上，似應考慮於夫妻兩願離婚向戶政機關申請離婚登記（參見民法第一〇五〇條、戶籍法第二十五條第二項）時，設若干時間之猶豫期間，使當事人於期間內得以撤回離婚之申請（戶政機關可設計「假登記」之方式，須於該期間經過後始予以「正式登記」），亦可規定二階段程序，先為離婚申報，經過相當之猶豫期間後，當事人須再為離婚登記之申請者，戶政機關始予以登記，甚或當事人雙方之離婚意思，須經法院之確認程序離婚始能成立，如此較能避免違反當事人真意，或基於一時衝動，或造成侵害子女利益之離婚[28]，畢竟父母對未成年子女之責任，應優先於父母自身之利益[29]。

判決離婚之原因有待修正

就離婚之難易度而言，與兩願離婚之過於自由相反，判決離

婚則顯得頗為嚴格。民法第一○五二條第一項所規定之判決離婚原因，雖然含有十種情形，但除第七、第八、第九款外，以保守之有責主義居多，且條文規定本身有欠周延，例如同項第三、第四款之不堪虐待或不堪為共同生活之規定，因所謂之「不堪」相當抽象，舉證亦極為困難，除非受虐情形明顯、嚴重，否則受虐待者往往須多挨打幾次，於累積驗傷單之後，方能證明受虐情形，有時反而助長婚姻暴力，按理如能舉出虐待之事實，他方即得請求離婚。

同項第五款惡意遺棄之規定，過去十年來合計占台灣各地方法院終結離婚事件53.07%，居離婚原因第一位[30]，此乃因過去民法第一○○二條規定妻以夫之住所為住所，夫即可利用此規定任意遷居，再請求妻履行同居義務，因為妻無法受到起訴通知，表面上形成不能履行同居義務之狀況，除非妻能證明有民法第一○○一條之「正當理由」，否則經判決確定後仍不履行同居義務在繼續狀態中者，即得訴請判決離婚[31]。此種不合理現象，終於經由大法官會議釋字第四五二號解釋違憲，並於一九九八年修正民法第一○○二條，本款終可避免被惡用。

同項第七款不治之惡疾及第八款重大不治之精神病之規定，所謂之不治，非徒醫師是否願意出具不治證明不得而知，且就其程度而言，醫學上難以為確切及齊一之判斷，此二款之離婚具體事由，似應將其重新加以統合，使其合併為「有重大之惡疾或精神病者。」此外，由於本條第二項之導入，故第一項具體的離婚原因中，其規定籠統或難以適用者[32]，均可包含於此抽象原因中，如此方可適應多樣化之離婚事件，增加法官審理之空間。然本條將保守之有責主義與前進的破綻主義同時置於一個條文內，卻顯得極不和諧[33]，依理應將本條各款濃縮[34]，而以破綻主義之

新世紀的法律課題

規定為主，但考量破綻主義之導入須有相當之配套措施，如無法規範周全，至少於現階段，應修正本條抽象與不合情理之部分，以緩和判決離婚過於嚴格之現象。

積極的破綻主義有待規定

為緩和具體的離婚原因規定之嚴格，一九八五年之親屬編修正中，將抽象之離婚原因新納入於民法第一〇五二條第二項中，「有前項以外之重大事由，難以維持婚姻者，夫妻之一方得請求離婚。」此亦即所謂之抽象的破綻主義，雖其或可解決前述離婚具體事由中之爭議部分，然破綻主義之新設，原係為對應各式各樣之離婚事件，新設條文之但書卻規定：「但其事由應由夫妻之一方負責者，僅他方得請求離婚。」如此規定無疑是對於破綻主義之自我否定。同時就另一方面而言，姑且不論有責者應否承認其離婚權，由於婚姻關係之破綻是夫妻相互複雜微妙作用之結果，欲將責任完全歸之於他方負責，實際上極為困難，故但書之規定，恐怕無法收到實際之效果35，不如刪去，承認積極的破綻主義，以應付各式各樣之離婚事件。

但對於破綻之認定，未免缺乏客觀之認定標準，容易造成各法院之認定標準不一，似有另立一客觀標準（如別居達一定期間）之必要。此外，所謂之破綻主義，絕非一方聲請離婚，法院即應准許，否則如此判決離婚恐將遭到濫用，參考德國民法第一五六八條之規定，亦即，當維持婚姻乃為維護未成年子女之利益，或離婚對於拒絕離婚之他方有特別苛酷之情形時，且維持婚姻亦係考量聲請人之利益時，雖婚姻破裂仍不得離婚，此亦即所謂之

「苛酷條款」。

子女監護權之歸屬問題

　　有關離婚後對於子女監護權歸屬之問題，一九九六年以前之親屬法將此分別規定於民法第一○五一條（兩願離婚之情形）與第一○五五條（判決離婚之情形），均以由夫任之為原則，僅於判決離婚之情形，法院始得為子女之利益酌定監護人。換言之，於兩願離婚之情形，若離婚當事人間未約定，則子女之監護權當然歸屬於父親，如此規定顯然有違男女平等原則。目前於兒童福利法（第四十一條）與少年福利法（第九條第五項）中，對於其父母離婚者，雖有法院得另行酌定監護人之規定，但於法律適用上，即須區分未滿十二歲之兒童，與滿十二歲未滿十八歲之少年，至於滿十八歲之未成年人，又須回復適用民法之規定。為求根本解決之計，有關民法對於離婚後子女監護之問題，不應區分兩願離婚與判決離婚，以及未成年人之年齡而有所不同[36]。

　　為徹底解決離婚後子女監護之問題，一九九六年親屬法第二次修正時，認為夫妻離婚後對於子女之親權不因兩願離婚與判決離婚而有不同，故刪除第一○五一條而併入第一○五五條加以規定。同時修正第一○五五條，將原來條文「監護」文字修正為「對於未成年子女權利義務之行使或負擔」，並增加其聲請人，除夫妻外其他公私機構亦得請求法院酌定，或逕由法院依職權酌定之。同時對於該協議法院得為子女之利益，依請求或依職權改定之，法院並得依請求或依職權酌定權利義務行使負擔之內容及方法，最後對於未任權利義務行使負擔之他方賦予會面交往之權

新世紀的法律課題

利，又新增第一○五五條之一，訂定法院審酌子女最佳利益時之判斷基準，並新增第一○五五條之二，對於父母均不適合行使權利時，法院得選定其他適當之人爲子女之監護人。據此，夫妻離婚後對於子女親權之歸屬問題終獲解決。

離婚後財產上之效力

有關離婚後夫妻財產之效力，現行法將其規定於第一○五八條由夫妻各取回其固有財產（指夫或妻於結婚之原有財產）[37]，然夫或妻於婚姻關係存續中所取得而現存之原有財產，雖爲夫或妻之固有財產，但於扣除婚姻關係存續中所負債務後，如有剩餘尚須依民法第一○三○條之一請求分配剩餘財產，本規定對於專業家庭主婦尤其重要，因爲家務勞動難以評定價值，將雙方於婚姻關係存續中增加之財產相減後再平均分配可謂合理。據此對於有財產或經濟能力之離婚當事人，較不致成爲問題，然對於離婚前惡意減少財產，或將財產轉讓於他人者，他方卻無法避免[38]。

此外，因離婚而陷於生活困難者（尤其是長期於家中料理家務而無經濟能力之妻），對其更應謀求相當之保障。雖然現行民法第一○五七條有給與贍養費之規定，然而請求給與贍養費有二項限制，亦即：第一、須因判決離婚而陷於生活困難者。第二、須請求之一方無過失。依理因離婚而生活陷於困難者，不論兩願離婚或判決離婚均有可能發生，固然於兩願離婚時可就贍養費予以約定，但若無約定或迫於形勢不能或無法約定者，對於經濟弱者之一方，即無法加以保障。此外，限於無過失者方得請求之規定，未免過於嚴苛，誠然對於有責者雖無保護之必要，但若雙方

均有過失者，尤其婚姻生活中情感糾葛，論斷誰是誰非並非容易，而且贍養費之目的在於救濟婚後生活陷於困難者，因此宜將過失之輕重作為斟酌給付贍養費之參考，而非一律禁止其請求。

第四節　結論

　　以上針對婚姻關係之成立、效力乃至於解消加以檢討，吾人發現於婚姻關係之成立要件中，應將傳統之儀式婚修正為登記婚，並應適度放寬擬制血親結婚之限制。就婚姻關係之效力而言，應持續改進夫妻財產制之公平性與合理性，以謀求男女平權與交易安全。至於婚姻關係之解消，則應導入破綻主義之離婚原因，以及保護弱勢之離婚效力。總之，現代婚姻關係與傳統婚姻關係已產生明顯之差異，應針對現代婚姻關係之特性加以調整，於此或可以夫妻財產制所揭櫫之四大精神作為原則而配合修正，亦即由男尊女卑之婚姻結構，轉變為貫徹男女平等原則，再由傳宗接代之家本位思想，進化為維護婚姻本質生活之和諧，並由男主內女主外之婦女默默貢獻，進而肯定家事勞動價值。現代之婚姻關係乃隨時代而演化，除解決夫妻間之紛爭外，進而促進夫妻情感之圓融，最後乃調和身分法與財產法之保障財產交易安全，蓋婚姻關係無法自外於社會，必須折衝婚姻關係內與外之利害，始能謀求婚姻之最大幸福。

問題討論

一、婚姻關係如何產生？

二、婚姻之效力如何？夫妻財產如何計算？

三、離婚之要件為何？

註釋

1 黃宗樂，〈戡亂後家族關係法規的重整與展望──為我國邁向民主法治的新紀元而作〉，收錄於中國比較法學會編，《戡亂終止後法制重整與法治展望論文集》（台北：作者自版，1991年），頁441。

2 參見戴炎輝、戴東雄，《中國親屬法》（台北：作者自版，1987年），頁94。

3 目前辦理之方法，即依戶籍法第二十五條之規定，先補辦結婚之登記後，再辦離婚之登記。參見司法院第一廳一九八七年四月八日（76）廳民一字第一九九八號函復台高院，法律研究彙編第六輯，頁130。收錄於蕭長青、呂壬棠，《民法實務問題（親屬編）》（台北：作者自版，1989年），頁27。

4 黃宗樂，前引文，頁442。

5 《聯合報》，2004年6月5日，A5話題版。

6 一九四三年上字第二三六六號判例：「養子女與養父母之關係，依民法第一○七七條之規定。既與婚生子女同，則養女對於養父兄弟之子，亦與同祖之兄弟姊妹無異，依民法第九三八條第一項第三款之規定，自屬不得結婚。」

7 參見釋字第十二號解釋（41.12.20）。

8 參見釋字第三十二號解釋（43.3.26）。

9 參見釋字第三十二號解釋不同意見書（43.3.26）。

10 參見林菊枝，〈評我國現行之收養制度〉，收錄於氏著，《親屬法專題研究》（台北：五南圖書出版公司，1985年），頁137。

11 參見王甲乙、楊建華、鄭建才，《民事訴訟法新論》（台北：三民書局，1991年），頁733。

新世紀的法律課題

12 施啓揚，《民法總則》（台北：三民書局，1999年），頁81。

13 參見最高法院一九八七年度台上字第二六○七號判決。及司法院大法官會議釋字二四二號解釋。

14 參見陳棋炎、黃宗樂、郭振恭，《民法親屬新論》（台北：三民書局，1997年），頁209。

15 此外當事人取得撤銷婚姻之確定判決後，另與第三人結婚，嗣因再審而廢棄原判決之情形等亦同，不再贅述。

16 參見上田徹一郎，〈騙取判決の既判力と不當利得〉，收錄自谷口知平教授還曆紀念，《不當利得・事務管理の研究（3）》（東京：有斐閣，1972年），頁265。

17 姚瑞光，《民事訴訟法論》（台北：大中國圖書公司，1991年），頁576。

18 參見最高法院一九九二年台上字第一六二一號民事判決。參見司法院大法官會議釋字三六二號解釋。

19 參閱法務部整理完成之「夫妻財產新制簡介」。

20 由於三讀通過的條文，並未對自由處分金協議不成時如何處理作出規定，婦女團體認為該部分文字「不清不楚」是為美中不足之處。請參閱《聯合報》，2002年6月5日，第6版。

21 參閱法務部整理完成之「夫妻財產新制簡介」。

22 以下問題點乃修改拙著部分內容而成。請參閱鄧學仁，〈離婚法之現代課題〉，《親屬法之變革與展望》（台北：元照出版公司，1997年），頁149。

23 通說認為撤銷離婚之效果，與撤銷婚姻之效果不同，應溯及於離婚時發生效力。參見史尚寬，《親屬法論》（台北：作者自版，1980年），頁419。戴炎輝、戴東雄，前揭書，頁217。陳棋炎、黃宗樂、郭振恭，《民法親屬新論》（台北：三民書局，1987年），頁

206。

24 一九三八年上字第一〇六四號判例：「依民法第一〇四九條但書之
規定，未成年之夫或妻，與他方兩願離婚，應得法定代理人之同
意，民法就違反此規定之兩願離婚，既未設有類於同法第九九〇條
之規定，即不能不因其要件之未備，而認爲無效。」

25 參見日本民法第七六四條：「第七三八條（禁治產人之婚姻）、第
七三九條（婚姻之方式）以及第七四七條（因詐欺、脅迫而撤銷婚
姻）之規定於協議離婚準用之。」

26 離婚程序進行中，時常有撤回離婚意思，繼續維持婚姻之情形。參
見利谷信義，《注釋民法（21）》（東京：有斐閣，1987年），頁
73。

27 深谷松男，〈離婚法の現代課題〉，《現代家族法》（東京：青林書
院，1992年），頁83。

28 父母離婚其子女利益必受侵害，然父母成日爭吵對子女更爲不利，
此處所稱侵害子女利益者，例如父母雙方均不願監護子女之情形。

29 阿部徹，《注釋民法（21）》（東京：有斐閣，1987年），頁284。

30 參見《1999年司法業務年報——案件分析》，司法院印行，頁125。

31 夫擅自遷離住所後，先向法院請求配偶履行同居義務，再以「夫妻
之一方惡意遺棄他方在繼續狀態中」爲由請求離婚，此方法可稱之
爲「二階段離婚法」。雖然他方配偶對於確定之離婚判決，或得依
民事訴訟法第四九六條提起再審之訴，然對於不明法律者，何能知
此規定，只好聽任夫之行爲，徒呼奈何。

32 本款所列之離婚原因中，形同具文幾乎不被適用者亦有之。參見林
秀雄，〈有責主義、破綻主義與有責配偶之離婚請求〉，收錄於氏
著，《家族法論集（二）》（台北：作者自版，1987年），頁95。

33 同前註，頁91。

34 例如德國之離婚法甚至規定離婚僅得由一方或雙方聲請，經法院判決之。不僅排除兩願離婚之管道，就連離婚原因亦完全以破綻主義爲主。參見德國民法第一五六四條至第一五六六條。

35 參見林秀雄，前揭文，頁91。

36 參見鄧學仁，〈評夫妻離婚後對於未成年子女權利義務之行使負擔〉，收錄於氏著，《親屬法之變革與展望》（台北：元照出版公司，1997年），頁174。

37 參見戴炎輝、戴東雄，前揭書，頁261。惟亦有認爲係「夫或妻之原有財產及夫妻共有之原有財產。」參見陳棋炎、黃宗樂、郭振恭，前揭書，頁239。

38 參見鄧學仁，〈聯合財產制與男女平權之落實〉，收錄於氏著，《親屬法之變革與展望》（台北：元照出版公司，1997年），頁140。

參考文獻

外文書目

上田徹一郎（1972）。〈騙取判決の既判力と不當利得〉，收錄自谷口知平教授還曆紀念，《不當利得・事務管理の研究（3）》。東京：有斐閣。

利谷信義（1987）。《注釋民法（21）》。東京：有斐閣。

阿部徹（1987）。《注釋民法（21）》。東京：有斐閣。

深谷松男（1992）。〈離婚法の現代課題〉。《現代家族法》。東京：青林書院。

中文書目

王甲乙、楊建華、鄭建才（1991）。《民事訴訟法新論》。台北：三民書局。

司法院（1999）。《1999年司法業務年報——案件分析》。台北：司法院印行。

史尚寬（1980）。《親屬法論》。台北：作者自版。

林秀雄（1987）。〈有責主義、破綻主義與有責配偶之離婚請求〉，收錄於氏著，《家族法論集（二）》，頁91。台北：作者自版。

林菊枝（1985）。〈評我國現行之收養制度〉，收錄於氏著，《親屬法專題研究》，頁137。台北：五南圖書出版公司。

姚瑞光（1991）。《民事訴訟法論》。台北：大中國圖書公司。

施啓揚著（1999）。《民法總則》。台北：三民書局。

陳棋炎、黃宗樂、郭振恭（2004）。《民法親屬新論》。台北：三

新世紀 **的** 法律課題

民書局。

陳榮宗、林慶苗（2001）。《民事訴訟法》。台北：三民書局。

黃宗樂（1991）。〈戡亂後家族關係法規的重整與展望——爲我國邁向民主法治的 新紀元而作〉，收錄於中國比較法學會編，《戡亂終止後法制重整與法治展望論文集》，頁441。台北：作者自版。

鄧學仁（1997）。〈評夫妻離婚後對於未成年子女權利義務之行使負擔〉。《親屬法之變革與展望》。台北：元照出版公司。

鄧學仁（1997）。〈聯合財產制與男女平權之落實〉。《親屬法之變革與展望》。台北：元照出版公司。

鄧學仁（1997）。〈離婚法之現代課題〉。《親屬法之變革與展望》。台北：元照出版公司。

蕭長青、呂壬棠（1989）。《民法實務問題（親屬編）》。台北：作者自版。

戴炎輝、戴東雄（1987）。《中國親屬法》，頁94。台北：作者自版。

中文論文報刊

《聯合報》。2004年6月5日，A5話題版。

《聯合報》。2002年6月5日，第6版。

第三章　現代親子關係爭端之解決

中央警察大學
法律系教授

鄧學仁

作者簡介

鄧學仁

　　日本神戶大學法學博士。在經歷方面，曾任中央警察大學法律系副教授，現任中央警察大學法律系教授及法律系主任。並曾擔任警政署法規審查會委員，與現任中央警察大學法規審查會委員、法務部民法親屬編修正審查委員以及內政部身心障礙者保護委員會委員。

　　研究之領域主要在於家族法方面，於一九九七年六月著有《親屬法之變革與展望》一書，另與嚴祖照、高一書於二○○一年一月合著《DNA之鑑定——親子關係爭端之解決》。

教學目標

一、指出現行親子法有關確定親子關係之規定與其問題點。

二、釐清親子訴訟實務上可能遇到的問題點。

三、說明DNA鑑定與親子關係確定之問題點。

摘　要

　　親生子女關係之爭端時有所聞，過去因為科學技術之限制，子女與生父之婚生關係須以推定為之，往往罔顧真實之身分關係，然因DNA鑑定技術之開發，其準確率已經接近百分之百，為確保子女之血統認識權，對於過去貫徹真實主義之限制，必須考慮加以排除。例如婚生之否認期間、強制認領之事由與期間等均屬之，至於死後認領以及DNA鑑定之協助義務等則有新設之必要，則其結果不僅親屬法，恐怕連人事訴訟程序或非訟事件法，都有配合修正之必要。

　　另有關親生子女關係事件之訴訟雖有數種，但均有其適用對象不應混用，尤其以確認親子關係不存在之訴取代否認子女之訴，或以否認子女之訴限制確認親子關係不存在之訴均非所宜。惟追求身分關係之真實性並非毫無限制，DNA鑑定有時必須受到限制，亦即，必須考慮子女之利益，以及調和身分關係之安定性，並且要顧及當事人之意思，蓋科學之真理雖為值得信賴之價值，但長年形成之親子關係，包含表見父母之養育與關懷，此項事實亦非完全可以抹煞，親子關係應非指單純之生物學上之真理，而是當事人願意成立之親子關係，以及實際生活已在進行之身分關係，如果忽視此點，反而造成當事人，尤其是未成年子女之不利益，還不如維持現狀。

第三章　現代親子關係爭端之解決

隨著人工生殖技術進步，與男女性關係開放，以及婚外情事件頻傳，致使現代親子關係之問題更趨複雜化，有關親子關係之爭端層出不窮，如何妥善處理乃成為當前社會之重要課題。處理親子關係之爭端其關鍵在於親子關係如何確定，而現行法中有關確定親生子女關係之規定，主要為婚生子女之推定與否認、認領及其否認、準正以及以確認之訴審究親子關係存否之情形等。為瞭解現代親子關係之紛爭如何解決，本文主要分為三大部分，第一為現行親子法有關確定親子關係之規定與其問題點。第二為在親子訴訟實務上可能遇到的問題點。第三則為DNA鑑定與親子關係確定之問題點。期盼藉由本文瞭解親子關係如何確定，並嘗試從中尋找有效的爭端解決之策。

第一節　前言

　　眾所周知，親子關係本包含親生子女關係與收養關係，但因篇幅有限，此處僅就具有血統聯絡之親生子女關係為限，作為探討之對象。有關親生子女關係之訴訟種類計有：否認子女之訴、認領子女之訴、認領無效之訴、撤銷認領之訴以及就母再婚後所生子女確定其父之訴。除此之外，於實務中亦常見確認親子關係存否之訴，廣泛運用於親子關係爭端之解決。不論何種類型之訴訟本來各有所屬，不應互為混用，然因面臨現代生殖技術之發達，以及現行民法規定之不備，使得真實親子關係與法定親子關係有時無法一致，第一線之法官為求解決問題，既須依法裁判但又不能悖於常理，凡此均考驗法官之智慧，如何妥善解決親生子

女關係之爭端，實有探討之必要。

　　由於否認子女之訴、認領子女之訴以及確認親子關係存否之訴均涉及親子間血緣關係之有無，很容易彼此混用。最近發生幾件有關親子關係之爭端，均成為社會重大事件，且均與確認親子關係存在之訴或多或少有關，可將此先拿出來討論，作為本文問題之提起。其一為二○○三年四月十一日之天橋男（阮志忠）自殺事件。本件因為阮姓生父與已婚女子婚外生子，事後該男雖與生母結婚，並扶養該非婚生子女，但由於法定父母均未於法定期間提起否認子女之訴，該男乃以該子女為被告，向高雄地方法院提起確認親子關係存在之訴，並獲得勝訴，其後該男持此判決欲至戶政事務所辦理登記遭拒，之後乃發生天橋自殺事件。

　　其二為二○○三年九月十四日《聯合報》社會版以「未婚子難認領　父告女　確認關係」之標題報導：「苗栗縣劉姓男子六年前與女友同居產下一子，對方產子後即離去，戶政單位因無法認定生母產子時的婚姻關係，遲未受理他辦理認領，最近他以控告女兒之方式，向法院請求確認父女關係，苗栗地方法院日前判決確認他與女兒父女關係存在，讓他可以據以辦理『領養』（應為認領）；不過戶政人員擔心外遇產子與代理孕母循此模式，將無從規範。」本案法官認為：「此案因劉姓男子女兒的生母行方不明，調查時也無法取得年籍資料，才會依現有的證據判決確定親子關係，至於上述外遇產子及代理孕母的問題，有心規避也無法防範，將來如果第二代衍生亂倫問題，才是更讓人擔心的。」

　　其三為同年九月十八日《聯合報》社會版報導黃信介虛偽認領朋友之子女案。本件乃黃信介之三個女兒於其父死亡後，向法院提起確認認領無效之訴，案經士林地院以血緣鑑定結果判決黃信介之認領無效。惟台灣高等法院引一九九八年台上字第二一八

93 ●●●●●●

五號判決[1]指出，除該非婚生子女或其生母外，縱為利害關係人，依我國民法規定，應無否認生父認領之權利，生父與該非婚生子女之父子關係已經因生父之認領而明確，生父之配偶或其他繼承人，不得就該非婚生子女與其生父無血緣關係，而提起確認之訴。

此三則事件最大之不同處，在於當事人間是否具有血緣關係之點。在第一則事件中，法院雖引一九八六年台上字第二○七一號否認子女之訴不得逾越法定期間之判例，但仍以生物上之血緣合致以及追求子女利益為理由，而確認當事人親子關係之存在，本件面對現行法之不備，法官仍能作此判決令人佩服，但此判決雖然解決具體個案之問題，卻面臨今後婚生推定制度應如何定位之問題，在學說上有所謂不受婚生推定之婚生子女，以解決顯非自夫受胎而逾越否認期間之案件，但本件對此並未敘明，且此學說是否適合我國情況，是否將造成此類案件之判決結果不一致之情形，而影響身分關係安定性之問題，均仍有進一步評估之必要，但為求正本清源仍以修法為宜。

在第二則劉案中，由於劉姓男子與女兒具有血緣關係，同時劉姓男子有撫育女兒之事實，依民法第一○六五條第一項之規定視為認領，當事人產生法定父女關係，且生母所在不明無從判斷其婚姻狀況，因此法院以判決確認他與女兒父女關係存在，應屬恰當。本件若於事後發現其生母另有婚姻關係存在，亦屬得否依法提起再審之訴之問題，而非坐視不管，迫使當事人權益受損求助無門。此處應注意者，若當事人無認領或視為認領之情事，則不得以確認親子關係存在之訴，而取代任意認領或認領子女之訴，蓋確認親子關係存在之訴，乃以親子關係已經存在為前提，不得作為創設親子關係之用。

新世紀 的 法律課題

與此相對地，在第三則黃案中，乃屬不具血緣關係之認領，台灣高院雖認為認領之否認權人，僅非婚生子女或其生母始得為之，而排除第三人提起確認親子關係不存之訴。然則民事訴訟法並無否認認領之訴，雖有訴訟法學者認為認領否認乃屬於撤銷認領之訴，但此乃主張非婚生子女或其生母對於生父之認領，得以訴訟行使其否認權而已[2]，卻不能因此導出得主張推翻反於真實之認領者，僅限於非婚生子女或其生母，否則無異承認僅須非婚生子女與其生母，可與任何表見生父合意創設親子關係，而排除真實生父之認領。再從民事訴訟法設有認領無效之訴觀之，對於反於真實之認領，任何利害關係人本得提起認領無效之訴[3]，此處原無再特別規定之必要，至於民法第一○六六條之所以僅賦予非婚生子女及其生母以否認權，而不包含利害關係第三人，此乃為特別保護非婚生子女及其生母之故，民法學者有將此否認權解為形成權，縱使對於真實生父之認領，非婚生子女及其生母毋須舉證即得否認，此時認領人則須提起確認親子關係存在之訴，主張其為生父並舉證證明之[4]。由此可知，認領是否有效繫乎血緣關係之有無，本案於第三審之動向如何實值注目。

鑑於上述認領事件是否有效，均與親子間之血緣關係息息相關，依此看來，是否親子間之爭端均可經由辨別親子關係之DNA鑑定來加以解決，事實上恐又非如此。此可從最近所發生之不少親子關係之爭端可知，雖自然之親子關係與法定親子關係有時未必一致，但卻面臨現行法律之規定難以解決之窘境。舉其中成為話題者，如某知名飲料老闆之非婚生子女欲認祖歸宗案、某立委欲更正戶籍上生父母之姓名案，以及婦產科烏龍抱錯子女之事件等，均引起社會極大之迴響，前述阮姓生父因認領子女無法如願，乃企圖抱子女自天橋自殺者，更引起社會之矚目，顯見親子

關係之爭端，已非極端少數之個案，必須正視此類問題之發生原因並謀求解決對策。

第二節　親生子女關係與法定親子關係之差異

　　依通常情形，自然之親子關係與法定親子關係理當一致，但事實上卻未必如此，例如雖具有血緣關係，但未經生父認領或未經生父撫育無法視爲認領之非婚生子女，或相反地，雖不具有血緣關係，但未經父母否認之受婚生推定子女均屬之，由此可見法定親子關係未必均立足於眞實血緣關係之上。有關我國民法對於親子關係之構造圖解如圖3-1。

　　依圖3-1所示，自然之親子關係中，子女因是否受婚生之推定，區分爲婚生子女與非婚生子女。首先，就婚生子女而言，是

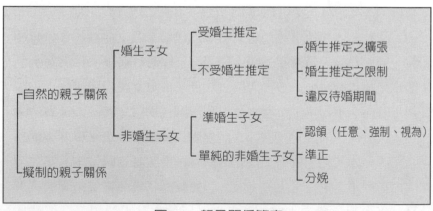

圖3-1　親子關係簡表

否受婚生之推定，以妻之受胎是否係在婚姻關係存續中者（民法第一〇六三條第一項）而定，其中所謂之受胎期間，係指從子女出生日回溯第一百八十一日起至第三百零二日止（民法第一〇六二條第一項）。婚生子女原則乃受婚生之推定而產生，但若因生母再婚所生子女，因有重複受前婚或後婚婚生推定之可能，此時即應由子女或母提起確定其父之訴（民訴第五九一條），而非以否認之訴為之。此外，婚後未滿一百八十一日而出生者，雖不受婚生推定，但因子女乃於婚後出生，故有學說主張應當擴張婚生子女之範圍，以之為婚生子女，相反地，夫妻長期分離，妻顯非自夫受胎者，應當限制婚生推定之適用，使真實之生父不受婚生推定提訴權人之限制，提起確認親子關係不存在之訴，進而使其有請求認領之可能[5]。附帶一提者，為緩和婚生推定之限制，我國下級法院，對於受婚生推定之子女，已有直接賦予實質的否認權之情形，此舉雖欲貫徹血緣之一致，然已逾越法解釋之界線[6]，為求法律關係之安定性，此部分仍以修法為宜。

其次，就非婚生子女而言，其乃非由婚姻關係受胎而生之子女，非婚生子女又可分為單純的非婚生子女與準婚生子女。所謂準婚生子女係指原為非婚生子女，但因下列三者而視為婚生子女之情形：第一、準正：非婚生子女因生父與生母結婚（民法第一〇六四條）。第二、認領：非婚生子女因生父之任意認領，或生父撫育之視為認領（民法第一〇六五條第一項），或請求生父認領之強制認領（民法第一〇六七條）。第三、分娩：非婚生子女與生母因出生之事實（民法第一〇六五條第二項）。準婚生子女既視為婚生子女，則二者之法律地位即無不同，所相異者乃二者親子關係之成立與解消之途徑有所不同。

第三章　現代親子關係爭端之解決

第三節　親生子女關係訴訟之問題點

親生子女關係訴訟乃以處理親子關係為爭訟對象之人事訴訟程序，審理此類訴訟，除民事訴訟法或其他特別法另有規定外，原則上應以民法親屬編之規定作為實體法之依據，然因現代生物科技之發達，親屬法之規定無法應付各種新發生之狀況，造成法官有時不得不另闢蹊徑以解決實際發生之問題，但「法官造法」有其極限，若非針對法之不備加以修正恐難妥當解決此類問題。

現行法之不備

一、限制婚生推定之否認權人與否認期間

現行否認子女之訴最受爭議者，莫過於民法對於否認權人與否認期間之限制，尤其否認期間僅為一年，可謂稍縱即逝，同時限制子女不得提起否認之訴，更屬有損子女獨立人格[7]，然最高法院一九八六年台上字第二〇七一號判例，仍認為子女不得提起否認之訴，如此雖有助於身分關係早期安定，但卻有違反真實血緣關係之虞，面對生物科技之突飛猛進，親屬法立法時之環境今非昔比，有關身分關係安定性與真實性如何折衝，顯有重新檢討之必要。

二、限制強制認領之請求範圍與請求期間

強制認領乃非婚生子女或生母或其法定代理人，請求生父認領其爲婚生子女之規定（民法第一〇六七條），過去因爲生物科技不發達，僅能以間接事實證明父子女關係之存否，例如並無證據足認生母於受胎期間內與他人發生關係、父子間血型並無不合、人類學檢查之結果、生父對該子女之言行舉動足資令人推測生父信其爲己出等情形[8]，判例亦擴張同居之解釋，以男女雙宿同眠爲已足，無需同住一處[9]，惟子女與生父是否具有血緣關係，既可依DNA鑑定解明，自無須就其請求範圍加以限制。另就強制認領之請求期間，應係著眼於身分關係安定性之考量，但何以對於生父之認領未設期間之限制，卻僅對於非婚生子女及其生母加以限制，且依據請求強制認領之期間限制，從子女滿七歲後，其生母及其他法定代理人，已不得請求強制認領，但經過十三年後，即非婚生子女成年後，只要於二年之內請求，又轉爲可以要求強制認領，雖然此時請求強制認領之主體已變爲非婚生子女本身，然則法律關係如此反覆未定，所謂安定性之考量似嫌薄弱。

三、規定不貞之抗辯

不貞抗辯之規定在於避免生父動輒遭人請求認領而疲於應付，但本條規定之目的，以目前之科技應可有效防止，蓋藉由DNA鑑定技術之發達，應可判斷親子關係存在與否之眞相，而且現行民事訴訟法第五九一條，亦有針對女子因再婚而產生子女與前夫及後夫血緣關係不明之「再婚所生子女確定其父之訴」，以釐

清生父與子女之親子關係，因此縱使生母同時與數男子交往，不論當事人是否有婚姻關係存在，藉由DNA之鑑定技術，當事人之真實身分關係亦不致因此渾沌不明，是本條即無規定之必要應該予以刪除。

四、未明文規定死後認領

所謂死後認領，有二種情形可能發生：其一為生父認領已死亡之非婚生子女，其二為非婚生子女或其生母或其他法定代理人，向已死亡之生父請求認領。按理死亡之人已無人格之可言，且依民事訴訟法第五九六條第一項準用第五八○條之規定，認領之訴，若父或子女於判決確定前死亡者，關於本案視為訴訟終結。既然民法未明文規定，為避免發生流弊，實務上有認為不應承認死後認領[10]，然認領既然係以自然之血統相聯絡為前提，目前DNA之鑑定技術，對於死後之人亦可實施鑑定，即不得因民法對此未做明文規定，而採取禁止之解釋，否則對於未成年之非婚生子女本身，或已死亡之非婚生子女之直系卑親屬，均難達到保護之目的。

不同訴訟類型之混用

一、親生子女關係事件之訴訟種類

依圖3-2所示，解消親生子女關係之訴訟，因其關係形成途徑

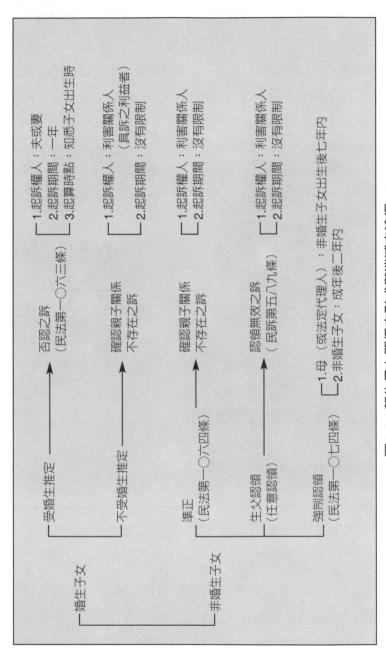

圖3-2 親生子女關係之形成與消滅之途徑

之不同而有所差異，即連同為婚生子女，亦因是否受婚生推定而有所不同，解消受婚生推定之婚生子女身分，以否認子女之訴為之（民法第一〇六三條第二項），解消不受婚生推定之婚生子女身分，則以確認親子關係不存在之訴為之。至於準婚生子女中，因準正而成立者，由於法律並無否認準正之訴，故以確認親子關係不存在之訴解消之，至於因認領而成立者，法有明文係以認領無效或撤銷認領之訴解消之，此外，非婚生子女與其生母之關係視為婚生子女，若發生錯抱嬰兒等情事，仍應以確認親子關係不存在之訴解消之。

　　婚生推定否認之訴，無論就提訴權人與提訴期間法律均有嚴格限制，一旦提訴期間經過或當事人不適格，縱當事人不具血緣關係，亦無法推翻其親子關係，至於確認親子關係存否之訴，非屬法定之訴訟類型，因此必須居於補充之地位，亦即其他法定訴訟類型無法適用者，始有其適用之可能，然最近因親子鑑定技術之進步，在實務上竟然有以確認親子關係不存在之訴取代否認之訴之傾向，尤其於妻與夫分居，另再與他人同居，如本文前面問題之提起所舉者即屬之，有關訴訟混用之情形說明如下。

二、訴訟可能混用之情形

(一)妻顯非自夫受胎者

　　妻顯非自夫受胎者，例如夫或妻因旅居海外、出征、在監服役、長期入院，或夫失蹤行方不明等情形，夫妻因長期未曾同居，妻顯然無從由夫受胎者，雖然判例認為此種情形，亦應推定為夫之婚生子女[11]，但卻有地方法院以確認親子關係存否之訴取

代否認子女之訴之情形[12]，二者雖均以DNA鑑定之結果以實其說，且亦能反映實際血緣關係，但如此一來婚生推定制度即有遭架空之虞，除非承認不受婚生推定之婚生子女之主張[13]，否則對於顯非自夫受胎之子女，仍僅應准許提起否認之訴。

(二)婚後半年內出生者

子女雖非於婚姻關係存續中受胎，但卻於婚姻關係存續中出生者，由於該子女之受胎期間非於婚姻關係存續期間，依理該子女應屬不受婚生推定之子女，既為非婚生子女，故有學者主張應有民法第一○六四條準正之適用[14]，於此情形下，若一年之內發現該子女與生母之夫不具血緣關係者，是否可提起否認子女之訴，不無疑問[15]。若事隔一年後始發現者，否認之訴更無提起之餘地，鑑於我國並無準正否認之規定，此時似應准許當事人提起確認親子關係不存在之訴。

(三)虛偽之出生登記

婚生子女之推定乃因妻於婚姻關係存續中受胎所產生，而非因出生登記而創設，尤其我國結婚並非採取登記婚主義，生父與生母縱未辦理結婚登記，僅須妻於婚姻關係存續中受胎，不論妻是否自夫受胎，或所生子女是否已登記於戶籍之中，均應推定為婚生子女。反之，若妻自始未受胎，或所登記之子女非屬妻於婚姻關係存續中受胎所生，或夫將婚外子女虛偽登記為夫與妻之子女，或因婚姻無效所生之子女，或妻離婚後未滿半年再婚所生之子女等，均與婚生推定之要件有違，當事人若對親子關係產生爭執，應當提起確認親子關係不存在之訴，或確定其父之訴，而非否認子女之訴[16]。

(四)無血緣關係之認領

因認領而發生婚生子女之效力，乃以認領人與被認領人間具有真實血緣關係為前提，否則其認領為無效，此時利害關係人均得提起認領無效之訴，且此訴權不因時效或除斥期間而消滅[17]。成為問題者，對於生父之認領，得由非婚生子女或其生母否認之，民法第一〇六六條定有明文，然生父若為反於真實之認領，是否僅得由非婚生子女或其生母否認之，若生母或非婚生子女不願否認，則無異對於其他繼承人完全欠缺保護之道，管見認為民法第一〇六六條乃為保護生母或非婚生子女而設，避免為否認來自第三人之認領而疲於應訴，亦即縱使面對生父真實之認領亦得否認，若生父欲主張親子關係，可由其提起確認親子關係存在之訴。與此相對地，若認領反於真實，此時已非屬認領否認之問題，而為認領無效之範疇，尤其民事訴訟法並無認領否認之訴，故不僅生母或非婚生子女，其他利害關係人亦得提起認領無效之訴。

(五)反於真實之準正

準正乃非婚生子女，其生父與生母結婚，而視為婚生子女之情形，若非婚生子女與表見生父不具血緣關係，則為反於真實之準正，對此本應提起準正無效之訴，但因民事訴訟法並無類此訴訟之規定，此時即應准許當事人提起確認親子關係不存在之訴，亦即，除表見生父外，生母、非婚生子女以及其他利害關係人，均得提起之，且依確認訴訟之性質，此訴權不因時效或除斥期間而消滅，蓋準正乃準婚生子女之規定，其既與婚生推定無涉，則反於真實之準正即不應有類似否認子女之訴有關提訴期間之限制。

(六)非婚生之遺腹子

男女因訂婚或同居而受胎懷孕，生父不及與生母結婚而死亡之情形，由於生父與生母尚未結婚，故該子女應無受婚生推定或準正之可能，且因生父已經死亡自無法由生父任意認領，或由受生父撫育而視為認領，如此一來，是否非於婚姻關係存續中受胎之遺腹子，均屬非婚生子女。對此司法院認為非於婚姻關係存續中受胎之遺腹子與其生父亦得成為法律上之父子關係[18]。雖本解釋乃針對妾而作，倘當事人有永久共同生活為目的，並生母受胎於同居關係存續中者，應認與經生父撫育者同，而屬於視為認領之範疇，當事人若爭執親子關係之有無，應以確認親子關係存否之訴處理之。

(七)虛偽收養取代認領

生父或生母為隱瞞婚外生子或未婚生子之事實，而收養非婚生子女者，究應如何處理。由於親生子女與養子女並非完全相同[19]，故不得以虛偽收養取代認領，尤其生母收養非婚生子女之情形，因非婚生子女與其生母之關係視為婚生子女，民法第一○六五條第二項定有明文，此時生母縱收養該子女，將因違反民法第一○七三條之一，禁止近親收養之規定，而使收養無效。至於生父收養因通姦而生之子女，亦因生父撫育非婚生子女之事實，而視為婚生子女，此時之收養仍屬無效。然則當事人間之關係，應依據無效行為轉換之法理，使無效之收養轉換為有效之認領，成立準婚生親子關係，當事人若欲爭執親子關係之有無，應以確認親子關係存否之訴處理之。

第四節　DNA鑑定技術之限制

　　DNA鑑定技術並非萬能，因此若干先進國家對此亦產生反思，例如法國親子法，一方面藉由鑑定技術之準確性，積極運用於裁判上，另一方面意識到不得爭執的親子關係，而限定鑑定之實施。美國法除積極採用DNA鑑定作為證據方法外，也運用衡平法則追求子女利益。英國之實際案例亦顯示，子女已滿五十歲、真實生父失蹤無力撫養、生母遭受強制性交等情形，均限制DNA鑑定之實施。由此可知，實施DNA鑑定時，應注意下列各點[20]：

　　1.鑑定技術上之限制。

　　2.檢查協助義務之限制。

　　3.非為未成年子女利益之情形。

　　4.身分關係真實性與安定性之折衝。

　　5.人工協助生殖之情形。

第五節　結論

　　綜上所述，解決現代親子關係之爭端，應從積極援用職權進行主義，即修改親子訴訟之相關規定著手。蓋認領子女之訴，關係生父之血統及非婚生子女之身分，與社會公益有關，故民事訴

新世紀的法律課題

訟法規定關於認諾及訴訟上自認或不爭執事實之效力之規定，於認領子女之訴，不適用之（民事訴訟法第五九四條）。又認領子女之訴，法院得斟酌當事人所未提出之事實（民事訴訟法第五九五條），足見此項訴訟法院為審判時，不以當事人所提出之訴訟資料為限[21]，法院亦得依職權囑託鑑定[22]，藉以明瞭事件之真相，此種排除當事人進行主義而積極援用職權進行主義之規定，充分說明在親子關係訴訟上，法律對於追求真實性之高度要求。蓋當事人間是否有血統上之聯絡，透過當事人之辯論，或者提出所謂不貞之抗辯，在今日之科技上來看，已經失去意義，因為藉由DNA之鑑定，可以提供事實真相，法院與其對於主觀之意思加以推斷，不如直接引用基於鑑定所得之客觀結果，除非法定之起訴期間已經經過，或者生父對於已受婚生推定之子女不得認領等禁止起訴之情形外，在親子關係訴訟上，首重實質身分之調查，故積極援用職權進行主義之規定，將有助於真實身分關係之解明。

　　至於修法之方向，則應將重點置於緩和起訴期間及起訴事由之限制，目前法務部民法親屬編修正委員會已完成婚生推定以及強制認領等相關規定之修正草案，其內容為：

第一〇六三條：妻之受胎，係在婚姻關係存續中者，推定其所生子女為婚生子女。
前項推定，夫妻之一方或子女能證明子女非為婚生子女者，得提起否認之訴。
夫妻之一方提起前項否認之訴，應於知悉該子女非為婚生子女時起二年內為之。
子女提起第二項否認之訴，至遲應於成年後二年內為之。

第三章　現代親子關係爭端之解決

第一○六七條：有事實足認其為非婚生子女之生父者，
非婚生子女或其生母或其他法定代理人，得向生父提起
認領之訴。
前項認領之訴，於生父死亡之情形，得向生父之繼承人
為之。生父無繼承人者，得向法院所選定適當之人為
之。

總之，依據科學證據判定親子關係之存否，不但著眼於證據
價值，更應著眼於減低審理程序對家庭和平及個人隱私所造成之
傷害。有關親生子女關係事件之訴訟雖有數種，但均有其適用對
象不應混用，尤其以確認親子關係不存在之訴取代否認子女之
訴，或以否認子女之訴限制確認親子關係不存在之訴均非所宜，
囿於現行法律之不備，法官巧婦難為無米之炊，然則個案不得不
解決，否則案件縱已確定，人心卻難平復，將形成「結案容易，
了事難」之窘況，但如此做法卻可能損及整體之安定性，為今之
計只能期待法律儘速通過，以消除上述之不合理現象，因為親子
關係不僅是生物學之真理，更是企盼親子關係和諧相處之法律。

新世紀**的**法律課題

問題討論

一、婚生子女如何產生？婚生子女之種類為何？

二、如何區分否認之訴與確認親子關係不存在之訴？

三、DNA鑑定與親子關係確定之關係為何？

註釋

1 本號判決要旨：「已經生父認領之非婚生子女，除該非婚生子女或其生母對其生父之認領得予以否認外，既已依法視爲婚生子女，其父子關係即已確定，尚非第三人所得任意否認。雖在外國立法例如日本民法第七八六條，設有子女及其他利害關係人均得對認領主張相反之事實之規定，惟此種立法例，既爲我國民法所不採，則除該非婚生子女或其生母外，縱爲利害關係人，依我國民法之規定，應無否認生父認領之權利，則生父與該非婚生子女之父子關係已經因生父之認領而明確，即無從由生父之配偶或其他繼承人以該非婚生子女與其生父無血緣關係以確認判決除去之。」

2 陳榮宗、林慶苗，《民事訴訟法（下）》（台北：三民書局，2001年），頁1215。

3 一九九七年台上字第一九○八號判例。

4 陳棋炎、黃宗樂、郭振恭，《民法親屬新論》（台北：三民書局，1997年），頁288。

5 鄧學仁，〈不受婚生推定之婚生子女〉，收錄於氏著，《親屬法之變革與展望》（台北：元照出版公司，1997年），頁227。

6 李木貴，〈否認子女之訴與確認親子關係不存在之訴──最高法院九十二年台上字第一六四三號判決解釋論之批判〉，《月旦法學雜誌》，第110期（2004年7月），頁212。

7 黃虹霞，〈子女與婚生子女、非婚生子女暨直系血親概念之迷思──兼談民法親屬編之修正及否認子女之訴〉，《萬國法律》，第120期（2001年12月），頁77。

8 參見木下明，〈認知の訴る父子關係の證明〉，《現代家族法大系

(3)》（東京：有斐閣，1979年），頁64。

9 參見一九五八年台上字第一八○六號判例。

10 司法院一九四四年院字第一一二五號解釋：「非婚生子女請求認領，僅能對於生父爲之。」法務部一九八一年六月十六日法七十律字第七六三○號函。

11.一九八六年台上字第二○七一號判例：「妻之受胎係在婚姻關係存續中者，夫縱在受胎期間內未與其妻同居，妻所生子女依民法第一○六三條第一項規定，亦推定爲夫之婚生子女，在夫妻之一方依同條第二項規定提起否認之訴，得有勝訴之判決確定以前，無論何人皆不得爲反對之主張，自無許與妻通姦之男子出而認領之餘地。」

12 彰化地方法院一九九九年親字第二十七號判決，同法院一九九八年親字第三十三號判決。

13 鄧學仁，〈不受婚生推定之婚生子女〉，收錄於氏著，《親屬法之變革與展望》（台北：元照出版公司，1997年），頁227。

14 史尚寬氏認爲：「依余所見我民法既未如德民法（一五九一條）、瑞士民法（二五二條）以爲婚生子女之明文，而且規定須由婚姻關係受胎而生，應與婚前出生子女同樣，因父母之結婚視爲婚生子女。」參見氏著，《親屬法論》（台北：作者自版，1980年），頁481。

15 該子女既不受婚生推定，如欲推翻當事人間之親子關係，似應以確認親子關係不存在之訴爲之。

16 最高法院二○○二年台上字第一八七三號、同一二二二號，以及二○○一年台上字第一九七五號均採此見解。另參閱鄧學仁，〈虛僞出生登記之親子關係〉，《月旦法學雜誌》，第87期（2002年8月），頁236以下。

17 一九九七年台上字第一九○八號判例。

18 一九三二年六月七日院字第七三五號解釋：「妾雖爲現民法所不規定，惟妾與家長既以永久共同生活爲目的同居一家，依民法第一一二三條第三項之規定，應視爲家屬，則其遺腹子女即受胎在妾與家長之關係存續中者，應認與經生父撫育者同。」

19 一九九六年度台上字第八七九號判決：「親生子女與養子女，除其應繼分相同外，其他有關身分上之權義，並非完全相同（如收養關係得終止等）。上訴人非吳水圳之親生女，兩者間並無血緣關係存在，縱有收養關係存在，被上訴人爲吳水圳之親生子，提起確認吳水圳認領上訴人爲其親生女之行爲無效之訴，仍非無即受確認判決之法律上利益。」

20 鄧學仁，〈DNA之鑑定與親子關係之確定〉，《中央警察大學法學論集》，第4期（1999年），頁317。

21 參見一九六四年度台上字第一九五九號，最高法院判例要旨（上冊），頁1222。

22 台灣高等法院臺南分院民事裁定

八十一年度家上更（一）字第七號：右當事人間請求認領子女事件，聲請人聲請命被上訴人劉景仁爲鑑認親子血緣勘驗，本院裁定如左：

主文

被上訴人劉景仁本人，應於民國八十二年三月十六日上午八時三十分，親至財團法人長庚紀念醫院林口醫學大樓（設桃園縣龜山鄉公西村復興街五號）一樓臨床病理科，容受孫建峰醫師勘驗鑑認與王裕智間有否親子血緣關係。

理由

一、本院認如主文所示勘驗事項，於所應證之事實，至爲重要。

二、右勘驗事項，非由被上訴人劉景仁本人親受之，不能進行；惟

被上訴人於本院受命法官行準備程序訊問時，業經表示拒絕。

三、依民事訴訟法第三百六十七條、第三百四十三條，裁定如主

　　文。

中華民國八十二年二月十九日

參考法條：民事訴訟法第五九四條（85.09.25）

第三章　現代親子關係爭端之解決

參考文獻

外文書目

木下明（1979）。〈認知の訴る父子關係の證明〉。《現代家族法大系（3）》。東京：有斐閣。

中文書目

陳榮宗、林慶苗（2001）。《民事訴訟法》。台北：三民書局。

陳棋炎、黃宗樂、郭振恭（2004）。《民法親屬新論》。台北：三民書局。

鄧學仁（1997）。〈不受婚生推定之婚生子女〉。收錄於氏著，《親屬法之變革與展望》，頁227。台北：元照出版公司。

史尚寬（1980）。《親屬法論》。台北：作者自版。

中文論文報刊

李木貴（2004）。〈否認子女之訴與確認親子關係不存在之訴——最高法院九十二年台上字第一六四三號判決解釋論之批判〉。《月旦法學雜誌》，第110期，頁212。

黃虹霞（2001）。〈子女與婚生子女、非婚生子女暨直系血親概念之迷思——兼談民法親屬編之修正及否認子女之訴〉。《萬國法律》，第120期，頁77。

鄧學仁（1999）。〈DNA之鑑定與親子關係之確定〉。《中央警察大學法學論集》，第4期，頁317。

鄧學仁（2002）。〈虛偽出生登記之親子關係〉。《月旦法學雜誌》，第87期。

第四章　新世紀經濟犯罪與追訴

東吳大學
法律學系教授

黃朝義

作者簡介

黃朝義

日本慶應義塾大學法學博士，東吳大學法律學系教授。

教學目標

一、瞭解新世紀各種經濟犯罪現象。

二、經由分析以探討各類經濟犯罪行為有無制定專法對抗之必
　　要，以別於傳統刑法之處罰模式。

三、研究如何有效追訴經濟犯罪，以達全盤掌握新世紀經濟犯罪
　　之特性。

新世紀 的 法律課題

摘要

　　在自由經濟體制之下，經濟交易活動的多元化，促成了經濟的發展，同時也帶動經濟犯罪的增加。尤其隨著經濟活動本身質的變化與擴大，無形中也衍生出為數眾多的新型態經濟犯罪。現實上，此些犯罪行為在某種程度上已嚴重地對社會構成侵害而為相關法令列為規範之對象。然各犯罪行為之內容過於特殊與複雜，就既有之規範而言，業已無法完全透過傳統的犯罪概念予以詮釋與解決。對違反經濟交易行為，應為如何之制裁較為有效，以及現在社會中所存之各種制裁手段之實施，對經濟犯罪之抑制有何具體功能乃為處理經濟犯罪上之重要課題。

　　為克服（管制、追訴、處罰）經濟犯罪，基本上除法院對經濟犯罪案件的快速處理（審理），行政機關依法確實的管制之外，警察單位（含調查局）、檢察官之檢舉，以及企業界間的自治團體、消費者團體、被害者團體、傳播媒體等各方面的監督與重視，在追訴處罰及對抗經濟犯罪上也扮演著重要的角色。

　　另外，處於國際化之時代裡，犯罪行為可能涉及多國法律，且為數眾多的犯人穿梭於數國間有計畫地進行廣泛性的國際犯罪，因而與外國之經營有關連，且對國內市場經濟產生重大影響的經濟犯罪，在刑事程序之進行中，國際間共同配合舉發之合作，亦有其必要性。

117

經濟交易行為係透過累積與互為交往之過程，而呈現出其在社會中生生不息之延續。從歷史觀點而論，自由主義促成了後來資本主義社會的發展，並帶動了現在可見的交易經濟的發展。今日的經濟社會乃經由如上的過程，並結合了各種革新之技術與集合了所有的經濟力量，匯集而成大量生產與大量消費的社會，此即為吾等賴以生活之經濟社會。

在自由經濟體制之下，經濟交易活動的多元化，促成了經濟的發展，同時也帶動經濟犯罪的增加。尤其隨著經濟活動本身質的變化與擴大，無形中也衍生出為數眾多的新型態經濟犯罪。在現實上，此些犯罪行為在某種程度上已嚴重地對社會構成侵害而為相關法令列為規範之對象。惟因各犯罪行為之內容過於特殊與複雜，就既有之規範而言，業已無法完全透過傳統的犯罪概念予以詮釋與解決。就國家政策而言，最初所能被考慮者，乃在於期待各種得以規範此些侵害行為之行政法規的迅速對待。隨之，國家亦因此而捨棄傳統的不干涉原則，對私人之各種違法之經濟交易活動予以掌控，並依據法之管制手段積極地加以介入。

惟對違反經濟交易行為，即經濟犯罪應為如何之制裁較為有效，以及現在社會中所存之各種制裁手段之實施，對經濟犯罪之抑制有何具體功能等問題，在檢討經濟犯罪處罰及對策上具有重要之意義。再者，經濟犯罪本身在範圍領域之界定上，應為如何之解釋亦為重點所在。此些問題在在顯示出經濟犯罪之特殊性與複雜性[1]。在傳統觀念上，違犯刑法及特別刑法上犯罪行為，無疑地係處以刑罰，相對地，違反經濟（管制）法規行為之制裁，除行政罰外，科以刑罰之例，亦頗常見[2]。

另一方面，在對抗經濟犯罪上，刑法雖有其重要功能存在，但基於謙抑性原則與最後手段性原則之考量下，其他非刑事制裁

（如民事制裁、行政制裁等）手段之適度發動，在對抗經濟犯罪上也有其正面之價值。有時因刑事制裁需經過漫長的審判程序方得以確定經濟犯罪者之刑責，反而緩不濟急，故非刑事制裁之手段，不論在經濟面抑或在實效面上可能較刑罰受到肯定。

第一節　經濟犯罪之範圍

在理論上，究竟應以何種基準來定義及分類經濟犯罪，此無論在國內或國外，學者間之見解分歧不一，因此意欲形成或確立經濟犯罪之統一概念，實際上有所困難[3]。再者，該當以刑罰處斷之經濟犯罪行為與該當以行政罰處置之經濟秩序違反行為間之界限應為如何之區分，此在立法論上亦為一重要之問題。惟在我國嚴格而論，有關此類之論說並不多[4]。

然而，基本上諸如違反公平交易法、證券交易法，國家總動員法等破壞自由市場秩序或違反經濟統制措施等行為，雖無法全由法益之侵害論得以詮釋，但在實定法之意義上，將此類行為列為經濟犯罪領域亦無多大異論存在。甚且以廣義之角度探討經濟犯罪時，得知經濟交易行為上之詐欺、背信、侵占犯罪行為以及近來常發生的圍標綁標犯罪行為、電腦犯罪、偽造或行使貨幣有價證券罪等外，尚有信用卡犯罪、智慧財產權侵犯行為、租稅犯罪行為等，與正常經濟交易活動有關之行為，在分類上雖存有不同意見，但在認知上應將此類犯罪行為列為經濟犯罪領域，此亦可謂為一般之見解[5]。相對地，不科處刑罰而專科以行政罰之經濟秩序違反行為，縱使不認定此類行為為犯罪行為，但此類行為由

於係構成經濟脫序行為之一環，理應將其列為經濟犯罪學及經濟刑法學之對象領域內容。其理由乃在於為防範經濟犯罪之產生，經濟犯罪行為之前階段行為（經濟秩序違反行為）及其周邊相關之違反行為，在探討經濟犯罪對策時，必須予以綜合性之涵蓋，方能求得有效之經濟犯罪對策。

另外，與經濟交易、證件許可之取得、經濟法規制定有關之賄賂行為，在刑法之解釋雖係屬直接侵害公職務之公正及職務不可買收性之犯罪行為，但此類賄賂行為因侵害了企業間之競爭秩序，且有圖利特定企業之虞，所以亦應列為經濟犯罪及經濟刑法之探討對象。除此之外，企業犯罪中典型的公害犯罪行為可否列入經濟犯罪之範圍，此在國外有採肯定見解者（如德國）。蓋因若以企業活動為中心以考量經濟犯罪時，則將經由企業之活動而有害人體生命、身體之犯罪行為定位為經濟犯罪行為自屬容易。然而相對地，經濟犯罪為一以經濟的、財產的法益為考量重點之論者，自然地將以侵害生命、身體法益之公害犯罪由經濟犯罪之範疇剔除。

第二節　經濟犯罪之類型

經濟犯罪與經濟刑法之概念，尤其是有關其範圍與對象領域，隨著經濟體制之變更而有不同之解讀，亦即隨著發展而產生質的變動。然而針對經濟發展過程中之經濟犯罪與經濟刑法之內涵，以及其相關領域而為體系之分類，在實際上也有其困難之處。因此，從實際之觀點而論，經濟犯罪與經濟刑法係指「有關

經濟活動的犯罪與刑罰」之定義，在抽象之意義上，可謂爲最簡易明瞭之描述。然而各個經濟犯罪行爲皆有其個別化之特質，故在此個別化經濟犯罪行爲之對象領域裡，將各類經濟犯罪行爲類型化，再分別就其與刑法、經濟刑法間之關係作詳盡的分析與探討，進而架構整個經濟刑法之體系，在整個過程是有其必要的。而各類經濟犯罪行爲依其特質可爲如下之分類[6]：

侵害一般消費者經濟生活利益之犯罪行為

屬此類型者，例如違反公平交易法行爲、老鼠會（不當多層次傳銷行爲）、僞造商品進行詐騙之交易行爲、違反證券交易法行爲、高利貸（重利盤剝）行爲等。此類型犯罪行爲從現實的規模與其行爲之應罰性之觀點而論，其內容無庸置疑地爲經濟刑法中之重要課題，尤其是如過去的老鼠會行爲與違法吸資之行爲，從保護一般消費者之角度而論，此類行爲之應罰性可謂相當高。

本類型係以侵害一般消費者經濟生活利益之犯罪行爲而爲之分類，犯罪行爲之主體爲企業乃至於個人營業者，而在行爲之樣態部分係以營業上或營業之不特定多數者或消費者爲對象之行爲。其最典型者爲各種「不當多層次傳銷」行爲，在過去無法可約束之時期裡，一般消費者的被害在現實上屬大規模型，國家爲保護此類與消費者本身之資產形成有關之經濟生活利益，除了可採取民事制裁、行政措施外，尚可活用刑事制裁，而刑事制裁爲一最有效之防制手段。故從保護經濟上弱者（或消費弱者）之一般消費者利益而言，刑事制裁之存在實有其需要，因而在某限度內的一些行爲便容易被立法或認同該經濟行爲之犯罪化與刑罰

化。

惟在此情況下，刑法領域中所言刑法之謙抑性、補充性及最後手段性等之一般原則即使未被言及，然此些原則乃為刑法理論中之當然存在的前提，對於一些違犯行為並不能加以無原則的犯罪化與刑罰化。基本上為保護經濟交易過程之一般市民的經濟利益，應注意到民事的制裁、行政的管制與刑事制裁間如何有效地予以結合，以發揮防制該不法經濟行為之發生或擴大。

商業上（經濟上）之交易行為，本來在於追求自由，一般而論，藉由當事人之自主判斷以互相肩負交易行為後之責任分配為大原則。只不過今日的消費者，在面對相當複雜的商品與服務項目及不易理解的交易條件之社會情況下，其本身實很難具備此一方面之正確知識（資訊）。關於此種現象並非僅存於一部分欠缺理性判斷之階層者（例如容易受騙、受害的老人與家庭主婦），在社會裡已淪為一種一般化之常有現象。亦基於此，國家為保護此些經濟交易上之弱者，故直接以公權力介入。

針對此種現象，在刑事規範之探討上首先被聯想而論及者，不外乎是刑法上之詐欺罪與背信罪等財產罪是否構成之問題。此些行為係經由欺騙或違背委任（信用）等惡劣之方法而使發生行為上之現在損害已甚為明確，而且損害若經被證實者，原則上判以刑法上之詐欺、背信罪應無疑義。惟在現實上存有相當難以突破之解釋論上之問題。例如，日本眾議院於昭和五十二年（一九七七年）五月十九日針對有關物價合理與否之問題所進行之特別委員會審議不當多層次傳銷與銀老鼠（老鼠會）時，出席之法務省官員曾以如下三點理由聲明以詐欺罪追訴老鼠會之困難。即第一、詐欺罪之成立須有使受害人陷於錯誤之情形，而老鼠會發展到最後階段，參加人無論如何爭取均屬白費（蓋因會員已擴充至

極限，每個人皆爲會員當然再也拉不到人），此種情形一般人在加入時即已知悉，並無陷於錯誤之可能。第二、參加老鼠會者遍布社會上之各階層，其教育程度與經濟知識各有不同，畢竟以那些人之標準用來認定勸誘時會不會受騙？社會上一般人是不是都容易爲勸誘之方法所欺騙？此些事實皆難以認定。第三、欲證明新加入者完全係因受騙而支付金錢，其實絕非一件容易之事，有些新加入者往往充分瞭解勸誘他人入會的困難性，另有些加入者則認爲僅須繳交數萬元即使被騙亦無妨，所以此種情形無法認定其爲詐欺罪之被害人。

然而，雖爲如此，以保護消費者利益爲主要目的之此類型經濟犯罪之分類，係除活用現行之刑法外，爲彌補法之欠缺，新的立法措施（犯罪化）實有其必要。我國對諸如此類不當多層次傳銷行爲在一九八一年十二月發生之「台家公司事件」後，因礙於無法可罰，致使該公司之成員因而分別獲不起訴處分或被判無罪。此正顯示出以詐欺罪之構成要件，很難認定不當多層次傳銷之詐欺行爲。目前我國對多層次傳銷之立法，採合併立法方式，對不當多層次傳銷之管理則依公平交易法第二十三條以下規定，另外並制定多層次傳銷管理辦法（一九九二年二月二十八日發布）。

侵害企業財產與經濟利益之犯罪行爲

此類型之犯罪行爲約略爲有信用卡濫用行爲、營業祕密侵害行爲、電腦犯罪等行爲。此些類型之犯罪行爲之所以應加以規範，主要目的在於保護企業者之財產與經濟利益，並且經由保護

企業之後，間接地也可以維持全體國民經濟之公平與公正的發展。以營業祕密（或稱企業祕密）為例，企業者斥資高額的開發費用而得到的營業祕密或技術（know how），對企業而言，此構成企業體重要的營業上財產與經濟價值，因此，一旦該祕密內容為外界（尤其是競爭的企業）獲知，自己的企業必然地在競爭上遭受到莫大的虧損。而企業祕密之受到侵害，刑法對之應為如何的保護，向來引起不少的爭議。近年來無體財產權之情報資訊的保存與利用，大多少不了電腦的介入，而更突顯其特徵。因而，對於營業祕密的侵害行為，以傳統的洩漏工商祕密罪（刑法三一七條、三一八條）之型態予與規範外，而在外國將其視為電腦犯罪之一型態而加以處理之立法例亦不少（例如美、德等國）。另一方面，營業祕密基本上只要其係以有體物之型態存在時，則著重點於該財物（營業祕密之有體物化）之移轉行為，對違犯者可依各種財產犯加以處罰（諸如竊盜、侵占等）。

　　然而，營業祕密設若係以如程式（program）般之型態存在著的無形物（祕密或情報）者，其本身即使擁有莫大的經濟價值，以現行刑法規定主要是以有體物為主之現況下，實無法為妥善的保護。在此情況下，我國亦為突破此種對營業祕密保護不甚周延之考量，除統一營業祕密之用語外[7]，並制定了專以保護營業祕密為對象，且對行為之主體及侵害之行為樣態加以限定之營業祕密法[8]。

　　再者，信用卡濫用行為方面，在利用信用卡進行信用交易之過程中，一般係以卡片使用者為加害者，銀行相關金融業者（發卡者）為被害者。原本利用信用卡進行的交易與付帳，對消費者而言，由於不用攜帶現金而能輕易地調配資金之使用，加上信用卡的各項優惠獎勵及身分之證明（尤其是白金卡、無限卡持有者）

等特點，所以很快地信用卡廣被大眾使用。另一方面，對發卡之金融業者而言，信用卡之交易與支付之迅速、確實，在營運上具有多項的益處。然而基於信用卡之使用者使用知識之不足或濫用，不法商人之偽造變造信用卡使用或甚至直接勾結發卡之金融業的內部員工進行大規模的詐騙行為，以及發卡之金融業者對信用卡之發卡與安全管理上之不足等等，不論係直接的或間接的行為，皆有導致整個信用卡使用之濫用，造成企業（金融業者）莫大的財產損失[9]。而信用卡濫用之情形約有：第一、不當使用他人名義之信用卡。第二、不當使用自己名義之信用卡。第三、偽造信用卡等行為。第一種情形可依其不法取得信用卡之手段加以科刑論罪而論以竊盜、詐欺、侵占等罪名。第二種情形，信用卡使用者在無支付意思與無支付能力之情況下使用信用卡消費，一般而論，其行為之應罰性確實存在，在結論上論以詐欺罪名也不為過。惟論以詐欺罪時，其行為型態基本上與傳統之詐欺行為不盡相同。蓋因傳統的詐欺行為，詐騙者與被騙者間之被害的因果關係較為明確，而信用卡之詐騙行為係信用卡使用者透用信用加盟店向發卡之金融業者詐騙，其中信用加盟店本身猶如一種被利用之工具，嚴格而論，屬一間接正犯之犯罪型態。相對地，若無法認定詐騙之事實（即解釋上無法該當於詐欺之要件）時，則其應罰性便很難被確定，有時信用卡發卡之金融業者，僅能依民事上債務不履行請求損害賠償，信用卡使用者可能無法被論以刑責。

企業對國家或公共團體之財產侵害行為

此類型之犯罪行為之所以應加以規範，其目的在於維持社會

之自由競爭秩序及企業主間競爭的公正與秩序，因而經由保障自由公正之競爭以保護國民經濟利益免受侵害。工程圍標、綁標之行為、公平交易法上之聯合、壟斷行為等屬於此類型之犯罪行為。

圍標行為之發生，基本上在工程招標或物品標售之際，事業主（企業）與事業主之間，彼此相互協議指定由某一事業主得標。未得標者，或協議中約定不為競標者，於圍標後由得標之事業主獲取若干的經濟利益。圍標行為屬一種事業主間聯合的型態，聯合的目的在於價格之約定，並從中謀取不法利益，可謂為一種價格上之卡特爾（Cartel）行為。而侵害之對象大都為國家或公共團體，有時受害者可能為一般社會大眾，例如國宅之興建由於圍標之產生，政府必須支付較高之建築費用，其結果國宅之售價為之高漲，直接影響購買戶之負擔。

另有與圍標手法相關者為綁標行為。綁標行為本身乃發包工程等機關，為使某事業主順利圍標或得標，在招標的資格上故意限定某些特殊的條件，而此些條件只有某家或部分業者具備，其他業者因而被排除無法參加競標。綁標行為發生在公家機關時，有刑法之圖利他人罪（刑法第一三一條及貪污治罪條例第六條第四款）之適用，相對地，若為私人企業之情形，可能有違公平交易法第十九條第二款之規定，而論以同法第三十六條之罪責。

至於圍標行為之處罰，由於該行為係屬公平交易法上所言之事業聯合的行為，依公平交易法第十四條及第三十五條規定，可對行為人處三年下有期徒刑、拘役或科（或併科）一百萬元以下罰金。屬一種抽象危險犯之處罰，一有圍標行為發生，基本上即被推定為侵害自由競爭制度與參與者之利益或國家、公共團體之財產。此種立法方式為近來經濟刑法常用之立法例。抽象危險犯

係將刑罰之防衛線提至侵害尚未發生之前之「前階段保護」，雖法益之保護較為周延，但因行為易受處罰，可能違反刑法最後手段性原則及明確性原則，故亦易受批評[10]。

侵害抽象的交易秩序之犯罪行為

本來前述第三種類型與此類型，皆可謂為屬於侵害抽象的交易秩序之犯罪行為，差異只在於其間之性格不盡相同而已。行為之主體可能為個人或企業體，而其被害者可能為國家或個人，基本上大致屬於法務部一九九四年十月八日（83）檢字第二一八九二號函修正之「經濟犯罪之罪名及範圍」中第三點之犯罪，即屬該第三點所謂「斟酌當地社會經濟狀況，足以危害社會經濟利益者」之範圍。本類型主要有如違反外匯管制之行為、偽造貨幣及有價證券之行為及賄賂之犯罪行為等該第三點以外之行為（其中有些可以侵害法益金額計算而屬第二點範圍者，如違反外匯管制、偽造貨幣及有價證券），以及證券交易法上之違反行為（如內線交易行為）。其中偽造貨幣、有價證券及賄賂部分屬普通刑法領域，雖其對經濟交易存有某種程度之影響，但探討上，內線交易部分更能說明此一類型之特徵。

內線交易行為之被禁止，乃由於公司內部人員，直接掌控公司營運，對於公司的營業、財產狀況最為瞭解，如果不對其買賣公司股票行為予以適當之規範，對其他投資人顯欠公平。我證券交易法第一五七條與一五七條之一分別規定禁止內部人員之「短線交易」及利用未公開消息買賣股票的「內線交易」兩種，其目的在於維持正常股價及保護投資人權益。違反者依證券交易法第

一七五條規定，得處二年以下有期徒刑。基此，內線交易之行為可謂明確地犯罪化，而該法所保護者亦以交易秩序之經濟利益為主，行為之應罰性，基本上無庸置疑。惟由另一角度得知，利用未公開之內部情報購買股票，其行為即使有害證券市場交易之公平性及侵害健全的交易市場，然而一般投資家大眾之經濟利益未必受到侵害或危殆（有可能與內線交易者共同受益），是故投資大眾並無任何受害或危殆產生，即逕以刑罰直接介入是否得當，乃一值得斟酌之問題[11]。因此，禁止內線交易行為本身之主要根據與其謂其為加諸內線交易者之刑罰，毋寧著重點於剝奪其享有之不法利益較為實在。而且經由市場交易之媒介，實在很難確定何種特定人之利益受到侵害。所以在於將內線交易行為犯罪化之同時，設立剝奪該內線交易者之不法利益之行政制裁手段亦有其必要（一九八四年美國內部者交易制裁法即有採用此手段，課違反者所得之利益或免於損失之三倍民事制裁金）[12]。

國際經濟犯罪行為

經濟犯罪的國際化，在形成之背景上，乃經由企業的利益追求與開發中國家利益取得的合致而加速推進。企業為取得莫大利潤，在經濟發展較為落後之地區求取廉價勞力與資源。加上企業逃避本國法制建立後費用支出的增加，紛紛地往尚無健全的法律規範（如環境限制與重稅等）或限制較寬鬆之國家進行投資。相對地，開發中國家為求政局穩定，瞭解到經濟發展之必要性與外匯需求的增加，因而引進外來企業的投資。如此一來，企業之進出開發中國家取得大量的利潤，相對地，開發中國家雖也獲得利

益，但環境的破壞也漸次地擴大。企業此種利用各國法制之不同所進行的不法經濟活動與環境污染業已成為相當嚴重之問題。近年來，由於犯罪組織的介入（例如毒品的不法交易行為、洗錢行為及軍火買賣交易行為等跨國式的經濟犯罪行為），在國際經濟犯罪之領域裡，犯罪的主體與對象朝向多元化，同時經由國際經濟犯罪行為所引起之弊害，也頗為廣泛與惡化。另外，國際間商品傾銷問題、人身買賣問題、野生動植物不法交易問題、核子擴散問題（核子武器之不法交易）、大氣層破壞問題、有毒害之廢棄物非法越境移動或丟棄問題、外國人不法仲介從事勞動問題等等，皆與國際經濟犯罪具有密切關係[13]。其中大部分問題雖亦為國際間多邊條約所規範之內容，但我國現因非聯合國之成員，在處理此些國際經濟犯罪問題上有時甚為棘手，甚至於在法律之規範上也很難周延。

另一方面，隨著經濟交易行為的無國境化，以及國際間人的往來頻繁之結果，影片、錄影帶、音樂帶、書籍與仿冒商品等國際性交易產品，在語言上之障礙雖然已不復存在，但相對地，此類與智慧財產權（如商品或其擁有之權利或利益）有關之權益已嚴重地受到侵害。今日此種侵害行為儼然也已成為國際經濟犯罪行為中之重要一環。

侵害國家財政制度之犯罪行為

屬於此類型者，有租稅犯罪、詐領政府補助金之犯罪行為等。基本上，此類經濟犯罪其犯罪之型態較為明確。

第三節　經濟犯罪之規範與追訴

對於經濟犯罪行為之制裁，只要該經濟犯罪行為被認知為屬於帶給社會重大損害，且具有危險性之惡質犯罪行為，經由刑罰之發動予以處罰也有其必要性。惟與一般刑罰之適用一樣，以刑罰對待經濟犯罪行為時，其前提亦不應違反刑法補充性原則。

經濟刑法與行政刑法

規範經濟犯罪之法律可稱之為經濟刑法，亦即藉刑罰以擔保社會經濟秩序之法規即為經濟刑法，已如前述。然有謂經濟刑法係指以超越個人法益之經濟利益與經濟秩序為保護法益之刑罰法規。對照現實社會之理解，此定義所指之法規相較於行政取締法規之範疇，並無多大區別。蓋因倘不論法規範之性質，只針對違反者科以刑罰之作法，其實無需使用經濟刑法之名稱，反而較為妥當。再者，有人亦將經濟刑法列於行政刑法之各論裡加以探討。此為過去一般論述經濟犯罪時，大部分將其列為違反行政法規之刑事罰加以處理。因此，就此而論，在經濟關係上，單以違反行政法規之刑罰為論述重點時，經濟刑法稱其為行政刑法之一領域並無不妥，惟經濟刑法本身卻不可將其稱為純粹的行政刑法14。蓋因兩者之屬性究竟不同。

行政刑法係指為達成行政上之目的，以及為實現該政策之良

新世紀的法律課題

好狀態或爲除去不欲其存在之狀態，基於一般統治權之發動，對國民之基本權利加以限制或課其義務之負擔，且在爲擔保其實效性，對違反義務者科以規定刑罰之行政法規。因而爲擔保行政實效之行政刑法與擔保經濟秩序正常維持之經濟刑法間，僅只在經濟政策與行政政策兩者一致時，方可能被認爲具有同一內容。因而經濟刑法所欲實現之目的與行政刑法之所欲達成之目的，應爲嚴格之區別。蓋因經濟刑法，其論述重點爲以當時之經濟生活秩序爲前提，而行政刑法係由國家的行政爲出發點，以維持社會生活秩序爲目的。因此，經濟刑法領域經常受制於動的經濟生活秩序，而行政刑法可謂係置重點於國家行政目的之靜的狀態。因而以現存之經濟生活秩序爲規範對象，並擔保該秩序正常運作之刑罰規範稱之爲經濟刑法。

經濟刑法之機能

　　刑法之機能可分爲規範的機能、法益保護機能（社會秩序維持機能）與人權保障機能。規範的機能具有明確地對犯罪形成規範的評價，有命令不可爲該違法行爲意思決定之機能。法益保護機能具有對社會生活有其必要保護之法益特予保護，且藉由對侵害或危殆社會生活之行爲予以刑罰化，以維護社會共同體利益之機能。而人權保障機能乃經由對一定行爲處罰（刑罰）之定型化，以限制國家的刑罰權發動，且可防止國家刑罰權恣意的行使，以保障一般國民與犯罪者人權之機能。

　　在保障機能上，刑法不得單純的主張秩序維持之機能，另一方面，相對地，爲期維持社會之生活秩序，刑法亦不得背叛一般

國民之期待，在不得已之狀況下應予以介入，以維持社會秩序，此亦屬刑法之重要任務。亦即刑法所具有不得背叛國民期待之機能，在於民事裁判制度等無法充分發揮，且以民事訴訟保護無法立即奏效時，刑事的制裁乃代替此一民事救濟手段，進而圖謀達成保護健全經濟活動之機能。惟若財產上之損害以民事賠償得以達成時，刑法之介入並沒有必要。蓋因習慣、道德的制裁、地區社會之自我控制手段與民事的制裁得以實現時，理應交由此類柔性制裁之處理，刑法僅只在於上述制裁手段無法達成目的時，方得以發動（補充性原則）。

　　刑法的補充性原則具有以下三種意義。即第一、限制刑事制裁發動之原則。第二、在社會控制機制中，容許介入之原則。以及第三、刑罰以外之犯罪控制手段無法期待時，容許刑事介入之原則。因而刑法之補充性原則，與其謂其在於排除刑事制裁之原則，毋寧稱其為賦予適法者選擇民事、行政、刑事制裁手段中最有效果之制裁原則。只不過刑法之目的既然在於保護國民之安全，適用時有其謙抑性之要求，其他之制裁手段得以達成者，則委由其他制裁手段對應，刑法可謂屬於最後之手段（ultima ratio）。亦即刑法之發動倘無法顯示出一般國民得以接受之機能時，刑法便喪失其意義。

　　對於經濟犯罪之非難，除有某些特定目的外，無非在於不使「不法得利者」享受其利益。因此，在方法上為剝奪其利益之沒收制度或追徵制度可謂為一有效之手段，且此手段亦是抑止經濟犯罪發生之特效藥[15]。

經濟刑法與法益關係

一、法益保護之意義

　　從人權保護機能之角度而論，架構刑法具有法益保護機能之立場者，認爲近代之刑法乃爲保護個人生活利益而存在，刑法並非在於教導個人禮儀及修養。因而倘承認刑法爲一堅守社會秩序與制度之思想，無非是認定刑法爲一具有道德機能之規範，亦即其結果，此種行爲本身具有藉由刑罰之發動，使人民遵守國家認爲正常之道義。相同地，就從無被害人之犯罪行爲，以及輕微之犯罪行爲不應予以處罰之功利思想而論，所訴求者亦是以國民生活上之利益保護爲第一優先，只要與刑法觀念難以相容之社會行爲，即便是存有違反社會秩序之行爲時，在影響層面不大之情形下，只要以行政上或民事上之制裁即可[16]。只不過爲求眞正之個人財產的保護，在不違反刑法謙抑性原則之範圍內，刑罰類之社會制裁手段，實有其必要。

　　另一方面，自始將個人法益列爲第一優先保護之對象，本爲制定法律（含憲法）之根本依據，惟在現代社會裡，也不應忽視社會中之信用、服務與正常交易等經濟活動之保護。亦即在今日的社會裡，爲維護共同生活之目的，經濟活動中，除個人法益之保護外，亦應保護諸如「交易行爲之正當合理」、「交易信用」與「正確交易情報及資訊之傳送」等社會（經濟）法益。以目前之情況而論，此一法益保護之標準，雖較爲抽象，但在未來，勢必將

為一般國民所接受。

二、共同體中之規範保護

　　經濟刑法所要規範者，由於係以行為者（交易者或消費者）在任意參與之經濟活動的遊戲中一些打破規範約束之行為為主，故其規範意識因社會階層、階級之文化背景相異而有不同之認知，且經濟刑法中之刑罰規定本身之內容，在一般觀念上亦不夠明確，其結果致使不肖之徒利用法律漏洞製造脫法行為。甚至一些違犯者縱使存有違反法律之意識，但本身卻不認為其行為屬罪不可赦者亦為數不少[17]。然而，不可否認的，遊戲中之公平競爭規範仍然為共同體規範之一種，必須被強制遵守。經濟關係法令因與經濟現象共存，故依隨時代之變遷，在意識上自然有某種程度的變動。換言之，某一特定時代之經濟秩序與經濟規範，其重要性係經由法律之制定方被認知與實現。

　　對於此種經濟秩序與經濟規範之保護方法，可為以下兩種方向加以說明。即該經濟秩序與經濟規範係以超越個人本身存在之共同體利益加以保護及以個人集合體之共同體利益加以保護兩種。然在「個人集合體」與「共同體」之兩種觀念裡，違反經濟秩序與經濟規範之行為，是否應承認其為共同體共通規範之違反，基本上存有差異。重視傳統刑法觀念之論述者，基本上否定經濟秩序與經濟規範為獨自存在性質之共同體利益，認定其應為個人集合體之共同利益。此種見解所持之理由，乃在於國家、社會法益係屬抽象的，不可能明確地被掌握，在解決上得以掌握者應為個人財產，亦即構成社會之各自的集合財產。惟如眾所周知者，設若重視個人損害時，為何以私法方式解決無法奏效，反而

卻須仰賴刑法解決，實令人費解。

另一方面，又有認為在影響程度上，私法之解決較刑法之解決有效，且刑法只在補充性、謙抑性之原則下，方有其存在價值。此種論調顯然地忽視了公法層面上之刑法功能。過去主張重視個人法益保護之古典（傳統）法思想，對於被害微不足道，或不明確之部分，基本上置之不問。然而今日經濟刑法卻對此部分擔負著獨自之功能。蓋因經濟犯罪雖屬侵害經濟生活中基本利益之犯罪，但其法益之侵害與一般較為明確之傳統型財產犯罪不同，每個人所受之被害即使不大，但因屬於多數人之總合損害，其損害額相當大，在社會上不得不認為事態嚴重（被害人為數眾多）。藉此可知經濟犯罪之侵害性質過於抽象與不明確，在某程度上係無法確實地評估其損害程度。相對地，有時候某一經濟行為在表面上即使存有莫大之損害，但因社會可能認為其僅屬於脫法行為之一種，反而將其歸納為被容許之經濟活動。

然而即便是屬於被害輕微之行為，一旦發現該行為及於不特定的多數人時，整體而論，亦有可能發展至社會之整體損害。此類造成損害之行為，實質上可謂係徹底地利用經濟活動後，所架構出之社會犯罪行為。其實非僅如此，若僅以被害不明確為藉口，即容許該犯罪行為存在時，自己本身會不知不覺地受害，其結果，終至陷於重大之財產受害，此種行為亦不應被容許。

基此，為期經濟活動能產生有效之機能而又不對社會造成損害，必須具備以下三條件。亦即第一、承認個人得自由地參與市場交易。第二、不應存有強凌弱之關係。及第三、參與市場者須遵守一定規範。經濟刑法乃朝向此三條件以維護著整體的經濟秩序[18]。自由主義社會得以持續的維持，貴在於依據規範以規制一定之行為，並將自由之原則融入社會。此即為所謂屬於「公平、

135

公正的交易」、「信用的交易」與「正確傳達情報資訊的交易」等共同體的規範。在意義上，此為一種新價值觀的強制。此種新價值觀可將其轉為一種新的規範，且可將之提升為一法益看待。是故只要認知侵害共同體規範之舉動為一犯罪行為，必能切合實務之運作。甚且經濟秩序、經濟規範的違反行為，一旦認知其存有實質的違法性，而實務界只要有確實的對應政策，即可謂已達保護秩序及規範之本質。

三、超個人法益之保護原則

經濟刑法在於維護經濟交易行為之安全、信用等共同體利益，已如前述。此種共同體利益一般被解釋為一種超越個人財產之超個人法益。經濟交易的信用與安全，不可否認地為一經濟秩序之規範，常存於社會。因此，對此規範之侵害行為，其本身終究會招致損害。例如，卡特爾行為在型態上為一典型的規範違反行為。卡特爾行為（如圍標）存在時起，即可認定其為一種限制正常交易之行為。針對此種違反行為，基本上並不重視其具體的財產損害，而是置重點於超越個人財產被害之社會被害存在，而認定其為一侵害共同體利益之行為，亦為一違反規範之行為。

基此，經濟刑法在於保護超個人法益，重視法益侵害的危險性，擔負著任何財產在被害前階段之守護神任務[19]。例如，保險契約之詐欺情形。此種可謂幾近於單純的形式犯行為，一旦發現對契約上重要事項為不實的告知或不告知等違反行為存在，即認為其為一有侵害超個人法益之虞的危險行為。對之加以實質性的考量，其目的乃在於排除任何危險之情形。因此，此種情形並非在於重視其行為會造成義務違反之侵害，而是在於藉由其行為有

無實質侵害到交易上之規範，以及有無造成法益侵害之危險以爲斷。危險行爲之侵害可能性一旦存在時，即應考慮對該違反者之人格加以非難。蓋因刑罰之意義，有時具有將正當規範深植人格之功能。換言之，經由重視行爲之非價，以喚起人之規範意識，培植一般人之守法意識乃有其必要。

四、法人之刑事責任問題

經濟犯罪行爲其非難性的低落，也反映於其主體與刑罰方面。在經濟犯罪領域裡，多數的行政犯、法定犯大致上是透過兩罰規定、三罰規定等方式以爲規範，非但違反行爲者會受到處罰，即連多數的事業主也被處罰。此事業主可能是具有公司型態等之法人，且選擇之刑罰係以罰金等財產刑爲主，原則上法人亦可以被科以刑罰。

然而，關於法人之犯罪能力部分，從來就有兩種不同立場存在。亦即第一、原則上否定法人之犯罪能力，但承認代替行爲者之處罰，而可以處罰法人之「轉嫁責任」或「代位責任」之立場。與第二、在法定犯、行政犯領域裡，係基於行政目的之必要而處罰法人，倫理的色彩淡薄，因而肯定法人犯罪能力之立場兩種。

惟即使是法定犯、行政犯，只要科以刑罰，即存有對自己行爲的非難可能性。然而所謂法人之行爲，在實際上係指構成該法人機關（董事會、理事會等）之自然人所執行的職務上之行爲，所以所謂法人的刑事責任，其實係將對組成法人機關之自然人行爲之刑事責任轉由法人或負責人負擔。此就個人責任、行爲責任之刑事責任論而言，的確是不同，屬一種異質性的轉嫁責任。惟

在兩罰規定之情形，現場直接從事工作之從業員既被處罰，無疑地，所謂對此從業員具有選任、監督責任者也被追究責任。嚴格而論，此責任是否屬於對「行為」所要求之責任，雖不無疑問，但現在已為一般人所接受，蓋因經濟行為所侵害之法益漸趨嚴重，因而受到重視。

五、經濟犯罪之追訴問題

經濟犯罪行為猶如道路交通違規行為，已為一普遍性的犯罪行為，難以全盤性地掌控，且經濟犯罪行為情節複雜，其行為之合法與違法很難加以區分，尤其是在認定經濟犯罪行為之要件上特別有問題，例如，行為本身是否構成犯罪，在舉證時已非容易之事。因此，在偵查、追訴、審判經濟犯罪行為之過程中，務必要加強相關人員（偵查人員、追訴人員、審判人員等）之專業知識（如民商法、經濟法、經濟刑法、財稅、貿易、會計簿記等知識）與經驗[20]，方得以有效地追訴處罰經濟犯罪者，並可達到阻遏一般人不敢輕易觸犯有關經濟法規之可能。蓋因經濟犯罪者本身能否獲得利益，將會作最大的考量，認知到一旦東窗事發後將受偵查、追訴時，自然地會稍加節制，而停止該犯罪行為之繼續，否則一進入偵查程序，即可能受到追訴與審判；再加上一旦認知到經過媒體的渲染，很快地經濟犯罪者本身之信用或企業體的營運便會迅速地、嚴重地受到影響，無形中自可取得鎮壓經濟犯罪之效果。

再者，犯行中具有危險性行為之前階段違法行為，視為一種超個人法益之違法行為類型之創設（抽象危險犯），並有效地予以追訴處罰，亦可謂為經濟刑法之一特色，已如前述。例如，詐欺

行為，其未遂階段之認定或掌握相當困難，但詐欺行為之前階段行為（相當於詐欺行為之早期階段，只重視其行為方式，不求行為之結果），如能加以規範掌握時，自可減輕偵查人員等舉證之困難，並可提昇克服經濟犯罪之功能。

　　又為克服（管制、追訴、處罰）經濟犯罪，基本上除法院對經濟犯罪案件的快速處理（審理），行政機關依法確實的管制之外，警察單位（含調查局）、檢察官之檢舉，以及企業界間的自治團體、消費者團體、被害者團體、傳播媒體等各方面的監督與重視，在追訴處罰及對抗經濟犯罪上也扮演著重要的角色。另一方面，行政機關的有效管制（防範方面），被害者損害賠償的請求，與透過傳媒的評論等，以及重大犯行產生時，刑事法令適時地發動，也可直接或間接地抑制犯罪。再者，企業團體內部的教育與研修，再配合消費者團體的免除被害之教育宣導等，皆可減少經濟犯罪之發生[21]。

　　另外，處於國際化之時代裡，犯罪行為可能涉及多國法律，且為數眾多的犯人穿梭於數國間有計畫地進行廣泛性的國際犯罪，其中，特別是經濟犯罪在經濟隨著國際化腳步前進之同時，其發生之可能性是必然的。因而與外國之經營有關連，且對國內市場經濟產生重大影響的經濟犯罪，在刑事程序之進行中，國際間共同配合舉發之合作，實有其必要性。而刑事訴訟程序中之偵查、處罰等程序皆為本國主權之發動，故相關證據的蒐集與偵查之發動，若無對造國的承認，在現實上是無法進行的。此即為國際間的偵查互助與司法互助（兩者合為國際共助）之範疇。偵查的互助，係指在刑事案件方面，偵查機關對有關必要蒐集之證據，請求國際間相關國家之協助偵查。例如，各種經濟犯罪情報資訊的提供，犯者身體之拘束與確保、引渡等皆是。司法共助係

139

指有關各國法院間裁判之送達及證據之提供。通常係採用囑託方式而與對造國相互提供證據。

在國際偵查共助領域裡，國與國相互間在平等互惠原則之下，保證協助之約定是有其必要的。屆時即可透過外交途徑或經由國際刑警組織（ICPO）取得偵查之共助。只不過我國，以目前外交之處境與已非國際刑警組織成員，且國內又無制定國際偵查共助法之現況下，推動國際偵查共助並非易事。

惟雖如此，在國際偵查共助之內涵方面，具有幾項特點。即

1. 基本上係透過外交途徑（我國目前較為困難）。
2. 政治犯罪除外。
3. 偵查之對象犯行，係該當於我國法之構成要件的行為。
4. 我國行請求偵查之同種犯行，對造國有答應共助之保證。
5. 對造國在為請求時應表明所蒐集之證據係在偵查上為不可或缺者。
6. 為法務長官（法務部長）認為正當（妥當）之案件等。

以上數點為在行國際偵查互助時應預為判斷之要點[22]。

第四節　經濟犯罪之整體對策

各種的制裁手段皆有其個別之機能，在對抗經濟犯罪方面，刑罰並非萬能之物，因此只要具有較為柔軟且有效之其他制裁方式，未嘗非為一良好之經濟犯罪對策。換言之，刑罰之適用，自然係只能針對一些重複實施經濟犯罪之惡質犯罪者，至於其他之

違反行為應交由其他之制裁手段來對抗之。

經濟刑法概念之確立

　　傳統刑法其目的在於維持人與人之間社會生活的基本秩序，因此在現在，刑法的重點也朝向以保護國民的個人法益為主。然而一些無法納入純粹個人法益範圍之「公平公正的經濟交易行為」、「信用的交易」、「正確傳送情報資訊之交易」等社會經濟法益（全體國民經濟利益），在現在的社會裡，已具有相當重要的價值（地位），甚至被視為如超越個人法益之超個人法益（社會法益）般的重視與保護。例如過去一些地下投資公司違法吸資行為，個人所蒙受的損失雖然未必是鉅額，惟若以全體投資者的總損失額加以計算，其損失金額可能達數百億元，因而受到社會重視。此種情形在傳統的刑法領域裡，即使存有侵害利益之行為，惟因皆受限於個別案件本身的評價關係，其結果由於可能係個人財產之損害金額較少，可罰性欠缺，因而淪為刑罰不加以處罰之對象行為。

　　惟此些不被處罰之行為，從經濟刑法之觀點而論，實質上已侵害了存在於社會上之經濟交易秩序與規範。因此，為保護國民健全的經濟生活秩序，單憑以傳統的自由主義經濟秩序為前提的犯罪概念，已不符合社會的需要，代之而起者應為如何建立，並維持以保護超個人法益為目的之新的經濟秩序與經濟制度規範。此即為針對現代的經濟活動現象中所衍生出的新的犯罪型態，要求建立有別於現存傳統刑法中之財產刑法，而為一新的保護範圍與理論。此種要求之內涵，在於促使超個人法益保護之理論確立。

經濟犯罪之其他對策

在經濟法規之領域裡，經濟犯罪本身與傳統的犯罪行為相較之下，不論在性質上無法為相同之解釋外，甚至在制裁之方式上亦有所不同。傳統犯罪行為之制裁手段為「刑罰」。如前述般，在對抗經濟犯罪方面，雖有其重要功能存在，但基於刑法謙抑性原則及最後手段性原則之考量下，其他有別於刑事制裁之手段，諸如業界團體的自律規則、民事賠償責任之追究以及行政指導與行政處分等非刑罰制裁手段之適度發動，在對抗經濟犯罪上也有其正面之價值，在某些情況下反而可能較刑罰更具有實效性。蓋因刑事之制裁，須經過漫長的審判程序方得以確定經濟犯罪者（自然人或法人）之刑責，有時反而緩不濟急，故立即的科以行政處分等刑事制裁以外之制裁，不論在經濟面抑或在實效面上都有其利點存在。

一、業界團體自律規則的強化

此在以市場經濟為導向之先進國度裡，各業界團體間創設有協會、理事會等自律團體。創設此類團體之原義，在於各別為期同業間正常之發展，以進行種種的經濟活動，同時亦負責防止各會員（即企業）脫序行為之產生。目前各行各業幾乎設有業界間之團體（協會、理事會）。一般而論，各業界團體分別有其內部規則，甚至制定一般性的企業行為規範。業者一旦違反該當規範的情況下，業界團體可將該企業除名或者科處該企業其他之不利

益。此些規範所爲之目的，乃在於有效地控制企業體及其從業人員之經濟脫序行爲。而各業界團體間，由於利害與共，發現同業間之其他企業，經由脫序行爲取得不當利益時，此可經由告訴、告發及其他手段相互抑制。

然而，自律規則本身自始屬於業者團體間的任意規範，其功效乃繫於業界團體具有何種程度之自淨能力以爲斷。國家若能依此自律規則順利完成經濟活動時，則可從節省國家爲防止經濟脫序行爲所支出之費用，以及從刑法之補充性、謙抑性等原則而論，此種自律規則可謂爲最佳之經濟犯罪對策。

惟在另一方面，業界團體間有時可能扮演著助長經濟脫序行爲產生之角色。例如工程之招攬、業界間不當約束等行爲，反而助長了圍標、綁標風氣之形成。

二、民事賠償責任之追究

經濟犯罪基本上亦屬不法行爲之一類，被害者當然可向侵害者追究民法上之損害賠償。惟在實際上，爲實現損害上之賠償，在執行上有其困難的一面，因被害者除非本身覺悟龐大的訴訟費用支付以及長期訴訟過程之煎熬外，否則一般之被害者大多屈服於現實（無法展開長期之訴訟）而不得不放棄請求。尤其是個人之被害額（損害金額）不高時，更是無法喚起被害者提起訴訟之興趣。然而，在經濟犯罪行爲中，總計（合計）不特定多數之被害者（消費者）之被害金額時，可以發現被害之總額可能是相當高。設若結合全部被害者，而能夠獲得全部之賠償金額時，對行使不法侵害行爲之企業，因其可能遭受到莫大的惡評，所以此種整體性的請求行爲，至少在某程度上，有抑止不法行爲產生之效

果。因此，經由某種經濟犯罪行為而使不特定消費者被害時，該被害範圍內之消費者或消費者團體可以集體提起救濟程序之方式，在未來之制度設計上實有其必要性。此種制度在外國（如美國）雖有實施之經驗[23]，惟在我國，此類訴訟制度迄今尚未建立，個別的消費者（被害者）不得不先行聚集後，再提起損害賠償之訴，不過礙於案件之複雜，幾乎很難有成功之例。

三、行政處分

違反公平交易法等經濟法規之行為，一般而論，各該法規上皆規定有行政處分等制裁手段，而行政處分則分別有罰鍰、沒入、公司之解散命令、行為停止命令、營業停止、取銷許可或登錄、勸告、警告、注意以及公告違反者或企業名等。發動各行政處分之權限亦分別隸屬各相關主管監督機關，例如違反公平交易法案件屬公平交易委員會；違反證券交易案件屬證管會之權限。

在社會上，取得大眾信賴的企業，擁有眾多的員工，為社會提供各式各樣有用之商品與服務，自應瞭解本身所擔負的社會角色（功能）與所應盡的社會責任。基此，對企業而言，業界團體間的自律規則、損害賠償、行政處分與刑罰等之任何一種制裁手段皆存有某種程度的實效性。其中如營業停止之處分可謂與自由刑之制裁具有相同之效果。企業一旦受到處分，牽連所及，對全體員工之影響亦具有相當大的抑止作用。相對地，對企業而言，營業之停止以及不當利益受到剝奪之制裁，其嚴重性，實不容忽視。圍標、綁標案中，一些違法企業被禁止一段期間內不得參與投標之作法，基本上亦具有此種功能。

然而，對於一些專以非法詐騙為主之企業，其企業本身並非

確實存在，不論採用公告其企業名、發布營業停止命令、公司予以解散、請求其損害賠償或科處罰金罰鍰等手段，基本上皆無任何實益。換言之，針對此類空殼企業體，即使科以任何的制裁，由於無法期待其實效性，其結果唯有科處該企業之經營者及協助者（員工）以刑罰外，別無他法。並且對於一再從事此類非法詐騙者，雖無法一時科以重刑，但卻可仿外國立法例（德、瑞士），在一定期間內禁止其從事同種或類似的職業或營業。

145 ●●●●●●

問題討論

一、何謂經濟犯罪？

二、何謂經濟刑法？

三、經濟犯罪之類型為何？

四、經濟犯罪所保護之法益為何？

五、如何追訴經濟犯罪？

六、制裁經濟犯罪之手段有幾種？

七、經濟犯罪與國際犯罪有何關係？

註釋

1 經濟犯罪具有下列之特性：(1)複雜性。(2)抽象性。(3)不可透視性。(4)被害人眾多。(5)高損害性及危險性。(6)低非價領悟（社會罪惡薄弱反應性）。(7)被害人薄弱反應性。(8)特殊性。(9)隱匿性（犯罪黑數高）。(10)追訴困難。(11)以組織體型態犯罪。(12)與政治風氣具有密切關係。(13)行為人缺乏罪惡感。(14)與行為人職業活動有關。(15)無國界之犯罪。(16)轉嫁性等等。此些特性之說明可參閱林山田，《經濟犯罪與經濟刑法》（政大法學叢書，1987年5月再版），頁37以下；林山田，〈經濟犯罪的特性及其防治〉，《今日財經》，第293期（1986年），頁9以下；袁坤祥，《經濟犯罪之研究》（台北：作者自版，1981年），頁22以下。

2 刑法與特別刑法之區分，在觀念上，所謂的刑法係指現行之普通刑法，而特別刑法係指對於普通刑法所規定之處罰事項重複規定的刑法，基本上特別法條文簡略只做疊床架屋之立法方式，故一個行為若符合特別刑法的描述，也會同時符合普通刑法之描述。參見林東茂，《危險犯與經濟刑法》（台北：五南圖書出版公司，1996年），頁81以下；黃榮堅，〈雙重評價禁止與法條競合〉，《台大法學論叢》，第32卷，第1期（1993年），頁15以下。另有所謂的附屬刑法，此係指依附在刑法領域（含普通刑法與特別刑法）以外的刑罰制裁規定。參見林東茂，前揭書，頁81。基本上附屬刑法所涵蓋之意義及範圍與違反經濟法規之制裁內容，在某些程度上係相重疊的。

3 經濟犯罪並非法律用語，沒有一個刑法條款明確地指出，何種不法行為類型屬於經濟犯罪，故何謂經濟犯罪，尚無一致的見解。對於經濟犯罪界定之困難，乃是由於經濟領域中的不法行為類型過於複

雜多樣，經濟犯罪係浮動不定之概念，經濟犯罪與經濟制度、經濟發展、科技水準有密切關係。過去以來，經濟犯罪界定困難，對於其定義之討論仍舊極多，各見解有如下之說明：第一、就犯罪學觀點而言：(1)有謂經濟犯罪乃是經濟社會所預定的目的與經濟結構所確定的達成此種目的的手段之間經濟偏差行為〔法國著名社會學家涂爾幹（E. Durkheim）之無規範理論〕。(2)有謂經濟犯罪係「白領階級之犯罪」型態之一，白領犯罪乃是一個在其職業活動的領域內利用其聲勢與高度的經濟社會地位，從事犯罪的行為〔美國犯罪學家蘇哲南（E. H. Sutherland）之犯罪學觀點〕。第二、就法律上觀點而言：(1)有謂經濟犯罪是以整體經濟及其功能上的重要部門為攻擊對象的犯罪行為，即是一種針對國家整體經濟及其重要部門與制度所為之可罰性行為〔德國刑法學者林德曼（K. Lindemann）〕。(2)有謂經濟犯罪即在正常之經濟交易場所活動之人，在執行職務時，意圖為自己或第三人之利益而犯之不正行為，牴觸刑法及其他罰則者（日本學者藤木英雄）。(3)有謂經濟犯罪係指濫用經濟交易的信用原則與信任關係，違反經濟活動的有關法令，而侵害經濟秩序的財產犯罪或不法圖利行為。(4)有謂經濟犯罪係指違犯所有以直接或間接影響經濟生活為目的，而制訂之法規的犯罪行為〔荷蘭莫勒（Prof A. Mulder）教授〕。(5)有謂經濟犯罪乃指意圖謀取不法利益，利用法律交往與經濟交易所允許之經濟活動方式，濫用經濟秩序賴以為存的誠實信用原則，違犯所有直接或間接規範經濟活動之有關法令，而足以危害正常之經濟活動與干擾經濟生活秩序，甚至於破壞整個經濟結構的財產犯罪或圖利犯罪（林山田教授）。(6)有謂經濟犯罪係指以詐欺、背信之手段，謀取經濟上不法之利益，而侵害個人社會國家之犯罪行為（林咏榮教授）。(7)有謂德國學術界有關經濟犯罪之通說，可做為國內下定義時的參考，其決定性的標準是「整體經濟

秩序的危險或侵害」，一個不法行為，如果已經對整體經濟秩序造成干擾與侵害，自然是經濟犯罪；如果只有對整體經濟秩序引起危險狀態，也可認為是經濟犯罪（林東茂教授）。(8)有謂經濟犯罪者，乃行為人利用其家族或個人之社會地位、經濟地位、現行法律之漏洞、行政機關監督之疏忽，並濫用其優越信任條件，非使用暴力，顯有嚴重危害正常經濟活動及經濟生活秩序，所為圖謀不法利益之犯罪行為（袁坤祥教授）。

國內目前所稱之經濟犯罪，係偏向白領階級的智慧型犯罪，指行為人利用其社會地位、濫用交易上的誠信原則，違反經濟活動的法令規章或鑽其漏洞，致危害正常的經濟活動干擾經濟秩序、破壞經濟結構，藉以圖謀不法利益的行為。

由於經濟犯罪型態的不斷推陳出新，其概念範圍亦隨之更改，所有定義僅是嘗試性與臨時性，就法律政策言，似應儘量採取廣泛之定義，然在罪刑法定主義之下，似又應求精確完整。由於定義作用之不同，而有差異的概念選擇。

4 在經濟刑事立法例上，有謂「經濟刑法所規定處罰的行為並非只有科處刑事刑罰的經濟犯罪行為，且也包括以行政罰或秩序罰的『經濟秩序違反行為』。因此通常所稱的經濟犯罪應指廣義的經濟犯罪行為，其內涵係兼指狹義的經濟犯罪行為與經濟秩序違反行為」。參見林山田，前揭書，頁17。本文基本上採相同見解。另有謂經濟犯罪具濃厚的法定犯色彩，非必侵害社會秩序、非必有反社會性、反道德性，僅係違反為適應形式或為貫徹行政措施而特別規定之行政法規始構成犯罪。例如單純違反限價或平價之交易或違反法定方式之營業。蘇俊雄，〈經濟犯在刑法概念上的基本問題〉，《刑事法雜誌》，第18卷，第1期（1974年），頁18以下。

5 關於經濟犯罪之罪名及範圍之認定標準，法務部為因應社會經濟狀

況及犯罪趨勢，頒布有如下之標準：

一、下列各款犯罪，依被害人數或金額，列為經濟犯罪：

　　(一)冒貸詐欺、投資詐欺、破產詐欺；利用國貿、海運、惡性倒閉、票據、保險、訴訟詐欺及其他重大詐欺犯罪。

　　(二)公務侵占或業務侵占罪。

　　(三)重利罪。

　　(四)其他違反經濟管制法令之犯罪（含貿易法、高科技貨品輸出入管理辦法、能源管理法、電信法、野生動物保育法、商業會計法等法令規定）。

前項各款所列犯罪，其被害人數或金額認定標準，依地方法院或其分院檢察署轄區之社會經濟情況不同，區分如下：

　　(一)台灣台北、板橋、台中、台南、高雄、基隆、桃園、士林地方法院檢察署被害人數五十人以上或被害金額新台幣二千萬元以上者。

　　(二)前款以外之地方法院檢察署被害人數三十人以上或被害金額新台幣一千萬元以上者。

二、下列各款犯罪，侵害法益新台幣二百萬元以上者，列為經濟犯罪：

　　(一)走私進口及走私出口案件。

　　(二)違反稅捐稽徵法或其他以詐術或不正當方法申請退稅案件。

　　(三)偽造、變造貨幣案件。

　　(四)偽造、變造有價證券案件。

　　(五)違法製造、販賣私菸、私酒案件。

　　(六)違反管理外匯條例案件。

　　(七)違反銀行法案件。

三、下列各款犯罪，斟酌當地社會經濟狀況，足以危害社會經濟利益

者，列為經濟犯罪：

　(一)違反證券交易法案件。

　(二)違反公平交易法案件。

　(三)違反商標法、專利法、著作權法案件。

　(四)違反國外期貨交易法案件。

　(五)非保險業經營保險或類似保險業務案件。

　(六)其他使用不正當方法，破壞社會經濟秩序，構成犯罪者。

以上資料引自法務部調查局，《經濟及毒品犯罪防制工作年報》
（1996年），頁5-6。

6 神山敏雄，《經濟犯罪の研究》，第一卷（東京：成文堂，1991
年），頁7-8。

7 營業祕密之用語，有稱工商祕密（如刑法第三一七條、第三一八
條），有稱產銷機密、技術祕密（如公平交易法第十九條第五款）、
或有稱祕密方法（如所得稅法第八條第六款），基本上各用語所表示
之概念與一九九六年公布實施之「營業祕密法」上所言之營業祕密
並無不同。

8 「營業祕密法」在性質上屬於民事特別法，對於侵害行為並無刑責
規定，參閱「營業祕密法」草案審查報告、經濟部楊世緘次長說明
二（立法院公報，第191輯，頁153）。蓋因立法當時認為現行刑法對
於侵害營業祕密之行為，刑事責任上已有竊盜、侵占、背信、洩漏
工商祕密等罪可分別適用論處。至於行政責任，「公平交易法」第
三十六條，亦有處罰之規定。惟獨民事責任，因無明確規定可供適
用，致遇有爭訟時引發爭議。「營業祕密法」乃僅就民事責任部分
予以明定，至於刑事責任及行政責任，則仍適用現行刑法及「公平
交易法」之規定。然而上述刑事法規定可謂提供營業祕密所有人若
干保護，但其規定或偏於一端（僅處罰不法洩漏或不法取得）或附

加限制（如經公平交易委員會之停止命令而違反時，始構成公平交易法所定之刑責），其保護並不充足。尤其營業祕密所有人之營業祕密被侵害後，在實際上往往必須負擔被侵害之舉證責任，且法院對營業祕密之認定似又嫌過嚴，往往認為有同類產品存在即否定其祕密性，並在認定被告有無使用原告之營業祕密時，又以產品鑑定等倒果為因之方法，而否定被告有侵害行為，使原本即存有缺陷之刑事救濟更難獲得，參閱馮傳生、王仲合等，〈營業祕密之刑事救濟〉，《智慧財產權季刊》（1994年4月），9頁以下。我刑法雖早已定洩漏有工商祕密以保護營業祕密，但隨時代之演進在內容上已無法涵蓋「營業祕密法」第十條之類型，故今後似有必要對「營業祕密法」第十條款之侵害行為詳加斟酌，以決定是否對各款之行為增訂刑事處罰，以落實營業祕密之保護。

9 以一九九六年六月四日台南破獲五億元以信用卡詐騙集團為例，此一新型態經濟犯罪集團詐財手法，係先勾結不肖的銀行信用卡業務人員，利用人頭戶申請信用卡後，再虛設行號，並向銀行申請成為刷卡特約商店，等一切就緒後再大量簽刷，向銀行騙取鉅款（結合銀行業務人員、地下代書及空頭公司行詐騙）。大致上其詐騙之步驟有：首先勾結不肖地下代書業者，利用幫人代辦各項業務的機會，取得客戶的土地所有權狀、薪資扣繳憑單、身分證等證件影本。第二、接著將此些證件，以移花接木的方式，加以偽造、變造、製造出人頭戶資料後，勾結銀行信用卡業務人員，集體向發卡銀行申請信用卡，其間為應付銀行的徵信，犯者甚至使用指定轉接業務，讓銀行每通查證的電話，都轉到特定地點，並由專人負責接聽，藉以欺騙銀行，順利取得信用卡。第三、最後階段則是虛設多家空頭公司行號，並向銀行申請為刷卡特約商店，以便向銀行詐騙鉅款，於是犯者輕輕鬆鬆地在家裡大量簽刷，並持簽帳單據向銀行請款（《中

國時報》，1996年6月5日）。

10 借用抽象險犯構成要件，基本上處罰的行爲無任何結果產生，刑法所爲否定的價值判斷係針對行爲方式本身而不是其結果，爲一種刑法防衛線的重大擴張。在經濟刑法中，對破壞經濟秩序之行爲加以慎重選擇並加以犯罪化，刑法應不至造成恐怖。參照林東茂，前揭書，頁75、頁76、頁161、頁162。

11 佐藤雅美，〈インサイダー取引と刑事規制〉，《刑法雜誌》，第30卷，第4號（1992年），頁108以下；神山敏雄，〈インサイダ取引と經濟刑法〉，《岡山大學法學會雜誌》，第40卷，3、4合併號（1992年），頁76以下。

12 中山研一、神山敏雄、齊藤豊治編著，《經濟刑法入門》，第2版（東京：成文堂，1994年），頁84、頁85。

13 同前註，頁220、頁221。

14 林東茂，前揭書，頁82之注37亦持相同見解。

15 例如「洗錢防制法」第十二條規定「犯本法之罪者，其因犯罪所得財物或財產上利益，除應發還被害人或第三人者外，不問屬於犯人與否，沒收之。如全部或一部不能沒收時，追徵其價額或以其財產抵償之。……」。「組織犯罪防制條例」第七條亦針對犯罪組織採取沒收、追徵、追繳等手段對不法利益進行剝奪。

16 此種論調爲結果無價值論者（結果非價）強調者，對解決經濟刑法上所謂經濟交易秩序維持等觀念無法爲合理之詮釋。參照平野龍一，《刑法總論 I》（東京：有斐閣，1972年），頁43以下。

17 中山研一、神山敏雄、齊藤豊治編著，前揭書，頁192。

18 西山富夫編，《現代の經濟犯罪と經濟刑法》（日本京都：啓文社，1994年），頁186。

19 同前註。

20 林山田，前揭書，頁76、頁185。

21 西山富夫編，前揭書，頁197。

22 同前註，頁210、頁211。

23 在美國，聯邦民事訴訟規則（R. 23）中有所謂的class action制度（即團體代表訴訟制度）。利用該制度可對違反證券交易法及獨占禁止法等行為請求損害賠償（b項（3））。一定範圍之class的代表者可為全體消費者提起訴訟，無論勝訴或敗訴，判決之效力及於全體消費者。此種制度對消費者的保護而言可謂重要而不可欠缺之制度。另在歐洲，亦存有消費者團體參與刑事裁判而得以請求損害賠償之制度。參照中山研一、神山敏雄、齊藤豐治編著，前揭書（註12），頁171。

參考文獻

外文書目

中山研一、神山敏雄、齊藤豐治編著（1994）。《經濟刑法入門》，第二版。東京：成文堂。

平野龍一（1972）。《刑法總論Ⅰ》。東京：有斐閣。

西山富夫編（1994）。《現代の經濟犯罪と經濟刑法》。日本京都：啓文社。

佐藤雅美（1992）。〈インサイダー取引と刑事規制〉。《刑法雜誌》，第30卷，第4號，頁108以下。

神山敏雄（1991）。《經濟犯罪の研究》，第一卷。東京：成文堂。

神山敏雄（1992）。〈インサイダー取引と經濟刑法〉。《岡山大學法學會雜誌》，第40卷，3、4合併號，頁76以下。

中文書目

林山田（1986）。〈經濟犯罪的特性及其防治〉。《今日財經》，第293期，頁9以下。

林山田著（1987）。《經濟犯罪與經濟刑法》。台北：政大叢書。

林東茂（1996）。《危險犯與經濟刑法》。台北：五南圖書出版公司。

法務部調查局（1996）。《經濟及毒品犯罪防制工作年報》。台北：法務部調查局。

袁坤祥（1981）。《經濟犯罪之研究》。台北：作者自版。

中文論文報刊

馮傳生、王仲合等（1994）。〈營業秘密之刑事救濟〉。《智慧財產權季刊》，頁9以下。

黃榮堅（1993）。〈雙重評價禁止與法條競合〉。《台大法學論叢》，第32卷，第1期，頁15以下。

楊世緘（1996）。〈營業秘密法草案審查報告〉。《立法院公報》，第191輯。

蘇俊雄（1974）。〈經濟犯在刑法概念上的基本問題〉。《刑事法雜誌》，第18 卷，第1期，頁18以下。

新世紀 的 法律課題

第五章　維護經濟秩序的憲法
——公平交易法

輔仁大學

法律學系教授

陳榮隆

作者簡介

陳榮隆

　　輔仁大學法學博士。曾任輔仁大學法律學系系主任、所長；高雄大學財經法律學系；東海大學法律學系兼任教授；空中大學商事法召集委員；法務部民法物權修正委員；中華民國商務仲裁協會仲裁人；台北市勞資爭議仲裁委員；考試院公務員退休撫恤基金會顧問；行政院海岸巡防署法規會、訴願會委員；台灣法學會祕書長、常務理事；美國管理科技大學兼任教授；日本神戶大學、京都產業大學訪問學者；德國海德堡大學、佛萊堡大學訪問學者。現任行政院公平交易委員會委員；輔仁大學法律學系教授；崇右技術學院教育董事；國家展望文教基金會董事；台灣法史學會監事；考選部律師高考審議委員；行政院公共工程委員會甄審委員；國家文官培訓所、司法院司法人員研習所講座。

教學目標

一、瞭解公平交易法之意義及其規範範圍。

二、知道何謂反托拉斯行為與不公平競爭行為。

三、諳悉事業違反公平交易法之法律責任及消費者之保護。

四、明白公平交易法與其他法規競合時之準據。

新世紀**的**法律課題

摘要

　　近年來，我國工商業迅速發展，經濟社會結構激變，已經進入經濟之轉型期，原有之經濟紀律已不能適應時代需要，而新的經濟規範亟待發展，為配合經濟建設朝向自由化與國際化發展，必須建立公平合理之競爭秩序與環境，以維護市場之正當運作，並消除有礙市場交易之阻力。在兼顧一般社會利益、公平競爭與產業發達之前提下，使經濟自由發展，為公平交易法規範之目的。是故，對反托拉斯限制競爭之行為、不公平競爭之行為及變質之多層次傳銷行為，設有防止及取締規範之明文。

159

近年來，我國工商業迅速發展，經濟社會結構激變，已經進入經濟之轉型期，原有之經濟紀律已不能適應時代需要，而新的經濟規範亟待發展，為配合經濟建設朝向自由化與國際化發展，必須建立公平合理之競爭秩序與環境，以維護市場之正當運作，並消除有礙市場交易之阻力。

第一節　公平交易法簡介

　　政府斟酌我國目前經濟政策與經濟環境，並參考美、德、日、韓等國之立法例，制定「公平交易法」。

立法與修正

　　我國公平交易法於一九九一年二月四日制定公布，隔年二月四日正式施行，施行迄今歷經三次修正，第一次於一九九九年二月三日總統 (88) 華總一義字第八八〇〇〇二五七七〇號令修正公布第十、十一、十六、十八至二十一、二十三、三十五至三十七、四十至四十二、四十六、四十九條條文；並增訂第二十三之一至二十三之四條條文；第二次於二〇〇〇年四月二十六日總統 (89) 華總一義字第八九〇〇一〇四四五〇號令修正公布第九條條文；第三次於二〇〇二年二月六日總統 (91) 華總一義字第〇九一〇〇〇二五〇四〇號令修正公布第七、八、十一至十七、二十三之四、四十條條文；並增訂第五之一、十一之一、二十七之一、

四十二之一條條文，現行法計五十七條。第一章總則（公平法第一條至第九條）；第二章獨占、結合、聯合行為（公平法第十條至第十七條）；第三章不公平競爭（公平法第十八條至第二十四條）；第四章公平交易委員會（公平法第二十五條至第二十九條）；第五章損害賠償（公平法第三十條至第三十四條）；第六章罰則（公平法第三十五條至第四十四條）；第七章附則（公平法第四十五條至第四十九條），分七章。

公平交易法之立法定位及立法目的

事業關於競爭之行為，另有其他法律規定者，於不牴觸本法立法意旨之範圍內，優先適用該其他法律之規定（公平法第四十六條）。由本條可見公平交易法實為經濟基本法（或稱經濟憲法），亦即其他法律有關經濟秩序之規定，唯有在不抵觸公平法之範圍內，始得優先適用該法律，否則應適用公平法之規定。至於制定公平交易法之立法目的，主要有三：1.維護交易秩序及消費者利益。2.確保公平競爭。3.促進經濟之安定與繁榮。

第二節　公平交易法規範之行為

公平交易法主要規範反托拉斯行為（antitrust）、不公平競爭行為（unfair trade）及多層次傳銷行為（multi-level sale），其中反托拉斯行為有三：包括獨占行為（公平法第十條）、結合行為（公

平法第十一條）及聯合行為（公平法第十四條）；不公平競爭行
為則有六種：包括維持轉售價格行為（公平法第十八條）、妨礙公
平競爭行為（公平法第十九條）、仿冒他人商品或服務表徵行為
（公平法第二十條）、虛偽不實廣告（公平法第二十一條）、損害他
人營業信譽行為（公平法第二十二條）、其他足以影響交易秩序之
欺罔或顯失公平之行為（公平法第二十四條）。

　　公平會歷年來之處分案件，其中有關不公平競爭行為者最
多，其次為多層次傳銷行為，反托拉斯行為最少（見表5-1）；反
托拉斯行為中，則以聯合行為最多，結合行為居次，獨占行為最
少（見表5-2）；不公平競爭行為中，虛偽不實廣告最多，欺罔或
顯失公平行為居次，妨害公平競爭行為第三（見表5-3）。

表5-1　公平會總處分件數

年別	總處分件數	反托拉斯行為	不公平競爭行為	多層次傳銷行為
一九九二至一九九六	698	24	598	51
一九九七	233	12	192	20
一九九八	253	12	200	27
一九九九	170	19	135	15
二〇〇〇	226	25	178	24
二〇〇一	213	16	158	35
二〇〇二	218	14	148	55
二〇〇三	187	11	139	31
二〇〇四	135	9	86	38

新世紀 的 法律課題

表5-2　反托拉斯行為之處分件數

	獨占行為（公平法十）	結合行為（公平法十一）	聯合行為（公平法十四）
一九九二至一九九六	0	8	16
一九九七	0	2	10
一九九八	0	4	8
一九九九	0	8	11
二〇〇〇	2	2	21
二〇〇一	1	1	14
二〇〇二	4	1	9
二〇〇三	0	1	10
二〇〇四	0	4	5

表5-3　不公平競爭行為之處分件數

	維持轉售價格行為（公平法十八）	妨礙公平競爭行為（公平法十九）	仿冒他人商品或服務表徵行為（公平法二十）	虛偽不實廣告（公平法二十一）	損害他人營業信譽行為（公平法二十二）	欺罔或顯失公平行為（公平法二十四）
一九九二至一九九六	20	48	5	383	5	167
一九九七	2	8	2	109	3	74
一九九八	2	8	7	101	1	85
一九九九	0	7	0	71	1	60
二〇〇〇	1	8	5	79	1	87
二〇〇一	0	3	5	51	0	103
二〇〇二	1	3	1	60	0	85
二〇〇三	2	10	2	46	0	88
二〇〇四	0	4	2	48	1	32

第三節　反托拉斯行為

前已提及反托拉斯行為包括獨占行為、結合行為及聯合行為三種，其中獨占行為又可分為獨占（真正之獨占）與寡占（寡占視為獨占）；結合行為包括事業合併、股權控制、受讓或承租他事業主要資產、共同或受委託經營他事業、控制他事業經營或人事；聯合行為則意指與有競爭關係之事業合意決定、約束事業活動。

獨占行為

一、獨占之意義——真正之獨占

本法所稱獨占，謂事業在特定市場處於無競爭狀態，或具有壓倒性地位，可排除競爭之能力者（公平法第五條第一項）。由其型態區分，又可分為獨買及獨賣二種。如由其產生獨占之原因觀之，則可分為人為獨占與自然獨占兩種，會發生人為獨占之情形通常是因為法規限制，或是由於掌握了生產原料或關鍵技術；自然獨占則常因生產固定成本而發生。

(一)事業之意義

　　所謂事業，係指長期或經常性參與市場交易者而言。包括公司、獨資或合夥之工商行號、同業公會及其他提供商品或服務從事交易之人或團體（公平法第二條）。

(二)特定市場之意義

　　所稱特定市場，係指事業就一定之商品或服務，從事競爭之區域或範圍（公平法第五條第三項）。可大致分為產品市場、地理市場、時距市場三種。產品市場依商品替代性之廣狹，可看出消費者之需求替代性及生產者之供給替代性；地理市場則須視商品銷售地域而有所不同，可能受地理特性、交通運輸或管理法令等限制而有所不同；時距市場乃指消費者需求之等待時間或生產者供給之所耗時間而言。

(三)競爭之意義

　　所稱競爭，謂二以上事業在市場上以較有利之價格、數量、品質、服務或其他條件，爭取交易機會之行為（公平法第四條）。

二、獨占之擬制──寡占視為獨占

　　二以上之事業，實際上不為價格之競爭，而其全體之對外關係，具有前項規定之情形者，視為獨占（公平法第五條第二項）。

　　真正獨占與不真正獨占仍有些許不同，真正獨占指僅有一事業獨占，必須處於競爭狀態下，然站壓倒性之地位，以及具有可排除競爭之能力。不真正獨占則同時有二以上事業，對內實際上

不為價格之競爭，對外則具有真正獨占之情形。

三、獨占事業之認定範圍

事業無下列各款情形者，不列入前條獨占事業認定範圍：第一、一事業在特定市場之占有率達二分之一。第二、二事業全體在特定市場之占有率達三分之二。第三、三事業全體在特定市場之占有率達四分之三。有前項各款情形之一，其個別事業在該特定市場占有率未達十分之一或上一會計年度事業總銷售金額未達新台幣十億元者，該事業不列入獨占事業之認定範圍。事業之設立或事業所提供之商品或服務進入特定市場，受法令、技術之限制或有其他足以影響市場供需可排除競爭能力之情事者，雖有前二項不列入認定範圍之情形，中央主管機關仍得認定其為獨占事業（公平法第五條之一）。

四、獨占之禁止與法律效果

獨占之事業，不得有下列行為（公平法第十條）：

第一、以不公平之方法，直接或間接阻礙他事業參與競爭。例如對他事業之活動採取破壞行為。

第二、對商品價格或服務報酬，為不當之決定、維持或變更。例如廠商不反映成本，不當決定價格以圖取暴利，因此種行為不僅為排除競爭最有效之工具，亦為攫取超額利潤最直接之方法。

第三、無正當理由，使交易相對人給予特別優惠。獨占事業可能利用其優越地位要求交易相對人給予特別優惠，此不僅可間

接阻礙新競爭者之進入，亦可能妨害市場公平而合理之競爭。

第四、其他濫用市場地位之行為。前三款所列舉之三種型態行為，固為獨占事業濫用其市場地位最常見及最主要之類型，畢竟不能涵蓋所有可能濫用獨占地位之行為，故於第四款規定「其他濫用市場地位之行為」，以求周延。

五、獨占案例

獨占案例以中油濫用航空燃料油市場地位，阻礙競爭案[1]為例說明。

本案緣於文久股份有限公司（下稱文久公司）為提供立榮航空公司加油服務，於一九九九年九月二十八日及同年十月十九日兩度函請中國石油股份有限公司（下稱被處分人）提供國內航線用油報價，並簽約供油；惟被處分人以研議油價結構為由百般拖延，及至一九九九年十二月仍未提供報價，文久公司只得先與立榮航空公司簽訂「國際航線」加油合約，而立榮航空公司為恐「國內航線」斷油，只得與被處分人續約。被處分人乃於二〇〇〇年一月三日函復文久公司表示，目前中正機場之國內航線用油客戶皆已與其簽訂二〇〇〇年航空油料合約，故不另對文久公司提供報價。

本案對市場之影響非僅在於中油公司拒絕文久公司報價之純商業交易關係，而係影響文久公司與立榮航空公司交易之機會，進而影響文久公司爭取與其他航空公司如遠東、華航交易之機會，甚至影響美孚、加德士等其他加油公司進入國內航線業務之機會，導致被處分人繼續維持國內航線加油市場之獨占地位。故被處分人於一九九九年間藉其航空燃油供油市場獨占地位，無正

當理由拒絕文久公司之報價要求，阻礙其競爭之機會，以維持中正航空站國內航線加油業務既有市場地位，核屬違反公平交易法第十條第一款規定。

結合行為

一、結合行為之意義

結合行為指事業有下列情形之一者：第一、與他事業合併者。第二、持有或取得他事業之股份或出資額，達到他事業有表決權股份或資本總額三分之一以上者。第三、受讓或承租他事業全部或主要部分之營業或財產者。第四、與他事業經常共同經營或受他事業委託經營者。第五、直接或間接控制他事業之業務經營或人事任免者。計算前項第二款之股份或出資額時，應將與該事業具有控制與從屬關係之事業所持有或取得他事業之股份或出資額一併計入（公平法第六條）。

公司法所規定之關係企業依其相互間之關係，分為控制從屬關係之公司與相互投資關係之公司，須加以說明的是控制從屬關係包括有表決權行使之控制，人、財、業務之控制，以及推定之控制關係。

二、結合行為之法律效果

(一)申報

1.應先向中央主管機關提出申報者（公平法第十一條第一項）

(1)事業因結合而使其市場占有率達三分之一者。

(2)參與結合之一事業，其市場占有率達四分之一者。

(3)參與結合之事業，其上一會計年度之銷售金額，超過中央主管機關所公告之金額者。

2.不需申報者（公平法第十一條之一）

(1)參與結合之一事業已持有他事業達50%以上之有表決權股份或出資額，再與該他事業結合者。

(2)同一事業所持有表決權股份或出資額達50%以上之事業間結合者。

(3)事業將其全部或主要部分之營業、財產或可獨立營運之全部或一部營業，讓與其獨自新設之他事業者。

(4)事業依公司法第一六七條第一項但書或證券交易法第二十八條之二規定收回股東所持有之股份，致其原有股東符合第六條第一項第二款之情形者。

3.申報之法律效果

(1)結合之時期（公平法第十一條第三項）

結合需提出申請者，自中央主管機關受理其提出完整申報資料之日起三十日內，不得為結合。但中央主管機關認為必要時，得將該期間縮短或延長，並以書面通知申報事業。

(2)申報結果

申報結合案件中央主管機關原則上並不禁止，或是以附條件或負擔之方式准許其結合行為，但例外於對整體經濟利益不大於限制競爭之不利益者，中央主管機關禁止之。

三、結合行為案例

(一)與其他事業合併案例

與其他事業合併案例可以錸德科技股份有限公司吸收合併信群科技股份有限公司以及智碟股份有限公司案[2]為例來說明。

本案參與結合三事業之水平結合行為，雖將使國內光碟市場競爭事業家數減少，惟鑑於國內光碟片產業係以外銷為主，該市場競爭廠商家數仍屬眾多，且進出該市場無明顯技術、資本或法令等限制，本案結合後，錸德公司將因整合該市場上相關生產技術、設備及人才等生產要素，增加其生產效率，並擴大其產能，除有助於提升該事業之經營效率、增進規模經濟效率、降低經營成本、改善財務結構、提升產能品質、促進該事業之國際化外，亦將有助於促進我國光碟片產業發展、強化整體經濟效率、提高於國際市場上之競爭力，有利於我國整體經濟發展。

本案結合在競爭事業家數眾多，市場進出無明顯障礙，生產技術標準化程度高，產品同質性強等情形下，對國內光碟片市場或其上、下游相關市場，應不致產生限制競爭或妨礙競爭之不利益之情事，故公平會許可其結合。

(二)股權控制案例

股權控制案例可以台灣大哥大案[3]爲例說明。

台灣大哥大股份有限公司（下稱台灣大哥大公司）與泛亞電信股份有限公司（泛亞公司）、泰瑪投資股份有限公司共同簽訂「股份買賣合約」，約定由台灣大哥大股份有限公司購買泛亞電信股份有限公司97%的股權，以及泰瑪投資股份有限公司之已發行全數普通股一百萬股，向公平會申請結合許可案。

台灣大哥大公司與泛亞公司均係從事行動電話業務之第一類電信事業，分別爲全區及單區的領導品牌。本案結合後，泛亞公司仍保有獨立法人人格，並獲台灣大哥大公司協助其服務廣度之拓展，通訊區域限制之因素將不存在，可增加消費者選擇機會，進而提升其競爭力。復由於用戶的增加及網路建設的整合，結合事業可藉營運管理模式之交流，匯集經濟力量與技術營運能力，爲台灣的行動電話使用者提供更豐富多元的優質服務，並藉彼此經營專長及資源互補，提升經營效率，降低營運成本，對於未來發展新的電信服務，將有明顯助益。

參與結合事業台灣大哥大公司、泰瑪投資股份有限公司，因所營事業並不相同，非同業或上、下游事業之結合，佐以泰瑪投資股份有限公司純爲控股公司，台灣大哥大公司與其結合只爲取得泛亞公司股權，並未對整體經濟產生台灣大哥大公司與泛亞公司結合效應以外之影響，故公平會許可其結合。

(三)受讓或承租他事業主要資產案例

受讓或承租他事業主要資產案例可以美商雅虎資訊有限公司台灣分公司擬將其全部資產及營業轉讓與台灣奇摩網站股份有限

公司案[4]為例說明。

　　參與結合事業均為台灣主要入口網站，據統計資料顯示，高達85%之雅虎台灣網站瀏覽人口與奇摩網站重疊；亦即85%之雅虎台灣網站瀏覽者也會瀏覽奇摩網站，且台灣上網人口與網路廣告市場仍有待開發，故結合後，對各特定市場之集中度及台灣入口網站結構，應無直接的影響。

　　本案結合後，台灣奇摩網站股份有限公司得引進美商雅虎公司全球化競爭優勢之技術及資源，並配合其國內最大網站之本土通路，將有助於彙整參與結合事業之經濟力量與技術營運能力，為台灣的網路使用者提供更豐富多元的優質服務，並藉彼此經營專長及資源互補，提升經營效率。本案准予結合後，現階段對產業競爭影響有限，亦尚不致對特定市場產生限制競爭情事，且結合行為有助本土網站在技術層次及競爭力的提升，並有與國際接軌的利基，對提升網路廣大用戶高品質的服務，有其正面之意義，公平會依公平交易法第十二條規定予以許可。

(四)共同或受委託經營他事業案例

　　共同或受委託經營他事業案例可以潤泰建設股份有限公司、潤泰紡織股份有限公司、大潤發流通事業股份有限公司及亞太開發股份有限公司共同經營量販店業務[5]為例說明。

　　本案參與結合之事業潤泰建設股份有限公司、潤泰紡織股份有限公司及大潤發流通事業股份有限公司同屬潤泰集團之關係企業，其中潤泰建設股份有限公司與潤泰紡織股份有限公司彼此互有投資之關係，且大潤發流通事業股份有限公司為該集團於一九九六年九月十三日新設之事業，潤泰建設股份有限公司與潤泰紡織股份有限公司投資大潤發流通事業股份有限公司之持股比率同

為27.25%。目前該集團內，已先後投資設立三家量販店，其中新竹店由潤泰建設股份有限公司投資設立、平鎮店由潤泰紡織股份有限公司投資設立，至台中忠明店則由大潤發流通事業股份有限公司投資設立，惟該集團內之三處量販賣場皆由大潤發流通事業股份有限公司統籌經營。再者，另一量販事業大買家股份有限公司亦於一九九七年與大潤發流通事業股份有限公司結盟，大買家股份有限公司之商品採購皆委託大潤發流通事業股份有限公司辦理，其結合業經公平會一九九七年十二月二十四日第三二一次委員會議許可在案。

(五)直接或間接控制他事業業務經營或人事任免案例

　　茲以台灣積體電路製造股份有限公司（下稱台積公司）與德碁半導體股份有限公司（下稱德碁公司）之結合案[6]為例說明。

　　台積公司非僅為國內IC製造商龍頭，在全球晶圓專業製造地位更是舉足輕重，本結合案適逢全球晶圓專業製造景氣回春，國內專業製造廠（如台積公司、聯電公司）皆滿載量產，而DRAM價格不佳，廠商營運獲利出現兩極之際，不但可適度紓解台積公司訂單激增現象，對德碁公司而言，提供部分產能轉換期「晶圓代工」，一方面可提升獲利能力，另一方面也使公司營運方式更具彈性，對整體而言，該結合之整體經濟利益對國內IC工業發展應具互補作用，非屬不利之影響。

　　由於目前全球性知名之國外IDM廠商紛紛決定委外加工製造，以減少人事管銷成本之營運政策儼然已成趨勢，國內相關事業為爭取此一巨額的商機，紛紛透過結合或策略聯盟等方式整合IC製程中之相關產業，以期取得為國外知名IC公司提供專業代工服務之先機，此亦為台積公司與德碁公司結合之目的之一。

第五章　維護經濟秩序的憲法——公平交易法

有鑑於本結合案完成後，台積公司計畫將德碁公司近三分之二的產能移撥作為晶圓代工之產能，誠如經濟部工業局之意見，將有化解德碁公司因DRAM價格低迷而長期呈現虧損之窘境，使德碁公司之生產更具彈性，既有之產能得以有效發揮其生產之效益及獲利，有助於我國IC製造產業整體生產效能發揮其經濟規模之效益，有效降低整體IC產業生產成本，提高我國IC產業於國際市場上對外之競爭力，故公平會許可其結合。

聯合行為

一、聯合行為之意義

事業以契約、協議或其他方式之合意，與有競爭關係之他事業共同決定商品或服務之價格，或限制數量、技術、產品、設備、交易對象、交易地區等，相互約束事業活動之行為（公平法第七條第一項）。

二、聯合行為之法律效果

(一)申請聯合案件

中央主管機關原則上禁止聯合行為，例外許可情形有七，包括：

新世紀的法律課題

1.統一或標準化之聯合行為。

2.合理化之聯合行為：為技術、成本、效率考量，共同研究開發商品或市場。

3.事業化之聯合行為：為促進事業合理經營，分別專業發展。

4.輸出之聯合行為：為確保或促進輸出，專就外國市場競爭予以約定。

5.輸入之聯合行為：為加強貿易效能，就外國商品之輸入採共同行為。

6.不景氣之聯合行為：以促進景氣回升。

7.強化中小企業效率之聯合行為。

(二)申請經許可之法律效果

1.聯合之許可得附條件或負擔：中央主管機關為聯合之許可時，得附加條件或負擔。許可應附期限，其期限不得逾三年；事業如有正當理由，得於期限屆滿前三個月內，以書面向中央主管機關申請延展；其延展期限，每次不得逾三年（公平法第十五條）。

2.聯合許可之廢止與變更：聯合行為經許可後，如因許可事由消滅、經濟情況變更或事業逾越許可之範圍行為者，中央主管機關得廢止許可、變更許可內容、命令停止、改正其行為或採取必要更正措施（公平法第十六條）。

三、聯合行為案例

聯合行為案例可以有關國內民航業者集體航機減班案[7]一例說

第五章　維護經濟秩序的憲法──公平交易法

明。

　　受到國內航空機票價格調漲結果，國內各航空公司載客率明顯下降，各航空公司爲減輕營運成本壓力，爰自二〇〇〇年五月一日起進行減班，經洽交通部民用航空局表示，本次航機減班次數爲每週一百零九班次（即二百一十八架次），約爲每天減少十六班次，主要減班航線爲北高航線，共計有四家航空公司提出減班計畫（遠東、復興、立榮及華信航空公司，瑞聯航空則未提出減班計畫）。台北市航空運輸商業同業公會並曾函請民航局考量載客率下降事宜，希望該局同意各航空公司提出減班計畫。透過台北市航空運輸商業同業公會間接達成減班之意思聯絡或爲其他方式之合意，共同限制國內航空服務之供給，並經由該一致性減班後的市場供需調整，進一步維持航空票價穩定及獲取其他經濟利益。

　　有關國內航空公司減班事宜，依「民用航空運輸業管理規則」、「國內航線機場時間帶管理實施要點」及「國內機場航空器起降要點額度管理辦法」相關規定，民用航空運輸業者固得根據其自身機隊能量及市場需求調整飛航班次，並依規定向主管機關申請核准，且其調整之班次只要在規定範圍內，交通部民用航空局均可予以同意，惟國內航空公司倘以契約、協議或其他方式之合意，與其他航空公司共同決定減少國內航空運輸服務供給之行爲，則仍屬公平交易法聯合行爲態樣之一，非依公平交易法第十四條但書規定向本會申請聯合行爲許可，並經本會許可者，不得爲之，業者自不得以航班調整業經民航局核准爲阻卻違法之理由。

第四節　不公平競爭行爲

不公平競爭行爲之態樣有六，分別爲維持轉售價格行爲、妨礙公平競爭行爲、仿冒他人商品或服務表徵行爲、虛僞不實廣告、損害他人營業信譽行爲及其他足以影響交易秩序之欺罔或顯失公平之行爲，以下分述之。

維持轉售價格行為

一、維持轉售價格行爲之意義

事業對於其交易相對人，就供給之商品轉售與第三人或第三人再轉售時，應容許其自由決定價格；有相反之約定者（限制垂直競爭者），其約定無效（公平法第十八條）。維持轉售價格自有其優缺點，優點是可穩定商標信譽，建立銷售網路及防止搭便車；缺點是無法維護下游廠商自由決定價格（包含商品價格與服務價格），以及無法促進品牌內部價格競爭（見圖5-1）。

二、維持轉售價格行爲之法律效果

維持轉售價格契約原則上契約無效，中央主管機關得限期停

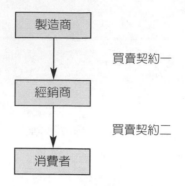

製造商

買賣契約一

經銷商

買賣契約二

消費者

由契約一限制契約二之價格

圖5-1　維持轉售價格行為

止、改正、科以罰鍰,逾期者連續罰鍰,例外於一般消費者之日常用品,有同種類商品在市場上可為自由競爭者,得為維持轉售價格之契約。

三、維持轉售價格案例

　　維持轉售價格案例可以立明光學有限公司於銷售「金雙氧」隱形眼鏡清潔液時,限制零售商之轉售價格案[8]一例說明。

　　立明光學有限公司(下稱被處分人)銷售之隱形眼鏡清潔液「金雙氧」,售與店家之價格為新台幣兩百三十元,限制店家銷售最低價格兩百五十元,如有不從隨即斷貨,使店家無貨銷售。經公平會調查發現,被處分人之零售商業者中有九成以兩百五十元為售價,倘零售商以低於兩百五十元價格出售,該公司即派員進行溝通,如售價無法達成協議,則對該業者會減量供貨,或甚至斷貨,在公平會所查訪之業者中即有高雄市、三重市業者曾遭斷

貨，斷貨期間約兩個月，足證被處分人以斷貨作為違反業者之處置方式。此外，被處分人對遵守兩百五十元出售之業者，予以獎勵，如於年終時計算全年進貨數量以作為回饋紅利基礎，或提高供貨量。同時，為避免零售商調貨予拼價同業，每瓶隱形眼鏡清潔液都以流水號碼來管理。被處分人亦坦承其係以流水號來防止長期以低價銷售業者向其他同業調貨。核其所為已違反公平交易法第十八條規定。

妨礙公平競爭行為

一、妨礙公平競爭行為之意義

有下列各款行為之一，而有限制競爭或妨礙公平競爭之虞者，事業不得為之（公平法第十九條）：

1. 拒絕交易或杯葛：以損害特定事業為目的，促使他事業對該特定事業斷絕供給、購買或其他交易之行為。
2. 差別待遇：無正當理由，對他事業給予差別待遇之行為。
3. 強制交易：以脅迫、利誘或其他不正當之方法，使競爭者之交易相對人與自己交易之行為。
4. 限制競爭：以脅迫、利誘或其他不正當方法，使他事業不為價格之競爭、參與結合或聯合之行為。
5. 掠取營業秘密：以脅迫、利誘或其他不正當方法，獲取他事業之產銷機密、交易相對人資料或其他有關技術祕密之

行為。

6.垂直非價格交易：以不正當限制交易相對人之事業活動為
　　條件，而與其交易之行為。

二、判斷妨礙公平競爭之虞的方法

依公平交易法第十九條之規定，其中第三款強制交易、第四
款限制競爭及第五款掠取營業祕密係屬於有行為即不法，也就是
「當然不法」之範疇；而第一款拒絕交易或杯葛、第二款差別待遇
及第六款垂直非價格交易是否不法須加以判斷，則屬於「市場不
法」。

三、妨礙公平競爭行為之案例

茲以太平洋崇光百貨股份有限公司因以不正當限制交易相對
人之事業活動為條件，而與其交易之行為，違反公平交易法案[9]一
例說明。

緣太平洋崇光百貨股份有限公司（下稱被處分人）被檢舉為
持續保有該公司高額營收地位，排除其他廠商進入市場，竟利用
所占市場強勢地位，在其專櫃廠商合約書中，強制增訂新約款，
意圖以不正當之地域、顧客限制，達到妨礙檢舉人等合法廠商進
入市場及與其公平競爭之目的，涉有違反公平交易法之規定。

依百貨公司經營型態以觀須設址於人潮聚集之地區以維持其
經濟規模，國內百貨公司即因前揭特性主要分布於五大都會區
（台北、桃壢竹、台中、台南及高雄地區），地理市場區隔明確，
並由於都會區間之距離致使地理市場間之替代性甚低。依公平會

調查及百貨業所提供之資料，二○○一年間被處分人在台北地區
百貨公司業之市場占有率首屈一指，高達29.54％，被處分人賣場
係屬繁榮商圈及人潮匯集之區域，其每年所締造之營業額，已成
為專櫃廠商企求進駐之百貨賣場，是其所具有之市場優勢地位，
毋庸置疑。又查本案被處分人於二○○○年新版專櫃廠商合約書
中增列第十四條第二項「為避免不當競爭，非經甲方（被處分人）
同意，乙方（專櫃廠商）不得在甲方賣場半徑兩公里之商圈內販
賣與本約相同或類似商品，或為相同或類似之服務或營業」之規
定，被處分人以單方制定之專櫃廠商合約書，約束專櫃廠商決定
最適展櫃區域，洵堪認定。

　　復查二○○○年正值數家位於台北市東區商圈之大型購物中
心陸續興建完成進行招商作業，並為媒體廣為宣傳報導，被處分
人於該年度陸續與專櫃廠商在換簽新版合約書中加入第十四條第
二項系爭區域限制條款，實難認其無藉約束專櫃廠商之設櫃區
域，以阻斷同一商圈競爭者招商選擇之意圖，進而造成參進障
礙，達到對潛在競爭者阻礙其加入市場競爭之目的。職是，被處
分人系爭限制條文業已致使專櫃廠商無法成為有效之競爭主體，
並為新參進百貨同業客層設定與招商之障礙，減損因新競爭者參
進所得增加之市場競爭，核其行為已構成不正當限制交易相對人
之事業活動為條件而與其交易之行為，且有限制競爭之虞，違反
公平交易法第十九條第六款規定。

仿冒他人商品或服務表徵行為

一、仿冒他人商品或服務表徵之規範

(一)仿冒他人商品或服務表徵之禁止類型（公平法第二十條第一項）

1. 商品之混淆：以相關事業或消費者所普遍認知之他人姓名、商號或公司名稱、商標、商品容器、包裝、外觀或其他顯示他人商品之表徵，為相同或類似之使用，致與他人商品混淆，或販賣、運送、輸出或輸入使用該項表徵之商品者。

2. 服務表徵之混淆：以相關事業或消費者所普遍認知之他人姓名、商號或公司名稱、標章或其他表示他人營業、服務之表徵，為相同或類似之使用，致與他人營業或服務之設施或活動混淆者。

3. 外國著名商標之混淆：於同一商品或同類商品，使用相同或近似於未經註冊之外國著名商標，或販賣、運送、輸出或輸入使用該項商標之商品者。

(二)例外不適用之規定（公平法第二十條第二項）

1. 普通使用方法
   (1)普通使用方法使用商品之名稱或表徵：以普通使用方

法，使用商品本身習慣上所通用之名稱，或交易上同類商品慣用之表徵，或販賣、運送、輸出或輸入使用該名稱或表徵之商品者。

(2)普通使用方法使用服務名稱或表徵：以普通使用方法，使用交易上同種營業或服務慣用名稱或其他表徵者。

2.善意使用

(1)善意使用之類型

◎善意使用自己姓名：善意使用自己姓名之行為，或販賣、運送、輸出或輸入使用該姓名之商品者。

◎善意使用眾所皆知之服務表徵：對於前項第一款或第二款所列之表徵，在未為相關事業或消費者所普遍認知前，善意為相同或類似使用，或其表徵之使用係自該善意使用人連同其營業一併繼受而使用，或販賣、運送、輸出或輸入使用該表徵之商品者。

(2)被他事業善意使用之事業權利：事業因他事業為善意使用之行為，致其營業、商品、設施或活動有受損害或混淆之虞者，得請求他事業附加適當表徵。但對僅為運送商品者，不適用之。

二、仿冒他人商品或服務表徵之案例

茲以川昇食品企業股份有限公司製造銷售「猛牛」維他命B飲料仿冒保力達公司「蠻牛」商品表徵案[10]為例說明。

川昇食品企業股份有限公司（下稱被處分人）製造銷售之「猛牛」維他命B飲料標籤，與保力達公司「蠻牛及圖」表徵極為相似，且被處分人「猛牛」維他命B飲料之紙箱與保力達公司

「蠻牛」維他命B飲料之包裝紙箱近似，亦使消費者就商品來源產生混淆。

保力達公司「蠻牛」維他命B飲料之「蠻牛及圖」，為金色滾紅邊之「蠻牛」字樣及黑色外加下方綴以齒狀紅邊之底圖，系爭「蠻牛」字體為保力達公司所精心設計，「蠻牛及圖」為一特別顯著之特徵，具有識別力，相關事業或消費者見諸該特徵，即認知系爭維他命B飲料為保力達公司所產製，故系爭「蠻牛及圖」應為公平交易法第二十條所稱之表徵。

被處分人雖已於一九九九年五月二十八日向經濟部智慧財產局申請「猛牛」商標註冊登記，然其顯現於「猛牛」維他命B飲料之「猛牛及圖」表徵（即金色滾黑邊之「猛牛」字樣及黑色外加下方綴以齒狀紅邊之底圖），與其註冊之「猛牛」商標顯然有別，反與保力達公司之「蠻牛及圖」表徵，極為近似，使相關消費者於購買時施以普通注意猶有混同誤認之虞。

另被處分人「猛牛」維他命B飲料紙箱之「猛牛」表徵，亦與保力達公司「蠻牛」維他命B飲料紙箱之「蠻牛」表徵極為近似，即系爭「猛牛」表徵之「猛」字右半部「孟」，與系爭「蠻牛」表徵之「蠻」字極為近似。被處分人雖表示，遊藝場、娛樂場所、釣魚、釣蝦場銷售「猛牛」維他命B飲料或「蠻牛」維他命B飲料，並非係整箱賣，故消費者購買系爭維他命B飲料，與紙箱無關。惟公平會調查發現，被處分人自一九九九年十一月起，銷售「猛牛」維他命B飲料至家福股份有限公司（即家樂福量販店經營者），而消費者可至家樂福量販店購買整箱「猛牛」維他命B飲料，系爭紙箱上之「猛牛」表徵因與保力達公司「蠻牛」維他命B飲料紙箱上之「蠻牛」表徵近似，消費者縱使施以普通注意力，仍會就商品來源產生混淆。故綜上判斷，被處分人核已違反

新世紀 的 法律課題

公平交易法第二十條第一項第一款規定。

虛偽不實廣告行為

一、虛偽不實廣告之類型

(一)虛偽不實之商品廣告

　　事業不得在商品或其廣告上，或以其他使公眾得知之方法，對於商品之價格、數量、品質、內容、製造方法、製造日期、有效期限、使用方法、用途、原產地、製造者、製造地、加工者、加工地等，為虛偽不實或引人錯誤之表示或表徵（公平法第二十一條第一項）。

(二)虛偽不實之事業服務廣告

　　事業對於載有前項虛偽不實或引人錯誤表示之商品，不得販賣、運送、輸出或輸入（公平法第二十一條第二項）。前二項規定於事業之服務準用之。

二、不實廣告之案例

(一)伊莎貝爾案[11]

　　台灣伊莎貝爾食品股份有限公司於初入糕餅業市場時，在消

185

費者對其產品全然陌生之情形下，於報紙及公車車體廣告使用「伊莎貝爾喜餅強勢登陸台灣」等廣告用語，致使消費者易產生其產品係由國外進口之錯誤印象；又該公司既無與法國廠商技術合作，僅產品中薄餅係屬法式餅乾，卻於產品包裝盒上、各種宣導資料上，同時使用類似外文中譯之產品名稱並輔以外文字樣，且在其門市櫥窗或明顯位置放置紅、白、藍三色相間之法國國旗，整體而言，易誤導消費者認為該公司產品為法國進口餅乾或與法國廠商有技術合作關係，違反公平交易法第二十一條第一項規定。

(二)屈臣氏退兩倍差價案[12]

屈臣氏百佳股份有限公司於廣告中宣稱「最低價格保證」、「保證日用品最便宜」，然其保證與事實不符，且未充分揭露「發現更便宜，退你兩倍差價」之條件與限制等重要訊息。屈臣氏發現市價較低時，亦未必主動採取調價措施，以符合保證最低價之表示。即使調降，也以其自訂之「競爭區域」為範圍。另其退差價亦附有相關條件限制，且將其公示於收銀台，難謂予消費者選購前之充分了解機會。故該廣告就商品之價格與其條件及限制為虛偽不實及引人錯誤之表示，違反第二十一條第一項規定。

損害他人營業信譽行為

一、損害他人營業信譽行為之意義

事業不得為競爭之目的，而陳述或散布足以損害他人營業信

譽之不實情事（公平法第二十二條）。

二、損害他人營業信譽行為之法津效果

(一)公平法規範

違反第二十二條規定者，處行為人二年以下有期徒刑、拘役或科或併科新台幣五千萬元以下罰金。前項之罪，須告訴乃論（公平法第三十七條）。法人犯前三條之罪者，除依前三條規定處罰其行為人外，對該法人亦科以各該條之罰金（公平法第三十八條）。前四條之處罰，其他法律有較重之規定者，從其規定（公平法第三十九條）。

(二)刑法之規定

1.意圖散布於眾，而指摘或傳述足以毀損他人名譽之事者，為誹謗罪，處一年以下有期徒刑、拘役或五百元以下罰金。散布文字、圖畫犯前項之罪者，處二年以下有期徒刑、拘役或一千元以下罰金。對於所誹謗之事，能證明其為真實者，不罰。但涉於私德而與公共利益無關者，不在此限（公平法第三一〇條加重毀謗罪）。

2.以善意發表言論、而有下列情形之一者不罰（公平法第三一一條）：

(1)因自衛、自辯或保護合法之利益者。

(2)公務員因職務而報告者。

(3)對於可受公評之事，而為適當之評論者。

(4)對於中央及地方之會議或法院或公眾集會之記事，而為

適當之載述者。

　　3.散布流言或以詐術損害他人之信用者，處二年以下有期徒
　　　刑、拘役或科或併科一千元以下罰金（公平法第三一三條
　　　妨礙信用罪）。

(三)不實廣告公平法之刑罰規定與刑法之競合

　　一個犯罪行為合於兩個以上刑法之規範時，到底要用其中哪
一條刑法處罰之，就是競合的問題。所謂刑法，即指法條所規定
違反該法律的效果有刑之規定者。由此規定可知，公平法第三十
七條是刑法規定，因此，和刑法加重毀謗罪與妨礙信譽罪產生競
合問題。

(四)處罰事業法人之規定

　　1.違反第二十二條規定者，處行為人二年以下有期徒刑、拘
　　　役或科或併科新台幣五千萬元以下罰金。前項之罪，須告
　　　訴乃論（公平法第三十七條）。
　　2.法人犯前三條之罪者，除依前三條規定處罰其行為人外，
　　　對該法人亦科以各該條之罰金（公平法第三十八條）。

三、損害他人營業信譽行為之案例

　　茲以新篙實業有限公司（下稱新篙公司）因為競爭之目的，
陳述散布足以損害他人營業信譽之不實情事，違反公平交易法第
二十二條規定案[13]為例說明。

　　新篙公司與元王實業股份有限公司（下稱元王公司）均為彩
票機製造商。元王公司因涉嫌仿冒新篙公司專利產品，經台灣台

中地方法院檢察署提起公訴，惟台灣台中法院於一九九九年六月八日裁定停止審判。新篙公司明知上開情事，卻於一九九九年七月出版之第一○五期台灣電玩雜誌刊登廣告上載：「請注意元王公司彩票機已被新篙公司取締專利，已起訴，正在判刑中，勿購買仿冒品，以免判刑連累」等語，已屬不實之陳述。

新篙公司雖辯稱系爭廣告所提「正在判刑中」係指「正在審理中」，而系爭廣告係在保障自己專利權益，並非增加自己銷售；惟公平會認為新篙公司所刊登之廣告雖稱「已起訴，正在判刑中」，但其於該陳述後又加上「勿購買仿冒品，以免判刑連累」之警告語句，使其交易相對人或潛在交易相對人誤以為該案係已判刑確定，如購買元王公司之產品將受連累判刑，其行為已致使元王公司之營業信譽受損。

其他足以影響交易秩序之欺罔或顯失公平之行為

一、其他足以影響交易秩序之欺罔或顯失公平行為之意義

除本法另有規定者外，事業亦不得為其他足以影響交易秩序之欺罔或顯失公平之行為（公平法第二十四條）。其規定之目的即在避免立法上之漏洞。於構成要件除主觀須具有故意過失外，客觀要件有三：一是禁止欺罔，欺罔指多數人就重要事實有受誤導之虞，虞者，可能也[14]。二是禁止顯失公平，意指有不符合商業倫理的競爭行為（例如攀附他人商譽）、不符合社會倫理手段之交

易（例如以脅迫方式完成交易）、濫用市場優勢地位而爲交易（例如黑箱交易）等。三是足以影響交易秩序，此以公平會之判斷爲準。

二、其他足以影響交易秩序之欺罔或顯失公平行爲之法律效果

公平交易委員會對於違反本法規定之事業，得限期命其停止、改正其行爲或採取必要更正措施，並得處新台幣五萬元以上二千五百萬元以下罰鍰；逾期仍不停止、改正其行爲或未採取必要更正措施者，得繼續限期命其停止、改正其行爲或採取必要更正措施，並按次連續處新台幣十萬元以上五千萬元以下罰鍰，至停止、改正其行爲或採取必要更正措施爲止（公平法第四十一條）。

三、其他足以影響交易秩序之欺罔或顯失公平行爲之案例

茲以香港商大使事業股份有限公司於銷售渡假村會員證時，以顯失公平之銷售手段，干擾交易相對人爲合理之交易決定，對交易相對人爲足以影響交易秩序之顯失公平行爲案[15]爲例說明。

查香港商大使事業股份有限公司台灣分公司（下稱被處分人）之銷售模式可分爲三個階段：先以「中獎或幸運中選」等說詞，誘使消費者參加旅遊說明會；其次，在說明會中，以錄影帶介紹渡假村產品後，即對有興趣之消費者進行計畫性之促銷；最後，使消費者給付定金，並簽立會籍申請合約書。查被處分人雖會告知無興趣之消費者，可隨時離開，並得參加抽獎；但綜合以下事

實，被處分人濫用交易上之優勢地位，干擾消費者作出合理之交易決定，已構成公平交易法第二十四條之足以影響交易秩序之顯失公平行為。

被處分人在廣告宣傳品上載有「新觀念旅遊展覽招待會」等宣傳字句，並於電話中告知消費者係參加「旅遊說明會」，使消費者在毫無交易之心理準備下，參加被處分人之產品促銷活動；被處分人則以計畫性之銷售手段對消費者進行推銷，已造成消費者與被處分人交易地位之不平等。

被處分人對消費者強調僅當日享有、限額之價格優惠（即黃金會員），限制當日簽約客戶才能享有，事實上該優惠每個消費者均得享有，亦無名額之限制，此由被處分人所檢附之簽約客戶名單中，所有成交價格均為黃金會員價格，且每日均有成交紀錄可稽，足見被處分人提供黃金會員之銷售手段，其目的係在誘使消費者當日完成交易，利用消費者輕率、無經驗之交易心態，干擾消費者為合理之交易決定。

被處分人於產品介紹時，強調渡假權可以自由轉售、出租、交換等利益，此由檢舉人所檢附之被處分人銷售說明資料可知。惟查目前國外雖存在分時渡假會員證之轉售仲介公司，但該交易市場並不成熟，國內更無該轉售或出租市場之存在，因此，轉售及出租並不容易；且渡假權交換亦有一定條件之限制，對於前揭交易上之重要資訊，被處分人均未充分告知。甚而，被處分人再以定型化契約排除其責任，依系爭契約權利和義務中第十一條規定：「我們瞭解香港商大使事業有限公司台灣分公司並不出租或轉售會員的渡假週所有權給任何第三者。」被處分人於銷售時，對消費者誇大渡假村之轉售、出租、交換等利益，再以書面契約排除其責任，亦屬顯失公平行為。

被處分人所售之渡假村會員證價格不菲（在新台幣二十至三十萬元以上），消費者相較於被處分人對於渡假村產品內容，卻完全處於資訊不對稱之地位；縱然被處分人允許消費者當場逐條審閱契約，在契約內容不完整，又未給予消費者解約權利之情況下，被處分人與消費者之交易地位仍屬不平等。被處分人利用交易上之優勢地位，並使用顯失公平之契約條款，已構成足以影響交易秩序之顯失公平行為。

第五節　多層次傳銷行為

多層次傳銷之意義

　　本法所稱多層次傳銷，謂就推廣或銷售之計畫或組織，參加人給付一定代價，以取得推廣、銷售商品或勞務及介紹他人參加之權利，並因而獲得佣金、獎金或其他經濟利益者而言。前項所稱給付一定代價，謂給付金錢、購買商品、提供勞務或負擔債務（公平法第八條）（見圖5-5、5-6）。

變質多層次傳銷之意義

　　多層次傳銷，其參加人如取得佣金、獎金、或其他經濟利

新世紀的法律課題

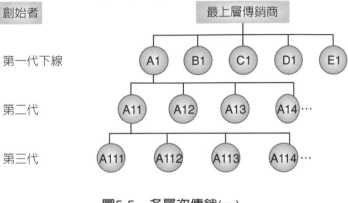

圖5-5　多層次傳銷(一)

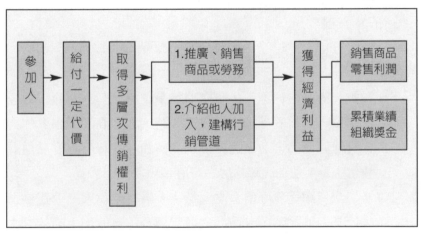

圖5-6　多層次傳銷(二)

益，要係基於介紹他人加入，而非基於其所推廣或銷售商品或勞
務之合理市價者，不得為之（公平法第二十三條）。變質多層次傳
銷俗稱「老鼠會」。

第五章　維護經濟秩序的憲法──公平交易法

多層次傳銷之法律效果

一、參加人之解除契約：十四日之內，回復原狀（公平法第二十三條之一）

(一)參加人解除契約之期限

多層次傳銷參加人得自訂約日起十四日內，以書面通知多層次傳銷事業解除契約。

(二)參加人解除契約後原狀之恢復

1. 參加人商品之返還：多層次傳銷事業應於契約解除生效後三十日內，接受參加人退貨之申請，取回商品或由參加人自行送回商品，並返還參加人於契約解除時所有商品之進貨價金及其他加入時給付之費用。

2. 多層次傳銷進貨等價金之返還：多層次傳銷事業返還參加人於契約解除時所有商品之進貨價金及其他加入時給付之費用。多層次傳銷事業依前項規定返還參加人所為之給付時，得扣除商品返還時已因可歸責於參加人之事由致商品毀損減失之價值，及已因該進貨而對參加人給付之獎金或報酬。前項之退貨如係該事業取回者，並得扣除取回該商品所需運費。

新世紀**的**法律課題

二、參加人之終止契約：十四天以後，九折買回（公平法第二十三條之二）

(一)參加人終止契約之時期

參加人於前條第一項解約權期間經過後，仍得隨時以書面終止契約，退出多層次傳銷計畫或組織。

(二)參加人終止契約後多層次傳銷買回參加人所持有之商品

參加人依前項規定終止契約後三十日內，多層次傳銷事業應以參加人原購價格90%買回參加人所持有之商品。但得扣除已因該項交易而對參加人給付之獎金或報酬，及取回商品之價值有減損時，其減損之價額。

195 ••••••

三、違約金之禁止

參加人依前二條行使解除權或終止權時，多層次傳銷事業不得向參加人請求因該契約解除或終止所受之損害賠償或違約金。前二條關於商品之規定，於提供勞務者準用之（公平法第二十三條之三）。

四、刑罰

違反第二十三條規定者，處行為人三年以下有期徒刑、拘役或科或併科新台幣一億元以下罰金（公平法第三十五條第二項）。

處罰法人：法人犯前三條之罪者，除依前三條規定處罰其行為人外，對該法人亦科以各該條之罰金（公平法第三十八條）。

五、限期改正、連續罰鍰

公平交易委員會對於違反本法規定之事業，得限期命其停止、改正其行為或採取必要更正措施，並得處新台幣五萬元以上二千五百萬元以下罰鍰；逾期仍不停止、改正其行為或未採取必要更正措施者，得繼續限期命其停止、改正其行為或採取必要更正措施，並按次連續處新台幣十萬元以上五千萬元以下罰鍰，至停止、改正其行為或採取必要更正措施為止（公平法第四十一條）。

變質多層次傳銷之案例

茲以原基財經管理規劃事業有限公司從事變質多層次傳銷案[16]為例說明。

原基財經管理規劃事業有限公司原基公司（下稱被處分人）以傳銷方式非法吸金，公平會爰依職權主動調查。

被處分人以多層次傳銷方式，招攬會員從事名為代客操作金融商品投資之業務，其中推出之A案天量會員招募活動，加入會員繳交一千元之入會費，無須推廣或銷售商品或勞務，即可按介紹人數之多寡，領取回饋支出獎金。查二○○一年五月至十二月入會費收入金額為一千五百九十五萬二千五百元，二○○一年七月至十二月會員之回饋支出獎金竟達二千八百七十一萬四千元，

獎金占收入之比例爲180%，被處分人董事邱清安君坦承，會員繳交之一千元入會費，尚不足以支應會員之訓練費用，回饋支出獎金之資金，係來自B案代客金融商品投資操作之獲益。

惟查被處分人未有「爲會員執行國內外股票和外幣投資操作」之事項，即未有任何之營業收入，倘須維持前開高額獎金之發放，勢必不斷有新進會員加入，或向既有會員吸收「代客金融商品投資操作」之委託款項。況B案之代客金融商品投資操作案，所發放獎金之比例更高於天量會員招募案，以三個月爲乙期，每口四萬元投資所發放之獎金支出爲例，每月之獲利支出獎金二萬六千八百八十元（計領三期，尚不包括介紹支出獎金五千元），六個月、一年、兩年爲乙期，每口四萬元，每月支出之獎金竟分別高達三萬九千二百元（計領六期）、四萬九千二百八十元（計領十二期）、六萬三千八百四十元（計領二十四期），以乙家另無任何營業收入之事業，除不斷藉由新加入會員或既有會員不斷挹注資金外，恐短期間即無法維持如此高額之獎金發放數。故其所爲屬變質多層次傳銷，應無疑義。

第六節　違法之責任

違法之責可分爲民事責任、行政責任及刑事責任三種，茲分述如下：

民事責任

一、侵害之除去及防止

事業違反本法之規定，致侵害他人之權益者，被害人得請求除去之；有侵害之虞者，並得請求防止之（公平法第三十條）。

二、損害之賠償

(一)填補性之賠償

事業違反本法之規定，致侵害他人之權益者，應負損害賠償責任（公平法第三十一條）。

(二)懲罰性之賠償

法院因前條被害人之請求，如為事業之故意行為，得依侵害情節，酌定損害額以上之賠償。但不得超過已證明損害額之三倍。侵害人如因侵害行為受有利益者，被害人得請求專依該項利益計算損害額（公平法第三十二條）。

由於被害人常因損害額不大或甚難證明實際損害範圍，致不願或不能向侵害人請求損害賠償，此種情形將造成對不法侵害行為縱容或鼓勵。爰參照美國立法例，明定法院因被害人之請求，得依被害情節，酌定損害額以上之賠償，但得不超過已證明損害

額之三倍。

　　侵害人因侵害行為受有利益，其利益如超過被害人所受之損
害額時，縱賠償被害人所受之損害，侵害他人仍保有不法所得，
殊屬不當，故本條第二項參考美國立法例，規定被害人請求依侵
害人因侵害行為所受之利益計算其損害額。

三、損害之填補——判決之登載

　　被害人依本法之規定，向法院起訴時，得請求由侵害人負擔
費用，將判決書內容登載新聞紙（公平法第三十四條）。

四、消滅時效

　　本章（損害賠償）所定之請求權，自請求權人知有行為及賠
償義務人時起，二年間不行使而消滅；自為行為時起，逾十年者
亦同（公平法第三十三條）。

　　請求權人所得主張之請求權包括權利之保全（含侵害之除去
及防止）、損害之賠償（除填補性之賠償，尚可依被害人之損害或
侵害人之受益請求懲罰性之賠償）。

第五章　維護經濟秩序的憲法——公平交易法

行政責任

一、罰則

(一)違反禁止行為

公平交易委員會對於違反本法規定之事業，得限期命其停止、改正其行為或採取必要更正措施，並得處新台幣五萬元以上二千五百萬元以下罰鍰；逾期仍不停止、改正其行為或未採取必要更正措施者，得繼續限期命其停止、改正其行為或採取必要更正措施，並按次連續處新台幣十萬元以上五千萬元以下之罰鍰，至停止、改正其行為或採取必要更正措施為止（公平法第四十一條）。

(二)違反調查義務

公平交易委員會依本法為調查時，得依左列程序進行：第一、通知當事人及關係人到場陳述意見。第二、通知有關機關、團體、事業或個人提出帳冊、文件及其他必要之資料或證物。第三、派員前往有關團體或事業之事務所、營業所或其他場所為必要之調查。執行調查之人員依法執行公務時，應出示有關執行職務之證明文件；其未出示者，受調查者得拒絕之（公平法第二十七條）。

公平交易委員會依第二十七條規定進行調查時，受調查者於

期限內如無正當理由拒絕調查、拒不到場陳述意見或拒不提出有關帳冊、文件等資料或證物者，處新台幣二萬元以上二十五萬元以下罰鍰；受調查者再經通知，無正當理由連續拒絕者，公平交易委員會得繼續通知調查，並按次連續處新台幣五萬元以上五十萬元以下罰鍰，至接受調查、到場陳述意見或提出有關帳冊、文件等資料或證物為止（公平法第四十三條）。

二、執行

前四條規定所處罰鍰，拒不繳納者，移送法院強制執行（公平法第四十四條）。

三、救濟

對行政罰不服者，得訴願及行政訴訟。

刑事責任

一、先行政後司法

違反第十條、第十四條、第二十條第一項規定，經中央主管機關依第四十一條規定限期命其停止、改正其行為或採取必要更正措施，而逾期未停止、改正其行為或未採取必要更正措施，或停止後再為相同或類似違反行為者，處行為人三年以下有期徒

刑、拘役或科或併科新台幣一億元以下罰金。違反第二十三條規定者，處行為人三年以下有期徒刑、拘役或科或併科新台幣一億元以下罰金（公平法第三十五條）。

二、兩罰規定

法人犯前三條之罪者，除依前三條規定處罰其行為人外，對該法人亦科以各該條之罰金（公平法第三十八條）。

三、從重原則

前四條之處罰，其他法律有較重之規定者，從其規定（公平法第三十九條）。

第七節　法規之競合

同一案件若有數法規均對之設有規範，則稱之為「法規之競合」，其種類包括各款之競合規定、各條之競合及各法之競合。

各款之競合

中油公司濫用液化石油氣供應市場地位，不當決定價格及濫用獨占地位處分案，即認為同時違反公平交易法第十條第二款及

第四款之規定[17]。

　　被處分人濫用液化石油氣供應市場之獨占地位，無正當理由對其南部經銷商自一九九九年七月起採行不當差別取價行為，屬對商品價格為不當之決定，違反公平交易法第十條第二款規定。

　　被處分人濫用液化石油氣供應市場之獨占地位，於一九九九年九月三十日與經銷商契約期滿後，無正當理由拒絕其經銷商續約要求之行為，違反公平交易法第十條第四款規定。

各條之競合

　　以飛利浦等外商公司聯合授權國內CD-R光碟片生產廠商，不當維持價格及濫用獨占地位案[18]為例。

　　荷蘭商皇家飛利浦電子股份有限公司、日本新力股份有限公司及日商太陽誘電股份有限公司（下稱被處分人）在台之CD-R可錄式光碟專利技術授權行為，被檢舉違反公平交易法第十四條、第十條第二款及第十條第四款規定。

　　被處分人等於系爭CD-R光碟片技術市場為具水平競爭關係之事業，對於系爭CD-R專利技術「聯合授權」行為，協議系爭授權費用標準，及約定欲取得此等專利授權之條件，委由飛利浦公司處理，並承諾今後除了範圍廣泛之交互授權合約外，不再就此等專利更易授權合約內容，為足以影響系爭CD-R可錄式光碟授權專利技術供需市場功能之行為，核已違反公平交易法第十四條聯合行為之禁制規定。又被處分人等在CD-R光碟片技術市場，利用聯合授權方式，取得CD-R光碟片技術市場之獨占地位，在市場情事顯著變更情況下，仍不予被授權人談判之機會，及繼續維持其原

授權金之計價方式，屬不當維持授權金之價格，違反公平交易法第十條第二款有關獨占事業禁制行為之規定。另，被處分人在授權協議中關於權利金談判過程中，拒絕提供被授權人有關授權專利之詳實內容、範圍及專利有效期限等重要交易資訊，逕行要求被授權人簽訂系爭授權合約並進行權利金之追索；更於系爭專利技術授權協議中要求被授權人必須撤回系爭專利無效之舉發，始得簽署系爭授權合約，顯係憑恃其市場優勢地位，迫使被授權人接受授權協議，核已屬違反公平交易法第十條第四款規定。

各法之競合

一、與智財法競合

依照著作權法、商標法或專利法行使權利之正當行為，不適用本法之規定（公平法第四十五條）。

二、與其他法規競合

事業關於競爭之行為，另有其他法律規定者，於不牴觸本法立法意旨之範圍內，優先適用該其他法律之規定（公平法第四十六條）。

新世紀的法律課題

第八節　結語

　　公平法之立法意旨係在維護交易秩序與消費者利益，確保公平競爭，俾促進經濟之安定與繁榮。亦即冀能兼顧一般社會利益、公平競爭與產業發達的前提下，使經濟自由發展。是故，只要不違反自由經濟秩序及公平競爭原則之市場公平交易行為，均能獲致該法之保障。

問題討論

一、獨占事業之何項行為應予禁止？對濫用獨占地位優勢之行為，應如何請求救濟？

二、國際卡特爾常見之行為類型有幾？處理此類行為應特別注意之事項為何？

三、事業結合申報之要件有幾？公平會審度之重點為何？

四、多層次傳銷與老鼠會之差異何在？

五、不實廣告之法律責任為何？應如何有效遏止？

六、公平交易法與智慧財產權法，應如何調和？

新世紀 **的** 法律課題

註釋

1 公平會（89）公處字第一七○號處分書

2 公平會（89）公結字第四一五號許可決定書。

3 公平會（90）公結字第五六八號許可決定書。

4 公平會（90）公結字第一二二號許可決定書。

5 公平會（87）公結字第七九四號許可決定書。

6 公平會（88）公結字第五九○號許可決定書。

7 （九十）公處字第○○一號。

8 公平會（89）公處字第○一○號處分書。

9 公平會公處字第○九一○八六號處分書。

10 公平會（89）公處字第一四五號處分書。

11 公平會（84）公處字第○二六號處分書。

12 公平會公處字第○九一○六三號處分書。

13 公平會（89）公處字第一六○號處分書。

14 欺罔與詐欺之不同在於「詐欺」必須使人陷於錯誤，並因此錯誤而給付。

15 公平會（88）公處字第○三五號處分書。

16 公平會公處字第○九一○二八號處分書。

17 公處字第○九一○五○號。

18 公處字第○九一○六九號。

參考文獻

中文書目

公平會（1994）。《公平交易法司法案例彙編（一）》。台北：行政院公平交易委員會。

公平會（1996）。《公平交易法司法案例彙編（二）》。台北：行政院公平交易委員會。

公平會（1996）。《公平交易法立法目的與條文說明》。台北：行政院公平交易委員會。

何之邁（1993）。《公平交易法專論》初版。台北：三民書局。

何之邁（1997）。《公平交易法專論》（第二冊）。台北：三民書局。

何之邁（2002）。《公平交易法實論》（修訂版）。台北：三民書局。

范建得、莊春發（1994）。《公平交易法（一）》。台北：漢興書局。

徐火明（2002）。〈公平交易法對多層次傳銷定義相關問題之研究〉。公平交易委員會九十一年度合作研究報告十。

黃茂榮（1993）。《公平交易法理論與實務》。台北：根植雜誌有限公司。

黃銘傑（2000）。《公平交易法之理論與實際──不同意見書》。台北：學林出版社。

廖義男（1995）。《公平交易法之理論與立法》。台北：三民書局。

賴源河編審（2002）。《公平交易法新論》。台北：元照出版公司。

第六章　憲法理念與我國釋憲制度

中央大學
通識教育中心助理教授

鍾國允

作者簡介

鍾國允

　　巴黎第二大學博士候選人、國立台灣大學國發所法學博士，現職為國立中央大學通識教育中心暨法律與政府研究所籌備處助理教授，並為國立台灣大學國家發展研究所兼任助理教授。主要研究方向為憲法、行政法、政治學、法國憲法與政府等。

教學目標

一、分析憲法理念與合憲性審查之關連性。

二、瞭解我國司法權建制之中，大法官地位的變革——特別是其與法國憲法委員會體制之比較。

三、十年來的憲政改革與近年來的司法改革對司法體制所產生之影響。

新世紀**的**法律課題

摘　要

　　合憲性審查是人類社會一項非常特殊而別有意義的設計。人們因為尋求社會的保障相互制定社會契約──憲法，建立國家。然而憲法的價值體系是否能夠落實，則有賴於合憲性審查機制。

　　我國大法官釋憲制度始於憲法，在行憲之前已有司法院與各級法院，行憲以後司法院、大法官與審判機關三者分離，致使學者多所討論與批評。尤其是行憲後大法官的僅僅抽象解釋憲法，被認為對個案的保障有所不足，亦被認為過度的積極主義，逐漸有侵蝕其他機關的疑慮。凡此種種均有賴進一步司法改革，以促進憲政發展。

211

第一節　合憲性審查之涵義

　　十八世紀以來憲政主義運動，其主要精神在於限制政府恣意的作為，以保障基本人權，但是此一努力必須配合法律體系的落實始有可能。隨著時間的推移，國會的地位提升，國會通過的法律高於行政機關所制定的行政命令。二十世紀中葉以後，歐洲各國逐漸設立合憲性審查機關，審查國會通過的法律與行政機關所制定的行政命令是否合憲，更進一步確保憲法作為國家最高的法，其規範意旨可以落實至下位法律制度之中。

社會契約與人權保障之關連性

　　如果從盧梭的社會契約論立場來看，人之所以要放棄自己一部分自由加入國家，乃是因為一個社會的人民彼此共同同意訂定社會契約。因為是共同同意因此不是強迫，是自己同意被自己統治；而加入國家的目的是因為國家可以維持公共秩序與社會穩定，保障個人的人權。所以一七八九年人權宣言第十六條即宣示：「所有社會沒有保障權利，沒有權力分立，就是沒有憲法。」我們可以如此說，人之所以要加入國家，是要透過國家避免原始社會強凌弱、眾暴寡的叢林世界，重建社會秩序、保障人民安居樂業。捨此一目的，國家沒有存在的正當性。

　　國家的存在有其工具性，落實到一般政治生活之中，又無可

避免必須設立各種國家機關，由人來行使國家機關的各種職權，以達成其目的。所以一七八九年人權宣言第十六條「權力分立」原則就是規範國家機關的設立原則。但很有趣的是，在人權宣言之中絕少提到「憲法」，反而是非常重視「法律」，這也是受到盧梭「法律是人民總意志的表達」的影響。例如人權宣言的第一條可說是對人權最終的宣示也是作為人權宣言的總綱：「人出生與存在是自由且在法律上平等。社會的區別僅可以基於共同利益。」第二條雖然是說明政治團體的目的，其實直接指出權利的性質是「自然且永不失效權利」，權利的範圍是自由、財產、安全與反抗壓迫。第四條從實質與形式兩方面規定自由權利行使的限制，它先是規定自由是可以做所有不侵害別人的事，行使自然權利的界限在於這些權利保障社會的成員可以享有同樣的權利；在形式上則是規定，這些行使權利的界限由法律決定之。第五條則進一步說明法律的界限：「法律僅可禁止危害社會的行為。所有不被法律所禁止者均不被排斥，且沒有人可以被迫法律所未規定者。」第六條雖在闡明法律為總意志的表達以及公民參與總意志形成的方式，也強調所有公民在法律上是一律平等的[1]。第七條至第十一條與第十七條則是逐條說明各項自由權利，第七條規定罪刑法定主義與法律效果，第八條規定法律於必要與嚴格下制定刑罰，以及法律不溯既往原則，第九條規定無罪推定原則與逮捕時嚴酷手段之禁止，第十條規定意見與信仰自由，第十一條規定思想與言論自由，人權宣言的第十七條最後添上財產權的保障。

　　這些條文以人身自由、言論自由與信仰自由為主，相對於前述政治組成原則中公民參與的積極權利，這些則是為防禦國家侵害的古典消極權利，然而自然權利不以這些所列舉為限，只是這些權利特別受到重視[2]。

第六章　憲法理念與我國釋憲制度

一七八九年人權宣言置於一七九一年憲法之首，屬於憲法的一部分，該憲法本身也有保障遵守兩年前所定下的基本原則之規定，因此可以相信憲法所設置的立法者會落實這些保障規定。人權宣言對於人權保障的方式，基本上是以法律為手段，人權宣言之中，提到憲法只有一次，也與保障人權相關連，但卻沒有配合的憲法審判機制，所以不是依賴此機制來確保人權；相反的，人權宣言受到盧梭的影響，給予法律崇高的地位——為總意志的表達，人民參與此意志的表達，法律有統治社會的正當性。就積極面言，法律應保障所有人在法律之前一律平等與自然權利不可侵犯；就消極面言，也唯有法律可以限制人權，而且人權宣言也對限制人權設下界線，例如人權宣言第八條規定法律只可以訂定嚴謹且明顯必要的刑罰，但「嚴謹」、「明顯必要」都是不確定的法律概念，有賴立法者衡酌。人權宣言此種以立法手段來保障人權，可謂十八世紀末專制政體被推翻後的初期思維，與合憲性審查機制的思維相距甚遠，被學者稱為法律中心主義（légicentrisme）3。

國家法規範之位階性

現代法實證主義興起，普遍主張憲法是基本大法，在形如金字塔的國家法制體系頂端便是憲法，憲法成為「國家法人」的構成法，也提供法律產生的程序及內容，法律又提供命令產生的程序和內容，下位規範不得牴觸上位規範，上位規範有「擊破」下位規範的效力。今天採取成文憲法的西方民主國家，在憲法的適用層次，相當程度是基於此種純粹從實用觀點，而不含其他因素

的實證主義立場，各國憲法法院的態度也是如此[4]。詳言之，一個國家的法規範是有位階（hiérarchie）的，上位規範提供下位規範的來源與基礎，不僅如此，上位規範的效力大於下位規範，反過來說，下位規範不得違反上位規範，猶如科層體制（bureaucracy）般層層節制。

憲法優位與合憲性審查權之關連性

十八世紀以來理性主義抬頭，追求人性尊嚴與合理的生活是憲政主義的目標。在法秩序中，以具有民意基礎的國會獲得國家法案或重要政策的決定權，行政機關則必須依法行政，逐漸落實法治國家之理念。

然而，以「法律」來保障人權似乎顯得有些不足。國會是政治勢力競逐的場所，往往國會多數獲得勝利之後，進而掌握立法的大權。但是以有民意基礎的國會所制定的法律來管理國家，卻不能保證這些獲得多數的力量會不會濫用權力，進而侵犯人權。在二十世紀，我們看到希特勒透過體制內的選舉管道，獲得政權，卻顛覆了德國的憲政體制，正足以提醒人們：以往權力集中於君主或貴族手中的少數暴力已然消退，但透過選舉的多數暴力會不會侵蝕民主憲政卻是另一個嚴肅的課題。

二十世紀的法實證主義，將國家法秩序比喻成金字塔，且各級法規之間的關係被彰顯出來。進一步言，行政機關必須依法行政，司法機關必須依法審判，立法機關制定法律必須不能違反憲法，此乃憲法的優位性（或優越性）。此種命令不能違反法律與憲法、法律不能違反憲法的層層節制關係，主要繫因於憲法乃是國

家成立之時，所有人民共同訂定的契約，懸爲恆久遵循之核心價值與共識，相對而言，法律與命令則是每一屆國會或政府針對某一時點所制定之法規，自不能違反國家的核心價值——憲法。

如果從法國大革命時期著名的思想家西耶士（Abbé Sieyès）的理論也可以得出相同的觀點。他將國家的權力區分爲制定憲法的權力（pouvoir constituant）與憲法所設置的權力（pouvoir constitué）兩種，前者屬於人民（可由制憲機關代爲行使），後者就是指行政、立法、司法、考試、監察等權，可由國民委託議會或其他機關代爲行使。制定憲法權力是基於政治力而來，是政治行爲，決定國家根本組織，不受任何拘束。反之，行使憲法所設置的權力是法律行爲，不能夠超越制定憲法的權力[5]。簡單而言，制定憲法的權力就是制憲權，第一次制定憲法的權力，也就是全民基於共同的同意制定的社會契約。其他各種權力則源自於制憲權，不能夠違反或超越制憲權。

雖然憲法優越於法律與命令，但如果在實際的憲政架構中，沒有一種機制來維持憲法的優位性，則不啻淪爲空談。因爲，制憲者一旦制憲完畢就已經將主權交付全民而不復存在，它無法預見後續的發展，也無法時刻監督憲政的運作是否合乎憲法的精神。美國是第一個由最高法院在判決中，自行發展出來司法審查（judicial review）（或稱違憲審查、合憲性審查），斯時是一八〇三年[6]。除此之外，在西歐是由奧地利法實證主義大師凱爾生（Hans Kelsen）力倡憲法法院的重要性，因而奧國在二十世紀初成立了全世界第一座憲法法院。戰後西德加以模仿，成爲憲法審判的重要典型。到了二十世紀末，各個國家莫不紛紛成立類似的機關[7]，亦爲第三波民主化與全球憲政主義運動重要的特徵之一。所以，憲法的優位性必須藉由憲法審判機制加以落實與維護，二十世紀

憲政發展中最重要的發明，應該就是在國家機關之中，單獨成立設置憲法審判機關，行使合憲性審查。

第二節　我國憲法上司法結構

我國於西元一九四七年開始行憲，憲法第七章定名爲「司法」，其中第七十七條規定司法院爲國家最高司法機關，掌理民事、刑事、行政訴訟之審查，及公務員之懲戒。憲法第七十八條與七十九條第二項又規定，司法院設大法官若干人，掌理解釋憲法與統一解釋法律與命令之權。行憲之後，遂形成司法院負責司法行政，大法官掌理合憲性審查，普通審判機關負責審判業務之情形，因而產生若干爭議。

司法行政與審判事務之分合

自清末以迄一九二七年，我國終審法院爲大理院，除審理民刑事案件外，同時兼掌統一解釋法律的權限，大理院所著判例與解釋，爲各級法院裁判的重要依據。一九二七年國民政府奠都南京，改組大理院爲最高法院，並由最高法院繼續行使大理院原有的職權，至一九二八年十一月十五日司法院成立之時爲止[8]。

一九二八年司法院成立以後，司法院爲最高司法機關，下設最高法院、行政法院及中央公務員懲戒委員會，分別行使民事、刑事及行政訴訟案件，與公務員懲戒事項。法令統一解釋與判例

變更，則由司法院長經最高法院院長及所屬各庭庭長會議議決之，前項會議以司法院長為主席，此時司法院並未直接掌理民刑事及行政訴訟之審判，僅由司法院長親自主持統一解釋法令及變更判例會議，並以司法院名義公布解釋9。此種從最高法院上面再另設上級機關，且此上級機關不直接負責審判工作之態樣——即我國最高司法機關行政與審判分離之模式，會一直延續至今。

大法官不負責審理一般訴訟

行憲前的司法行政與審判分離模式，在制憲之時受到挑戰。一九四六年所通過，由國民政府向國民大會所提出的憲法草案之中，規定司法院設大法官若干人，且司法院為最高審判機關，掌理民事刑事行政訴訟之審判與憲法之解釋。

原本的草案是仿照美國最高法院的制度10，將司法院代表最高法院名稱，然而此種設計在制憲過程中被稍微更動，又完全變了樣。現行憲法的條文將最高司法體制落實為三條軌跡：

第一、司法院為國家最高司法機關，掌理民事、刑事、行政訴訟之審判及公務員之懲戒（憲法第七十七條）。

第二、司法院設院長、副院長各一人，由總統提名，經監察院同意任命之。司法院設大法官若干人，掌理本憲法第七十八條規定事項（憲法第七十九條）。司法院解釋憲法，並有統一解釋法律及命令之權（憲法第七十八條）。

第三、法官須超出黨派以外，依據法律獨立審判，不受任何干涉（憲法第八十條）。

這三條軌跡首先清楚的說明，司法院設有大法官若干人，可

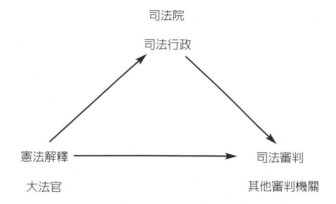

圖7-1　司法院、大法官與其他審判機關職能分離

資料來源：作者自繪。

是他們僅負責解釋憲法，並有統一解釋法律及命令之權，不負責
普通訴訟審判。另將司法院長、副院長與大法官分別規定，且未
兼法官身分，遂成為司法行政的最高首長[11]。因此大法官與司法
行政的分離非憲法所不許，大法官與一般法官也有所不同。

　　剩下的問題在於，司法院與審判工作是分還是合？如果依據
憲法第七十七條司法院應掌理審判工作，行憲後也有機會落實此
一規定，就是一九四七年三月三十一日國民政府所公布的司法院
組織法，司法院除設大法官會議之外，另設民事庭、刑事庭、行
政裁判庭及公務員懲戒委員會。但是此法公布之後，遭受法界人
士反對，致使政府修法改回舊制[12]，形成司法院與審判機關分
離、大法官與審判機關分離，司法院與大法官雖在同一機關中，
卻分離行使職權。實質上三者職能是分離的（參見圖7-1）。

　　值得注意的是，學者蘇永欽指出制憲者的主張是：審判機關
不可與司法行政合而為一，當初憲法草案仿照美國之制度，就是
要讓司法院成為審判機關，而不掌理司法行政。但是國民黨人對

於司法院掌理全部審判權有所疑慮，才更動條文使大法官專司解釋而不理審判，這樣的結果反倒留下司法院長行使司法行政權的文義空間。也就是說憲法本文可以有兩種解釋空間，一是司法院掌審判不掌司法行政，二是司法院僅掌理司法行政，卻不是大法官釋字五三〇號所言：同時掌理兩者[13]。

以下說明這三者分離可能引發的諸問題：

第一、司法院與審判機關分離：行政高於審判，主客易位、本末倒置，增加行政干預審判的可能性[14]。

第二、司法院與大法官分離行使職權：行憲後，司法院長未兼任大法官卻擔任大法官會議主席，形成奇怪的現象與增加行政干預解釋的可能性，現行憲法增修條文第五條規定由大法官兼任院長與副院長。

第三、大法官與審判機關分離：憲法解釋與統一解釋權集中於大法官手中，一般法官對於違憲審查較不關心，也與最高法院及最高行政法院以裁判統一見解的作用產生權限重疊現象。而且大法官宣告法令或判例違憲，致有第四審的疑慮[15]。

上述所舉僅其犖犖大者——與各機關組織定位有直接相關的結構性問題。無論如何，憲法本文之中，將中央的司法功能確實做了多重分割，種下了許多制度上的衝突。而大法官的主要職權被侷限於解釋憲法與統一解釋法令。

第三節　大法官組織上之疑慮

如前所述，二十世紀以來各個國家開始設立憲法審判機關，

進行違憲審查以確保憲法的優位性，進而達到保障人權的目標。憲法第一七一條第一項規定：法律與憲法牴觸者無效。憲法第一七二條規定：命令與憲法或法律牴觸者無效。因此憲法的優位性在憲法中表露無疑。不僅如此，憲法第一七一條第二項還規定：法律與憲法有無牴觸發生疑義時，由司法院解釋之。第一七三條再次規定：憲法之解釋，由司法院為之。若配合憲法第七十八條之規定，憲法可謂再三重申，足見其重視之程度。

　　關於司法院大法官的組織，在憲法本文之中並詳細規定，由司法院組織法規定之。但後來憲法增修條文第五條明定：

> 司法院設大法官十五人，並以其中一人為院長、一人為副院長，由總統提名，經立法院同意任命之，自二○○三年起實施，不適用憲法第七十九條之規定。司法院大法官除法官轉任者外，不適用憲法第八十一條及有關法官終身職待遇之規定。
>
> 司法院大法官任期八年，不分屆次，個別計算，並不得連任。但並為院長、副院長之大法官，不受任期之保障。
>
> 二○○三年總統提名之大法官，其中八位大法官，含院長、副院長，任期四年，其餘大法官任期為八年，不適用前項任期之規定。

　　此種規定一方面兼顧經驗傳承，另一方面也限制連任，似有杜絕大法官看政治人物臉色之意，但效果未知。此外並為院長、副院長之大法官，不受任期保障之規定實大有爭議。

　　司法與政治的差異，就某個角度而言是在各該機關作決定的性質上有所不同，因為就價值法學或純粹法學之理論而言，法官

在解釋憲法或法律之時，當有數種合憲或合法的解釋時，有其一定的選擇空間，此種選擇性就非單純技藝性的適用而已，必須牽涉到法官的價值判斷。國家機關有政治部門與司法部門，政治部門無論是行政機關或立法機關，都必須回應選舉時相對多數選民的需求，在施政上或法律制定中也有一些目的性考量，所以考量的角度可以是多方面的，而最後的裁量或妥協有時難免偏於某一層面。但是法官則不同，法官的責任在於適用、解釋法規範，其作為的依歸是在法律精神之內所為的選擇，他可以選擇的空間十分有限。這也不意味法官可以無限制的恣意為之，法官的選擇必須與法學界與政治界對話，雖然他沒有民意基礎，卻在權力結構下運作，而受一定的制約16。

　　如果就事務的性質而言，憲法法官身處憲政結構之中，很少與政治無關的憲法爭議，歷來對於法律與政治之分野難有定論，也無法截然劃分，尤以憲法爭議為然。例如機關權限爭議，難道不牽涉機關間的政治角力？所以除了憲法法官自己認定不宜介入之範圍，重要的是憲法法官應於政治環境與政治問題中，獨立於政治勢力支配之外。憲法法官所堅持的是憲法而不是其他任何考慮，而「憲法，除了憲法之外什麼也不是」17。憲法法官之中立性來自於兩方面，一方面是憲法法官本身自我期許；另一方面則是來自於制度的保障。

　　由於法國憲法委員會是採事前控制之方式，與立法程序相連接，不管是強制審查之案件，或是在任意審查之情形而有聲請主體提出聲請案，憲法委員會就直接面臨國會爭議的熱潮，不僅是輿論媒體關注，更是為政府與國會議員所注意焦點。在國會表決勝利的一方想維持戰果，失敗的一方企圖翻案，因此合憲性審查成為另一戰場，這時憲法委員會如何保持其中立性便成為一嚴肅

的課題。此一課題又在第五共和半總統制下，當總統所屬黨派與總理所屬黨派不同時更加重要。自一九八一年，左派獲得總統、總理席位與國民議會多數，右派只掌握參議院之多數之後[18]，左右派的政策路線便時有更替，政黨政策理念之爭遂反映在法律制定中，無疑地也將憲法委員會捲入政治紛爭之中，所以只有維持中立的憲法委員會才能獲得多數人民與政治人物的信賴。

　　憲法委員會第二任主席巴雷斯基（Gaston Palewski）爲戴高樂（Charle De Gaule）總統所提名，任期是一九六五年至一九七四年。在其任內，憲法委員會藉由一九七一年七月十六日的71-44DC宣告有關結社自由的法律違憲，也經歷了一九七四年擴大聲請憲法委員會審查之主體。巴雷斯基在其回憶錄《昨日與今日》（*Hier et Aujourd' hui*）中提及，總統直接民選擴大了其權威與責任，應該引進平衡的機制作爲補償，這是國家元首所要參與的憲法委員會之改革。對於上述案件宣告違憲，他直言：「法官統治？人們將如此說。此使我們想起，參議院議長送交憲法委員會，在我的要求之下，由政府擬議且國會兩院通過之條文，我們認爲與結社自由之不可侵犯的性質不相容，而受違憲之非難[19]。」

　　另一個例子，即一九八六年國民議會改選之前，密特朗（François Mitterrand）總統重新提名一位憲法委員會委員。在此同時，任期才屆三年的憲法委員會主席麥耶（Daniel Mayer）請辭主席一職，但保留委員席位，以便總統可以有機會任命新的主席。一九五九年二月四日憲法委員會組織條例第一條第二項就規定，憲法委員會主席由總統就委員會中被提名委員或當然委員中任命之。所以法律並不禁止總統另外重新指定新的主席，但是此種情形爲以往所無。歷任的憲法委員會主席任期均與其任委員的任期

相同，換言之，委員任期為九年，其兼任主席即為九年。麥耶的做法或許有政治上的考量（註：例如強化左派對憲法委員會的影響力，不致使左派從一九八一年上台以來所推行的諸多政策，因為左右共治——右派主導政府與國會的結果而推翻，憲法委員會至少可以扮演阻撓的角色），尤其新任主席巴登特（Robert Badinter）為密特朗的多年夥伴，故為一般人所深深憂慮[20]。

但是在巴登特於一九八六年三月四日被提名加入憲法委員會時宣告：「每個人應停止其特殊的敏感性，而僅僅考量超越我們的差異性與對我們言是共通者——對自由的情感、共和國的利益與法治國的進步。」所以在其出任初期的主調就是憲法法官，包含主席，僅僅應有一個義務——令人不悅的義務，使提名者不悅，使其所屬政治陣營不悅。總言之，忘記誰使其成為憲法法官；能夠宣告一項由其提名者所擬訂且由其政治圈的朋友所通過的法律違反憲法，反過來說，能夠宣告一項其舊日政黨同僚所爭議的法律合憲[21]。因此左派總統為面對將來可能的異黨共治之一項刻意的安排，且為許多人所抨擊的政治任命，由於主事者的自我崇高理念與期許，改變了憲法委員會的聲譽與功能。多明尼克（Dominique）認為巴登特的這些理念標幟著一個時代的結束，也是另一個時代的來臨，亦即憲法委員會已不在是公權活動的規制機關，不再是行政權與立法權範疇界限的守護者，而是守護人權與基本自由的真正審判權[22]，此為密特朗所未料到者。

憲法法官的中立性有關的制度，其一是任命的方式，其二是任期之規定。就前者言，憲法法官之任命方式有許多種，各國不一。如美國聯邦憲法第二條第二項規定，最高法法院法官為總統提名，經參議院同意任命。德國基本法第九十四條第一項規定對聯邦憲法法院法官由參議院與眾議院各選出半數，再由總統任命

（聯邦憲法法院法第十條）。就任期言，美國聯邦最高法院法官爲終身職，而德國聯邦憲法法院法官之任期原規定每庭八位法官中，三位職業法官爲終身職，其餘五位非職業法官任期八年，連選得連任，但至一九七九年修改聯邦憲法法院法第四條後，規定全部法官任期爲十二年不得連任[23]。法國的憲法委員會委員由總統、參議院與國民議會議長各任命三人，被提名者無資格限制，任期九年，且每三年改選三分之一，不得連任。

　　我國大法官由總統提名，經國民大會同意後任命，任期爲九年，但是一九九七年修憲之後，規訂自二○○三年起，人數降爲十五人，任期爲八年，不得連任，但並爲院長、副院長之大法官不受任期之保障（增修條文第五條第一、二項）。第三項則將大法官分爲兩部分，二○○三年提名之大法官八人含院長、副院長任期爲四年，其餘七人任期爲八年。就兩國的規定相比較，可以發現法國的憲法委員會委員之任命富政治性，由三個政治機關的首長或議長爲之，全無資格限制，又無審查程序，難免有黨派色彩，僅因其至少分散提名人爲三個，可減緩總統的影響力。我國的總統所提名之大法官雖有審查程序，然因總統爲執政黨之領袖，且以往執政黨都會「協調或輔選」，故審查程序不如總統（或加上執政黨）決定提名誰的影響來得大[24]。陳俊榮亦認爲大法官的黨籍是影響大法官作爲的因素之一[25]，所以大法官之提名亦參雜有政治性。

　　法國憲法委員會委員任期九年，不得連任，無終身職的保障，我國大法官自二○○三年起爲八年，不得連任。依司法院組織法第五條第四項，未連任之大法官視同停止辦理案件之司法官，適用司法人員條例第四條第三項之規定，即「仍爲現職司法官，支領司法官給予」，可謂較之法國制度有保障。二○○○年憲

225

法增修條文第五條第一項，增加大法官除法官轉任者外，不適用憲法第八十一條及有關法官終身職待遇之規定。對於任同一職務者，有不同之保障，似有檢討之必要。

此外，憲法增修條文規定並為院長、副院長大法官之不受任期之保障，卻較諸法國更不適當，蓋如上述之案例中，法國憲法委員會主席固然將主席一職讓出，但仍有委員之身分。為何我國並為院長、副院長之大法官可以不受任期保障？此規定將使大法官分為兩類，一是並為院長、副院長者，一是不並任者，兩者的任期差異並無憲法基礎，因為首先，並為院長、副院長者的本職為大法官，是大法官就應一體適用任期規定，因為這是對於大法官行使職權的必要保障，此種保障不因其兼任院長或副院長而被剝奪。其次，院長與副院長為司法院的首長，亦即為司法行政之首長，然而並非為機關之首長，就不應有任期保障，此觀監察院長、副院長亦為監察委員並任且無不受任期保障之例即明（憲法增修條文第七條第二項）。再者，司法、考試、監察三院院長與副院長為特任官，但非政務官，不應隨政黨進退，更不隨提名者進退，庶乎可以中立客觀執行其職務，尤以這些職位之影響力似較其院內成員影響力大，怎可影響力較大者更不受任期保障，豈不更有違事理與法理[26]？

本文認為憲法法官中立性的要求，與一般法官的中立性性質有些不同，一般法官是針對民刑事個案，而憲法法官面對的是法規範合憲的問題，影響的層面既深且廣。另外憲法法官還具有穩定社會基本價值與降低政黨輪政的震度[27]，因此其中立性的期待也特別殷切，尤其我國自一九九一年代進行修憲以來，中央政府體制已有所轉化，總統由間接選舉改為直接民選，且依增修條文第二條第四項，總統有權決定國家安全大政方針，而行政院負責

國家政務之憲法本文第五十八條亦未被廢止,所以將來國會之多數所支持的行政院長與總統未必屬同一政黨(所謂之「異黨共治」),再加上異黨輪政的可能性,與分裂國家所處的特殊憲法狀態,其間應有許多憲法爭議存在,在政治部門無法以政治方式解決,而又可依憲法角度做一釐清之時,憲法法官其責實重,其中立性更是不可或缺。

第四節　解釋憲法與保障人權功能尚有距離

由司法院解釋憲法,就是交由大法官特別負責解釋憲法,也就是審查法令是否違憲法。依據憲法(含增修條文)、相關法律與大法官解釋,大法官主要的權限有下列幾項[28]:

第一、憲法疑義解釋:司法院大法官審理案件法(以下簡稱「案件法」)第五條第一項第一款前段規定:「中央或地方機關,於其行使職權,適用憲法發生疑義」,同條第一項第三款之「依立法委員現有總額三分之一以上之聲請,就其行使職權,適用憲法發生疑義」者,得聲請解釋憲法。

第二、法令違憲疑義解釋:「案件法」第五條第一項第一款後段規定:「中央或地方機關……適用法律與命令發生有牴觸憲法之疑義者」;同條第一項第三款後段之「依立法委員現有總額三分之一以上之聲請,就其行使職權,……適用法律發生有牴觸憲法之疑義者」,得聲請解釋憲法。「案件法」第五條第二項段規定:最高法院或行政法院就其受理之案件,對所適用之法律或命令,確信有牴觸憲法之疑義時,得以裁定停止訴訟程序,聲請大

法官解釋。大法官釋字三七一號解釋：「法官於審理案件時，對於應適用之法律，依其合理之確信，認為有牴觸憲法之疑義者，自應許其先行聲請解釋憲法，以求解決。是遇有前述情形，各級法院得以之為先決問題裁定停止訴訟程序，並提出客觀上形成確信法律為違憲之具體理由，聲請本院大法官解釋。」

第三、憲法機關職權爭議解釋：「案件法」第五條第一項第一款中段規定：「中央或地方機關……因行使職權與其他機關之職權，發生適用憲法之爭議」者，得聲請解釋憲法。

第四、法令侵害基本人權爭議解釋：「案件法」第五條第一項第三款規定：「人民、法人或政黨於其憲法上所保障之權利，遭受不法侵害，經依法定程序提起訴訟，對於確定終局裁判所適用之法律或命令發生有牴觸憲法之疑義」者，得聲請解釋憲法。

第五、地方自治疑義解釋：憲法本文第一一四條之規定已被凍結，現行地方自治事務違憲審查規定於地方制度法第三十條第五項、第四十三條第五項與第七十五條第八項。

第六、違憲政黨解散：憲法增修條文第五條第四項規定：「司法院大法官，除依憲法第七十八條之規定外，並組成憲法法庭審理政黨違憲之解散事項。」第五項規定：「政黨之目的或其行為，危害中華民國之存在或自由民主之憲政秩序者為違憲。」

我國的釋憲制度屬於「抽象審查」（相對於「具體審查」）、「集中審查」（相對於「分散審查」）、「事後審查」（相對於「事前審查」），亦即大法官解釋憲法之時，不是附隨於具體的訴訟個案。而且機關、人民或法院可聲請大法官解釋憲法，其他法院無審查之權。此外，大法官所審查的對象是已生效的法令，但是偶爾大法官也會對正在審議的立法草案加以審查，故例外的時候為事前審查。

新世紀的法律課題

此種解釋憲法制度因為釋憲結果沒有和具體訴訟個案聯繫，會產生「憲法疏離」的現象，各級法官較不以憲法角度審理案件，人民亦不關心自己憲法保障之權利。另外，憲法之解釋與法院裁判分離，縱使大法官解釋法令違憲，當事人仍必須更行訴訟，或者是雖然解釋之結果對當事人有利，但因為大法官未宣告繫爭的法規無效，導致當事人無法獲得救濟之機會[29]。

不論是事前審查與事後審查，在法規範合憲性審查上，在法國是法律、條約與國會規則，我國則有法律、命令、條約、地方法規（後來又延伸至判例）等是否違憲的審查，但就法治國家的理念而言[30]，國家機關或地方機關執行其來自憲法或法律所授予職務時，應隨時注意所制定之法規是否有違憲，因為與其當法律為國會所通過或生效之後才被宣告違憲，倒不如在法規擬議的過程中先除去違憲的瑕疵，不應有便宜行事或者僥倖的心理，甚至將政黨的理念與政策高過憲法的精神。法國在賀加（Michel Rocard）擔任總理之時，就以政府通報作以下的指示：

總理致部長們與國務秘書們（secrétaire d'etat）......
1.尊重法治國（l'etat de droit）
有必要使已登錄在議事日程之法律計畫（projets de loi）、增修案（amen-dments）與法律提案（propositions），受到無效宣告之違憲的危險予以揭露並排除。這種憂慮即使是送交憲法委員會審議之可能性是很小時，亦依然為我們所懷抱。
事實上，我認為不違反法治國是政府的信譽——即使此侵害可能是很小的與不受制裁的。
在此目標下，我要求你們：
——由你們的部門專注地來研究草案（textes）在擬議之

時所碰到的合憲性問題，並且預先充分地送交政府祕書長，使其得以同樣地研究此一問題；

——預為規劃草擬工作的時程，以便留予中央行政法院時間來對草案進行深入審查。除非基於急迫，由政府祕書長負責送交行政法院的草案的時間，至少是在其提出於部長會議四星期以前。對於所送交中央行政法院的草案，在你們擬議的過程中所遇到的合憲性問題，你們不應遲疑告知它；

——通知政府祕書長增修案可能遭受的合憲性問題，此是為了使其於有需要時召開跨部會會議，預防所有的危險而做一些調整。此種預防工作不僅是為了由國會之委員會通過的修正案，也包括在大會中所接受審議或通過之修正案31。

　　從以上的政府通報顯示出，法國的法律合憲性審查從外部的控制，更往前推至行政權內部的自我控制。詳言之，一項法律的起草到完成公布，若依三權分立之思維，是行政機關基於行政目的起草法律案，立法機關基於民意之委託審查，司法機關於有憲法訴訟時審查合憲性，但是，法國的法律在公布之前，除了行政機關與立法機關的審查之外，還有兩種司法機關審查，一是行政機關完成法律草案之前，須先送中央行政法院審查，由其表示意見，但不具拘束性；另一是在公布之前，有聲請審查或強制審查之案件，由憲法委員會審查，具有完全的拘束性。所以法國法律案的審查可以說有五個機關介入，包含政府、國會兩院、國務委員會（conseil d'etat）與憲法委員會，其對法律之重視可見一般；而由於憲法委員會的合憲性審查愈來愈發揮功能，使得行政機關不得不重視法律是否合憲的問題，因此將國會通過之後送憲法委

員會審查時才會出現的合憲性問題，提前至行政機關內部作自我審視，可謂將法國「預防性」合憲性審查之精神發揮到極致。

　　爲了避免法令違憲的可能，在我國各部會早擬法令時，應經相關的法務單位審查是否有違憲，在各院審議法律草案時亦應由專門單位加以審查。未來我國即將成立國家人權委員會，政府各部門審議法令時，可諮詢該委員會之意見。在國會立法過程中，須由直屬院會的幕僚單位按法案的進度，隨時提出法案可能違憲的報告給院會。

　　合憲性審查是人類社會一項非常特殊而別有意義的設計。人們因爲尋求社會的保障相互制定社會契約——憲法，建立國家。然而憲法的價值體系是否能夠落實，則有賴於合憲性審查機制。

　　我國大法官釋憲制度始於憲法，在行憲之前已有司法院與各級法院，行憲以後司法院、大法官與審判機關三者分離，致使學者多所討論與批評。尤其是行憲後大法官的僅僅抽象解釋憲法，被認爲對個案的保障有所不足，亦被認爲過度的積極主義，逐漸有侵蝕其他機關的疑慮。凡此種種均有賴進一步司法改革，以促進憲政發展。

問題討論

一、違憲審查在憲政運作中展現何種功能？

二、是否採取具體審查與分散審查較有利於維護人權？

三、司法院正進行司法改革，計畫將司法院審判機關化，並兼理司法行政，你認為適當嗎？

新世紀**的**法律課題

註釋

1 就平等權而言，人權宣言包含了廢除特權、法律之前人人平等、平等進入公職、稅捐平等等原則，但是當時還是不面對事實上的平等，所以第六條接受公民的品行、才幹不平等。見Georges Dupuis, *Marie-José Guédon et Patrice Chrétien, Droit administratif* (Paris: Armand Colin, 1996), p. 81.

2 Yves Guchet認為人權宣言第五條規定法律的界限，是以自由為原則，限制為例外，所以人權宣言對於自由權僅列舉重要者。參見Yves Guchet, *Histoire constitutionnelle de la France*(1789 -1974)(Paris: Economica, 1993), p. 45.

3 Jean Morange, *La déclaration des droits de l'homme et du citoyen*(Paris: P. U. F., 1993), pp. 85-86.

4 吳庚，《憲法的解釋與適用》（自刊本，2003年），頁9。

5 法治斌、董保城，《中華民國憲法》（台北：空中大學，2002年），頁6。

6 李念祖，〈大法官釋憲功能的立法化抑或審判化？〉，收錄於氏著，《司法者的憲法》（台北：五南圖書出版公司，2000年），頁10。

7 吳志光，〈違憲審查制度與司法一元化──兼論比較法上的觀察〉，《比較違憲審查制度》（台北：神州出版公司，2003年），頁40-64。

8 李建良，〈大法官的制度變革與司法院的憲法定位〉，《憲法理論與實踐（一）》（台北：學林出版公司，1999年），頁554。

9 李建良，同前註，頁554-555。

10 李建良，同前註，頁556。

11 參見蔡宗珍，〈我國憲法審判制度之檢討〉，收錄於氏著，《憲法

233

與國家（一）》，初版（台北：元照出版公司，2004年），頁103-
104。

12 參見李建良，前揭文，頁562。

13 蘇永欽，〈憲法解釋方法上的錯誤示範〉，《走入新世紀的憲政主
義》（台北：元照出版公司，2002年），頁378。

14 參見蔡宗珍，前揭文，頁104-105。但蘇永欽反對此種看法，且認為
多數民主國家即是採取審判與行政分離原則，見蘇永欽，〈金字塔
的理念與迷思〉、〈反思台灣司法改革的經驗〉，前揭書，頁312-
314、334-335。

15 參見李建良，前揭文，頁564-565。

16 Dominique Rousseau, "Une Résurrection: La Notion de Constitution",
R. D. P(1990), pp. 17-18.

17 Daunou, "Séance de la Convention du 29 messidor an III", *Réimpres-
sion de l'ancien Moniteur, Plon*(1854), 25, p. 282。轉引自Pierre Avril,
Les Conventions de la Constitutionnel (Paris: P. U. F., 1997), p. 1.

18 Louis Favoreu 稱之為〈第一次輪政〉(premiére alternance，mai 1981-
mars 1986)，參見Louis Favoreu, *La politiqe saisie par le droit* (Paris:
Economica, 1988), p. 13.

19 Léo Hamon, *Les Juges de la Loi──Naissance et Réle d'un Contre-
pouvoir: le Conseil Constitutionnel* (Paris: Fayard, 1987), p. 168.

20 Dominique Rousseau, *Sur le Conseil Constitutionnel* (Paris: Descartes &
Cie, 1997), pp. 22-27.

21 Ibid., p. 37.

22 Ibid., p. 38.

23 史錫恩，〈我國司法院大法官選任方式之研究〉，《法學叢刊》，第
154期（1994），頁2-8；Dominique Colas (ed.), *Textes Constitutionnels*

Franéais et Etrangers (Paris: Larousse, 1994), p. 270.

24 陳春生，《中華民國憲法原理》（台北：明文書局，1998年），頁452-456。

25 陳俊榮，《大法官會議研究》（台北：商務印書館，1989年），頁49。

26 其他之批評見張特生，〈憲法增修條文的司法院組織規定得不償失〉，《憲政時代》，第23卷，第3期（1998），頁22-29。

27 Léo Hamon 認法國的合憲性審查是不穩定的削減者〈réducteur d'incertitudes〉，Léo Hamon, *op. cit.*, p. 168。

28 湯德宗、吳信華、陳淳文，〈論違憲審查制度的改進〉，第四屆「憲法解釋之理論與實務」學術研討會，中研院中山人文社會科學研究所，2003.09.26-27。

29 同前註。

30 Jacques Chevallier, *L'Etat de droit* (Paris: Montchrestien, 1994), pp. 73-96.

31 此爲一九八八年五月二十五日關於政府工作之方法的政府通報摘要，參見Bruno Genevois, "La Compétence Constitutionnelle du juge administratif et la police desétrange", *R. F. D. A.*, 5(4)(1989), p. 703.

參考文獻

外文書目

Avril, P. (1997). *Les Conventions de la Constitutionnel.* Paris: P. U. F.

Chevallier, J. (1994). *L'Etat de droit.* Paris: Montchrestien.

Colas, D. (ed.)(1994). *Textes Constitutionnels Français et Etrangers.* Paris: Larousse.

Dupuis, G. (1996). *Marie-José Guédon et Patrice Chrétien, Droit administratif.* Paris: Armand Colin.

Favoreu, L. (1988). *La politiqe saisie par le droit.* Paris: Economica.

Genevois, B. (1989). "La Compétence Constitutionnelle du juge administratif et la police des étrange", *R. F. D. A.,* 5(4).

Guchet, Y. (1993). *Histoire constitutionnelle de la France(1789 - 1974).* Paris: Economica.

Hamon, L. (1987). *Les Juges de la Loi——Naissance et Rôle d'un Contre- pouvoir: le Conseil Constitutionnel.* Paris: Fayard.

Morange, J. (1993). *La déclaration des droits de l'homme et du citoye.* Paris: P. U. F.

Rousseau, D. (1990). "Une Résurrection: La Notion de Constitution", *R. D. P.,* pp. 17-18.

Rousseau, D. (1997). *Sur le Conseil Constitutionnel.* Paris: Descartes & Cie.

中文書目

吳志光（2003）。《比較違憲審查制度》。台北：神州出版公司。

新世紀 的 法律課題

吳庚（2003）。《憲法的解釋與適用》，增訂版。台北：自刊本。

李念祖（2000）。〈大法官釋憲功能的立法化抑或審判化？〉，收錄於氏著，《司法者的憲法》。台北：五南圖書出版公司。

李建良（1999）。〈大法官的制度變革與司法院的憲法定位〉。《憲法理論與實踐（一）》。台北：學林文化出版公司。

法治斌、董保城（2002）。《中華民國憲法》。台北：空中大學。

陳俊榮（1989）。《大法官會議研究》。台北：商務印書館。

陳春生（1998）。《中華民國憲法原理》。台北：明文書局。

蔡宗珍（2004）。《憲法與國家（一）》，初版。台北：元照出版公司。

蘇永欽（2002）。〈反思台灣司法改革的經驗〉。《走入新世紀的憲政主義》。台北：元照出版公司。

蘇永欽（2002）。〈金字塔的理念與迷思〉。《走入新世紀的憲政主義》。台北：元照出版公司。

蘇永欽（2002）。〈憲法解釋方法上的錯誤示範〉。《走入新世紀的憲政主義》。台北：元照出版公司。

中文論文報刊

史錫恩（1994）。〈我國司法院大法官選任方式之研究〉。《法學叢刊》，第154期，頁2-17。

張特生（1998）。〈憲法增修條文的司法院組織規定得不償失〉。《憲政時代》，第23卷，第3期，頁22-29。

湯德宗、吳信華、陳淳文（2003）。〈論違憲審查制度的改進〉。第四屆「憲法解釋之理論與實務」學術研討會。台北：中研院中山人文社會科學研究所。

第七章　永續台灣與法律對策

中央大學
通識教育中心專任教授

楊君仁

作者簡介

楊君仁

　　德國哥廷根大學法學博士。曾任國立中央大學通識教育中心首任主任、教育部大學校院通識教育訪視委員、一九九六年德國DAAD訪問學者、二〇〇〇年國科會補助Freiburg大學訪問學者。現任國立中央大學通識教育中心主任。著作有專書《有限公司股東退股與除名》及法律、通識教育等論文數十篇。

課程目標

一、認識永續發展（sustainable development）的意義與理念發展。
二、介紹相關環境法制。
三、減少人為的加工破壞，建立正確的環境素養（environmental literacy）。

新世紀 的 法律課題

摘要

　　二〇〇四年暑假七、八月相繼兩個颱風（敏督利及艾利）所帶來的災害，造成多少家庭家毀人亡，而山林環境土石流的肆虐破壞，更是令人觸目驚心。台灣因其特殊的地理環境，天然災害實難避免，但是如何減少人為的加工破壞，建立正確的環境素養，卻是生存在這塊土地上的每個人都必須具有的現代能力，因為唯有如此，人民始能真正享受辛勤努力所創造的福祉。本文即在介紹永續發展的理念意義，及相關環保法律的規範，庶幾經由環境法治教育的涵養，以實踐永續發展的目標。

第七章　永續台灣與法律對策

二〇〇四年敏督利颱風來襲，夾帶豐沛的雨量，造成七二水災，使得台灣中南部地區都深受天災迫害，尤其是中部山區因為九二一大地震早已引發地質鬆動，再加上人為不當濫墾，更是備嘗生態浩劫，全民莫不感受大自然反撲的可怕，因而在隨後的救災工作上，社會上對於中橫是否應該封山或續予修復，出現截然不同的聲音。

有鑑於問題的爭議與複雜，經建會特於二〇〇四年七月三十一日在公共電視舉辦「從大甲溪流域的未來評估中橫公路是否重建」聽證會，這是政府首次就重大政策依行政程序法舉辦聽證會，與會對象包括地方人士（台中縣長黃仲生、副議長陳芳隆、東勢鎮長張錦湖）、中央政府（行政院長游錫堃、經濟部長何美玥、經建會主委胡勝正、交通部次長蔡堆）、環保團體（生態保育聯盟總召集人林聖崇、國立海洋生物博物館館長方力行教授、環境資訊協會理事長李永展教授等）。會中台中縣地方人士同聲呼籲政府應積極整頓大甲溪流域，以維持大台中地區及中部科學園區的用水需求，而且，為了山區農業和觀光事業的發展，中橫更是「非修不可」，尤其還應儘速修復。相反地，農委會、學者及環保人士則都傾向暫緩修建中橫，因為中橫已如生態與財政的大黑洞，陷入一個越治越糟的死胡同，唯有讓其自然復育，減少人為的干擾，始為正本清源之策。

雖然，幾天後行政院長游錫堃隨即作出政策決定，暫緩修復中橫上谷關至德基路段，但地方上如松鶴部落仍有與山共存亡的決意，不願離開放棄耕耘至今的家園，可見問題的解決並不容易，絕非一方說了算。更何況，台灣的環境問題尚不止如此而已，隨處可見的空氣與水污染、噪音、垃圾、人口過多密集、自然資源有限、核能廢料儲存、超抽地下水所引發的盆地或海岸下

陷、酸雨、沙塵暴等等，都是必須嚴肅面對亟待解決的，無怪乎有人曾經指稱台灣快變成「垃圾島」了。因此，如何從源頭推廣環境生態「永續發展」的理念，到國家整體國土規劃利用及相關環境法律制度的配合等等，培養人民應有的環境教養，以便更能有效和諧推動環保措施，都是本文所欲探討的問題。

第一節　永續發展的理念

永續發展的理念，可從如下兩點觀察其發展趨勢：

從人類中心主義到生態中心主義

在人類的發展歷程中，經濟開發與環境生態兩者間，基本上存在著對立矛盾的狀態，尤其是強調「人定勝天」，認為應用科技追求無止境的經濟成長，即可以為人民帶來福祉，如此「征服自然」變成命定價值，一切以人類利益為唯一考量。

此種將山林環境生物多樣性的價值，純然以其是否有利於人類的工具觀點，乃以人類為中心（human-centered），稱為人類中心主義（anthropocentrism）。尤其在西方基督文明引領現代資本經濟社會的發達，受到傳統基督教對於自然的傲慢自大心態，認為人類可以隨意利用自然，征服大自然，對於環境生態採取侵入式的態度，更是造成當代的生態危機。

過去或許受限於科技工具不甚發達，對於山林自然資源的取

用，尚能維持節制，不致於竭澤而漁，「數罟不入洿池，魚鱉不可勝食也，斧斤以時入山林，材木不可勝用也」（《孟子》，梁惠王上：第二章）。但是，自從工業革命以來，科技的應用一日千里，雖然因此創建了社會的富裕發達，但是，卻也同時帶來環境生態的問題，如都市的廢氣噪音、河川污染、雨林消失、臭氧層的破壞等等，其嚴重性早已跨越國家界線，成為國際社會必須共同嚴肅承擔的罪過。

然而，人類真正將「環境」當作議題，卻是二十世紀後半葉的事，「現代型態的環境意識是隨著現代形態的環境破壞而來的」（朱建民，2000：4）。一九六二年，瑞秋·卡森（Rachel Carson）出版《寂靜的春天》（*Silent Spring*）[1]，指出世人大量濫用農藥及殺蟲劑的結果，將會導致人類以外其他生物的死亡，結果是即使春天時節，大地卻仍是一片的沉靜，早已不再鳥語花香，面對污染影響之深遠可怕，人類開始意識到環境破壞的嚴重性，警覺到毫無節制的發展，終將促使大自然反撲，人類只能備嘗自作自受的惡果，因而不得不在經濟開發的同時，必須關切地球資源的有限性及自然環境的承載能力（carrying capacity）。

從國內地域性防制到國際全球性議題

在今天，環境公害與生態維護的問題，已難再被視為是某一國內地域性防制的問題，而是國際全球性議題，環境生態的維護，早已成為全球國際間所共同關切的議題。一九七二年，聯合國在瑞典斯德哥爾摩所舉行的聯合國人類環境會議（The United Nation Conference on the Human Environment），發表「聯合國人類

環境會議宣言」（Declaration of The United Nation Conference on the Human Environment）。一九九二年，在里約召開的地球高峰會議（Earth Summit），總共有來自全球一百二十餘國元首及代表與會，會中簽定氣候變化綱要公約、生物多樣性公約、里約宣言、森林原則、二十一世紀議程等五大文件，在在都揭示國際間對於環保議題的關注。

「永續發展」的意義

「永續發展」一詞，目前除卻學者專家的專業用語外，更是日常報章雜誌常見的字詞，甚至可說已到誤解濫用的地步，有違「永續發展」之真意。如企業商店主談話中莫不強調商品的永續發展經營，或個人追求健康幸福的身體運動永續經營，或政府機關政策目標的永續經營，如中央健保局公布，因為健保財務吃緊，光是二○○三年醫療總費用就高達三千五百多億元，民眾受益於健保的金額，遠高於每人付出的健保費，而今年短絀情況更是嚴重，預估到今年年底為止，原應有兩百五十億元的健保安全準備金只剩三億元，所以健保局發出警訊，為使健保能夠「永續經營」下去，以保障全民福祉，未來不排除調高健保費率，或提高民眾每次門診部分負擔費。

事實上，永續發展概念內涵的成熟具體化，應該是二十世紀後半葉的事。一九七八年，聯合國環境發展委員會發表《我們共同的未來》（*Our Common Future*），分析世界上社會經濟與環境的關連，指出「環境不再是成長的阻礙，反而是維持成長的必須策略」（葉俊榮，1999：189）。其中將永續發展定義為「滿足目前

需求的發展，而不損及未來世代滿足他們需求的能力」（Sustainable development is development that meets of the present without compromising the ability of future generations to meet their own needs）（World Commission on Environment and Development, WCED, 1987）。

　　據上所論，可知永續發展的意義，乃在於調適「人類的需求」與「環境的限制」兩者間的衝突對立。《我們共同的未來》中指出，「在國家政府和多邊機構中，人們越認識到經濟發展問題和環境問題是不可分割的；許多發展形式損害了它們所立足的環境資源，環境惡化已經破壞經濟發展。貧窮是全球環境問題的主要原因和後果」（王之佳、柯金良譯，1992：4）。因此，合理的開發，可說是防制災害的要道，亦唯有如此，始能持續的發展，確保經濟、社會、生態目標間和諧均衡的發展。

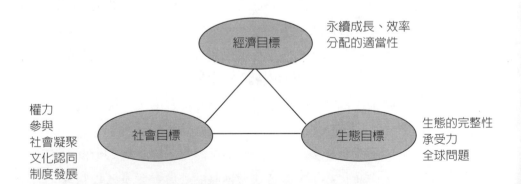

圖9-1　永續發展的三類目標

資料來源：劉阿榮（2002：31）。

因此，吾人可說永續發展是一個綜合和動態的概念，既是以自然資源永續利用和良好的生態環境為基礎，亦是以經濟永續發展為前提，更為以謀求社會的全面進步為目標。唯有社會在每一時間內都能保持資源、經濟、社會與環境的協調，這個社會的發展就符合永續發展的要求（李公哲，1998：23）。當然，除了追求上述經濟、社會、生態目標外，永續發展亦以追求公平（equity）為理念，因為如果沒有「環境」作基礎，缺乏公平正義為原則，那麼社會經濟的發展，結果是造成某些人的福祉建立在他人的污染與痛苦之上，如此即非公平正義，終究還是不能永續發展。因此，提升貧窮落後地區的發展，均衡區域、城鄉之間的生活公平，促使各地區人類的發展機會公平，追求世代公平、世間公平與物種公平的理想，始是永續發展之真意（劉阿榮，2002：31）。

　　況且，現成實例亦證明，經濟社會的發展，如果能以永續發展為理念，則其對生態環境並不必然產生衝突，相反地，可能更有助於生態環境資源的維護，如美國居家修繕材料零售商Home Depot，五年前因被認為該公司並未做到所進口的原料，都屬非瀕臨絕種的木材，受到來自全球各地的環保團體在其亞特蘭大總部及股東大會上拉白布條抗爭，公司因為擔心抗爭行動會引發消費者的反感，進而影響銷售數字，乃於隨後改採更環保的採購政策，並為此創設「全球環境專案經理」，賦予其有權決定和任何傷害森林或環境的供應商終止合約，而因此採行的具體行動，如遏止智利木材業者濫墾濫伐而保留康賽普遜（Concepcion）海岸山脈遍布的古老南洋杉森林；或因印尼供應商都先燒掉原始森林再改種其他樹種的方式，來滿足客戶需求，由於供應商不願停止此種戕害森林的作法，即決定取銷印尼九成的進口訂單；或因非洲

表9-1　二〇〇三、二〇〇四年十大不永續政策排名表

排名	二〇〇三十大不永續政策	二〇〇四十大不永續政策
1	二〇〇八年國發計畫	核四續建
2	經發會結論	蘇花高速公路
3	蘭嶼核廢場	高山纜車規劃
4	核四案	焚化爐不當政策
5	工業區政策	湖山水庫興建
6	農地釋出政策	中橫復通工程
7	焚化爐政策	全民造林運動與山坡地造林計畫
8	山林政策	四大人工湖
9	檳榔政策	曾文水庫荖濃溪越域引水計畫
10	旅遊休閒政策	西寶水力開發案

資料來源：王俊秀（2004：5）。

加彭的木材供應商肆無忌憚破壞雨林，導致瀕臨絕種的低地大猩猩家園破碎，而將加彭的訂單全數移轉到巴西和中美地區[2]。

　　反觀國內，雖然二〇〇三年，民間與政府共同宣布為「永續台灣元年」，主張社會經濟的發展，應與環境、生態一起考量，追求體現環境正義、社會正義與世代正義等永續發展之精神真意。但是，在實際政策的推動上，卻難免有落差不一致的情況，為此民間團體分別於二〇〇三、二〇〇四兩年檢驗政府落實永續發展的推動成效，並公布「十大不永續政策」（表9-1），可見永續發展的實踐，仍需政府與人民共同的警惕與努力。

新世紀的法律課題

第二節　永續發展與法律對策

　　環保永續發展的推動，必賴法制度的配合，始有實現的可能，我國目前的環境立法可從如下幾點觀察：

國內環境法的發展歷程與特性

　　我國環境法的發展，從來就是以「公害防治」與「自然保育」為環保法制的兩大重點，其發展歷程可以概括為如下三個特色：一是由分散零星到統合；二是由零散趨向統整；三是由被動點向應付到積極統籌規劃。而且，此種發展特性又似乎是工業化落後地區的宿命，通常國家起先為了經濟發展而不得不犧牲漠視環境的污染破壞，直到國家富裕了，人民的所得增知，開始追求生活的素質，希望擁抱好山好水時，終於驚覺開發的慘痛代價，幡然改悟昨非今是，「過去的點滴累積一次算清」，必須投注鉅額的金錢人力去改善失去的環境生態。

　　台灣在戰後，經濟發展仍然百廢待舉，人民尚以農業為主，農時耕作對於環境生態的影響有限，環保公害問題鮮為社會所關注，此時有關環境保護的法規可謂相當闕如。一九七○年代起，台灣逐漸由農業社會轉型為工商業社會，工廠大量增設（當時最響亮的口號即是「客廳即工廠」），出口賺取外匯是經濟發展的重要指標，但環保公害問題卻也隨同經濟成長率而愈趨嚴重，因此

相關保護環境防治公害的法律才開始相繼制定公布施行。

　　所以，一九七〇年可說是觀察台灣環保公害問題的重要分期點，如針對「公害防治」，分別於一九七四年七月十一日總統令公布「水污染防治法」、一九七四年七月二十六日總統令公布「廢棄物清理法」、一九七五年五月二十三日總統令公布「空氣污染防制法」；針對「自然保育（環境生態資源）」，於一九七二年六月十三日公布「國家公園法」，以為保護國家特有之自然風景、野生物及史蹟，並供國民之育樂及研究。

　　只是，此時期所制定的相關環保法令，在質與量上均顯然不足以應付我國在工業化過程所造成自然生態的破壞及環境的污染（陳慈陽，2000：2）。雖然政府曾有制定統合公害防治的立法之議，於一九七〇年五月，由台灣省主席向中央建議制定「公害基本法」，同年八月間，中央及省市有關單位即相繼召開「公害防治會議」，倡議制定空氣污染防治法，九月台灣省衛生處經中央授權擬訂「公害基本法」草案。一九八一年由行政院衛生署環保局續擬「公害防治基本法」草案，然而相關草案於歷經多次修訂後，依然未能順利完成立法程序而胎死腹中。

　　事實上，「公害防治基本法」等法案之所以無疾而終，正可以反映出當時社會在強調經濟發展，一切以追求成長率為重時，環境生態的保護問題，通常都在有意無意間被漠視了。因此，環保相關法規的增修動機，大都出於污染公害叢生後不得不的事後「補破網」措施，法律甚少具有主動前瞻性的統合規劃，被動點向式的推動環保法規，各自獨立實踐保護環境的任務，可說僅扮演著「聊勝於無」的角色，由此可見在這段期間落實環保理念的困境。

　　一九九二年起，過去此種零散點式、被動應付的環保法制終

於啓發新機，而開始趨向統整、積極規劃的方向。一九九二年修憲時，特於憲法增修條文第十八條第二項增訂「經濟及科學技術發展，應與環境及生態保護兼籌並顧[3]」，正式揭示國家應維持經濟發展與環境保護兼籌並顧的均衡發展，從而早期爲促使經濟起飛，追求經濟發展而忽略環保的策略已爲過去，而隨後於二〇〇二年所制定公布施行的「環境基本法」（以下簡稱「環基法」），可說是揭示此發展趨勢的里程碑。

環境權的論辯

憲法乃國家根本大法，是爲國家最高位階的法律規範，法律與命令與之牴觸者無效，而且，憲法更是現代民主憲政國家引導政治運作最重要的依據。因此，憲法增修條文中明定，「經濟及科學技術發展，應與環境及生態保護兼籌並顧」，此所謂「兼籌並顧條款」究竟意義爲何？是將環境保護視爲新興的「基本人權」，此種「環境權」可作爲人民透過司法程序以保障免於受到環境侵害之權利依據，抑或是作爲國家目標的「基本國策」，如此以作爲國家環境政策之引導綱領，而人民則僅可以參與相關政府決策過程以共同形成政策決定，實有說明之必要（陳慈陽，2000：91；於幼華主編，1998：352）。

事實上，二次世界之後，工業污染日益嚴重，生存環境飽受蹂躪，人民環保意識隨之高漲，即有人基於生存權、社會權、人性尊嚴的理念，倡議環境權的理論，認爲人民享有在良好環境下，經營健康生活的權利（於幼華主編，1998：352）。而且，國際上亦不無將「環境權」提案入憲的嘗試，如美國參議員蓋洛·

尼爾森（Gaylord Nelson）即曾提出「任何人均有不可轉讓的美好環境權，美國以及各州均應保障此權」之憲法修正案；而德國綠黨亦有「任何人均擁有健康之環境，以及保持其自然的生存基礎之權」之類似提案；至於韓國則於憲法（一九八〇）第三十三條明定，「國民有生活於清潔環境之權利，國家及國民均負有環境保護之義務」，明確將「環境權」視為人民的基本權利（葉俊榮，1994：7）。

然而，我國憲法增修條文中，僅言「經濟及科學技術發展，應與環境及生態保護兼籌並顧」，並未有類似基本權利之規定，因此，如果逕行將「兼籌並顧條款」解釋為「環境權」，實在不無疑義。

何況，「環境權」之保護對象「環境」，實務與學理上可能因專業領域不同，而有所歧異，雖然環境基本法第二條第一項定義「環境」，係指影響人類生存與發展之各種天然資源及經過人為影響之自然因素總稱，包括陽光、空氣、水、土壤、陸地、礦產、森林、野生生物、景觀及遊憩、社會經濟、文化、人文史蹟、自然遺蹟及自然生態系統等，但是，此定義性條文是否即是憲法上環境權「環境」之義，亦尚待澄清。

而且，傳統上，基本權利是為人民的防衛權（abwehrrecht），主要作用在於防衛國家不法之侵害（abwehrfunktion），並不能對抗第三人（私人），但是因為環境問題之造成，並非僅限於國家行為，尚可能來自每一個人，對此，德國環境法學者布洛爾（R. Breuer）就認為，即使逕將環境保護視為人民的基本權利，其作用與意義亦並不顯著。所以，目前尚難將環境權獨立為一新興的基本權利，而是須透過國家行為對人民權利之侵害行為，亦即由此一間接關係來得出國家對於環境污染之行為有不作為義務，而

憲法增修條文中明定之「兼籌並顧條款」，則宜視為是「基本國策」
之性質（陳慈陽，2000：106、122）。

環境法的立法原則

　　環境法，乃作為規範環境之法規整體，亦即就是將「環境」
視為此一法規範欲保護的對象，而環境保護則是此一法規範存在
之目的（陳慈陽，2000：5）。環境並不僅指自然生態而已，尚應
包括人文風土等，如我環境基本法中即規定環境係指影響人類生
存與發展之各種天然資源及經過人為影響之自然因素總稱，包括
陽光、空氣、水、土壤、陸地、礦產、森林、野生生物、景觀及
遊憩、社會經濟、文化、人文史蹟、自然遺蹟及自然生態系統等
（環基法第二條第一項）。

　　為使環境保護受到更合理周詳的法制規劃，通常在擬議相關
環境法律立法草案時，大都會依循諸多環境基本原則以為準據，
以形成環境法體系及引導法規範內容的具體化。當然，就政策層
面而言，此等環境基本原則並不具有法拘束力，而立法委員審查
法案時，更可不受其左右，最多僅生「自我拘束」（selbstbindung）
之效果而已，必須在將此等原則制定於法典上時才具有直接的法
效力，亦即從實證法學的觀點而言，環境法基本原則是否具有法
規範之拘束力，完全取決於其是否被制定於一實證法規範之中
（陳慈陽，2000：200）。

　　此等環境法基本原則，諸如（陳慈陽，2000：199~234）：

一、預防原則

預防原則（das vorsorgeprinzip）著重在對環境保護事先的預防規劃，而非等到環境損害已經發生時再作反應，實務上對於高科技性的環境危害行為或污染源，通常以此原則為首要考量，例如制定「環境影響評估法」，要求一定的開發行為必須通過環境影響評估後，始得實施，立意即在於「為預防及減輕開發行為對環境造成不良影響，藉以達成環境保護之目的」（環評法第一條）。

二、污染者負責原則

污染者負責原則（das verursacherprinzip）乃源於污染者付費原則，如環境基本法第四條第二項即明確揭示此原則，「環境污染者、破壞者應對其所造成之環境危害或環境風險負責」（環基法四II）。實務上最常見的法規定，如空氣污染防制費[4]及廢棄物清除處理費[5]之課徵，即是此原則之具體化規定。

三、合作原則

合作原則（das kooperationsprinzip）說明了環境保護絕非一人之力或是國家單方行政即可達成，而是必須群策群力，結合包括人民、事業及各級政府共同努力，始可實現環保的目的，環境基本法第四條第一項規定，「國民、事業及各級政府應共負環境保護之義務與責任」（環基法第四條第一項），即明指此原則之重要性。合作原則落實在具體事例上，如擴大公眾參與的程序：環境

新世紀的法律課題

影響評估法規定的環境影響評估公開說明會，或前述依行政程序法規定的「從大甲溪流域的未來評估中橫公路是否重建」聽證會等；除此之外，尚有公害協定、環境保護協定、行政契約或企業之環境保護委託人（immissionsschutzbeauftragte）等均屬是。

四、永續性發展原則

除了上述環境法中最重要的傳統基本原則外，永續性發展原則可說是現今最具時代與前瞻性的原則，實乃環境保護之最高指導綱領。環境基本法中亦明確揭櫫此原則，如第一條：「提升環境品質，增進國民健康與福祉，維護環境資源，追求永續發展，以推動環境保護。」第二條第二項：「永續發展係指做到滿足當代需求，同時不損及後代滿足其需要之發展」。

五、共同與團體負擔原則

「共同負擔原則」與「團體負擔原則」可說是「污染者負擔原則」的補充。如第二點所述，環境的污染破壞，理應由環境污染者負擔，然而，當環境危害或造成環境風險之環境污染者、破壞者不存在或無法確知時，則必須由社會來共同負擔此社會成本，謂之「共同負擔原則」，環境基本法第四條第三項，「前項污染者、破壞者不存在或無法確知時，應由政府負責」，即本於此原則。

至於「團體負擔原則」（das gruppenlastprinzip），則是指由同類污染者來共同負擔之意，此種集體負擔的方式，可以達成免除社會成本之效果，如前第二項由空氣污染防制費與廢棄物清除處

理費所成立之基金，在有污染發生時，即可由造成同一污染類型之污染者全體來負擔相關防制處理等費用。

六、平衡原則

任何一政策決定，必然涉及諸多利益的衝突，因此，如何在公、私益間取得協調，達成政策的共識，亦是環境保護立法上需要注意的原則，如環境基本法第三條即規定，「基於國家長期利益，經濟、科技及社會發展均應兼顧環境保護。但經濟、科技及社會發展對環境有嚴重不良影響或有危害之虞者，應環境保護優先。」

七、超國界保護原則

今日環保問題，如保護鯨魚、河川污染、雨林消失、臭氧層的破壞等等，已非一國一境所能解決之事，這是眾所皆知的情況，所以，跨越國界的環保議題，自然必須藉由國際間的合作、制裁或國際公約等方式來處理。

環境基本法

「環境基本法」的公布施行[6]，可謂是我國近年來環境立法上的重要成就，其意義正如「草案總說明」所言：

為提升環境品質、增進國民福祉、追求永續發展，特就

環境保護理念與我國基本環境保護政策，制定基本法，
以為全國各級政府、事業及國民共同推動環境保護之依
據。並藉由基本法明示環境保護制度、政策之相關基本
方針，揭示環境保護個別法制、措施之基本方向與共通
性質，導引具體制度、政策與環境保護相關法令之制
（訂）定，以落實達成環境保護之總目標。

「環境基本法」規定中，具有如下兩個特色：第一、是環境立
法原則明確成文化，如合作原則（環基法第四條第一項）、原因原
則（環基法第四條第二項）、參與原則（環基法第十一條第一、三
項）、環境資訊公開原則（環基法第十五條第二項）、污染者付費
原則（環基法第二十八條）、使用者付費原則（環基法第三十二條
第一項）。第二、是與國際環保規範措施的接軌：永續發展（環基
法第二條第二項、第二十九條、第三十七條第一項）、國際合作與
技術協助（環基法第十二條）、生物多樣性（環基法第十八條）、
二氧化碳排放管制（環基法第二十一條）、環境影響評估（環基法
第二十四條）、六月五日環境日（環基法第四十條）。

然而，環境基本法亦存在著諸多疑點，有待研究澄清：第一
點、例如當第一條規定「本法未規定者，適用其他法律之規定」
時，此時環境基本法的定位為何，是否仍具「基本法」的格局。
第二點、第三條但書規定，「但經濟、科技及社會發展對環境有
嚴重不良影響或有危害之虞者，應環境保護優先。」明顯與憲法
增修條文，「經濟及科學技術發展，應與環境及生態保護兼籌並
顧」，所謂「兼籌並顧條款」不合，是否引發違憲疑義。第三
點、第四條第三項「環境污染者、破壞者不存在或無法確知時，
應由政府負責」，或「環境保護計畫之定期評估」規定，都擴大
了國家責任，是否為務實之規定。第四點、條文中仍存在著諸如

「綠色消費」[7]、「生命週期」、「國家環境保護計畫」等缺欠明確
定義的概念。

環境保護之法律對策

　　為使制定的環境保護相關法令，能為人民確實遵行，通常針
對不同的環保特性或目的，而採用不同的法律對策措施，期望藉
此更能達到法規範執行的實效。一般而言，可將不同的法律對
策，歸納為下列三大類型：1.管制性環保措施。2.影響獎勵性環保
措施。3.預防規劃性環保措施。

一、管制性環保措施

　　行政管制性措施是最傳統的秩序維持手段，包括法律上一切
禁止與命令及個別的處分行為等，法規內容的設計上，頭端先以
命令規定控制，管末後端則配以處罰制裁，故簡言之，可稱之為
「命令控制」的措施。目前我國環保法規，仍以此類型最居所有政
策工具之主流地位，此亦與環保先進國家現行情況大致相符（於
幼華主編，1998：358）。

　　管制實務上，其方式可為直接立法禁止污染環境之行為，如
「廢棄物清理法」第二十七條明定，在指定清除地區內嚴禁有隨地
吐痰、檳榔汁、檳榔渣，拋棄紙屑、煙蒂、口香糖、瓜果或其
皮、核、汁、渣或其他一般廢棄物等行為，即屬於一概禁止之行
為。除此之外，尚有如：第一、特許制，屬於原則禁止但例外許
可之規定，德文稱為verbot mit ausnahmenbewilligung，官署對此

許可與否具有裁量，德文稱為裁量處分（ermessenakt），而且官署為處分時，亦得附帶要求（nebenbestimmungen）。如「野生動物保育法」禁止獵捕稀有野生動物，但該法第十八條第一項規定，「保育類野生動物應予保育，不得騷擾、虐待、獵捕、宰殺或為其他利用。但有下列情形之一，不在此限：1.族群量逾越環境容許量者。2.基於學術研究或教育目的，經中央主管機關許可者。」第二、許可制：國家制定管制規則，人民合於法律要件即可，官署並無裁量之權力，德文稱為拘束處分（gebundener verwaltungsakt）。第三、登記或報備制：亦屬事先管制行為，其與許可制之差別在於，報備（anzeige）若官署於一定期間內並未作成拒絕表示時，則原案視為通過。第四、事後管制，如對違法行為採取罰鍰、限期改善、按日連續處罰、勒令停工、吊銷執照等裁處。

二、影響獎勵性環保措施

在多元的環保法律措施中，對於違反環保的行為，除了消極被動地施以管制裁罰，給予棒子之外，亦需要蘿蔔甜頭的獎勵，間接性的柔性勸誘，以啟發其主動積極去作維護環境的行為，此乃屬於影響獎勵性的環保措施。實務上常見的手段，諸如提供人民、廠商低率貸款或稅捐優惠，作為其投注於環保行為的誘因；甚至由國家直接提供補助行為（subvention），或者是證照規費、總量管制、環境公課（umweltabgaben）等等都是。

三、預防規劃性環保措施

預防規劃性環保措施，著重在「防患於未然」、「預防勝於治療」之功能，如國土規劃就是常見的環保措施。國土規劃之意義，在使土地的利用作合理的規劃，以期調和各種不同土地使用間的利益衝突，如我國山林在相繼發生可怕的土石流災變後，就迫切需要國土的規劃使用。如德國對於都市計畫土地的分區使用，大都依循分離原則（trennungsgebot）、相互考量原則（rücksichtnahmegebot）、計畫地衝突解決原則（grundsatz planerischer Konfliktbewältigung）、土地維護原則（bodenschutzgebot）、環境與自然生態優先地區（ökologische vorrangbereiche）等原則來規劃。

國土規劃可分為一般（綜合、整體）性計畫與專業性計畫。一般性計畫又可依其規模，再細分為國土綜合發展計畫，區域計畫[8]，或都市計畫[9]，目前我國實施者，僅有區域計畫與都市計畫，至於，國土綜合發展計畫雖有草案之議，但政府卻一直無法定論；而專業性計畫，如基隆河整治計畫、高速鐵路興建計畫、自然保護區等皆屬是。

預防性的環保規劃措施，除國土規劃外，環境影響評估亦是一重要的制度，目前已紛紛成為世界各國所採行的環保法制。環境影響評估的意義，乃在於預防及減輕開發行為對環境造成不良影響，藉以達成環境保護之目的（環評法第一條）。所以，對於影響環境之開發行為或政府政策對環境包括生活環境、自然環境、社會環境及經濟、文化、生態等可能影響之程度及範圍，事前以科學、客觀、綜合之調查、預測、分析及評定，提出環境管

理計畫，並公開說明及審查。環境影響評估工作包括第一階段、第二階段環境影響評估及審查、追蹤考核等程序（環評法第四條第二項）。

一九六九年，美國國會通過「國家環境政策法」（National Environmental Policy Act, NEPA），是為最早實施此制的國家[10]，該法中規定凡重大影響人類環境品質之立法或主要聯邦行為的提案，其主辦人員均應提出「環境影響說明書」（Environmental Impact Statements, EIS），針對以下各點，提出評估說明：第一、提案行為對環境之影響（environmental impact of the proposed action）。第二、對環境會造成難以避免的不良效應（any adverse environmental effects which cannot avoid）。第三、替代方案（alternatives to the proposed action）。第四、人類環境地方性短期利用與長期資源保持兩者間的關係（the relationship between local short-term uses of man's environment and the maintenance and enhance-ment of long-term productivity）。第五、提案行為執行時致生的不可回復與無法補救的資源損耗（any irreversible and irretrievable commitments of resources）。

一九九四年十二月三十日，總統以（83）華總（一）義字第八一五六號令制定公布「環境影響評估法」全文三十二條，是為我國引進環境影響評估斯制之始，且這期間並已歷三次之修正，最近則是二〇〇三年一月八日的修正。環境影響評估的程序（如圖9-2），須由辦理環評單位提出「環境影響說明書」，並應記載下列事項：

1.開發單位之名稱及其營業所或事務所。
2.負責人之姓名、住、居所及身分證統一編號。

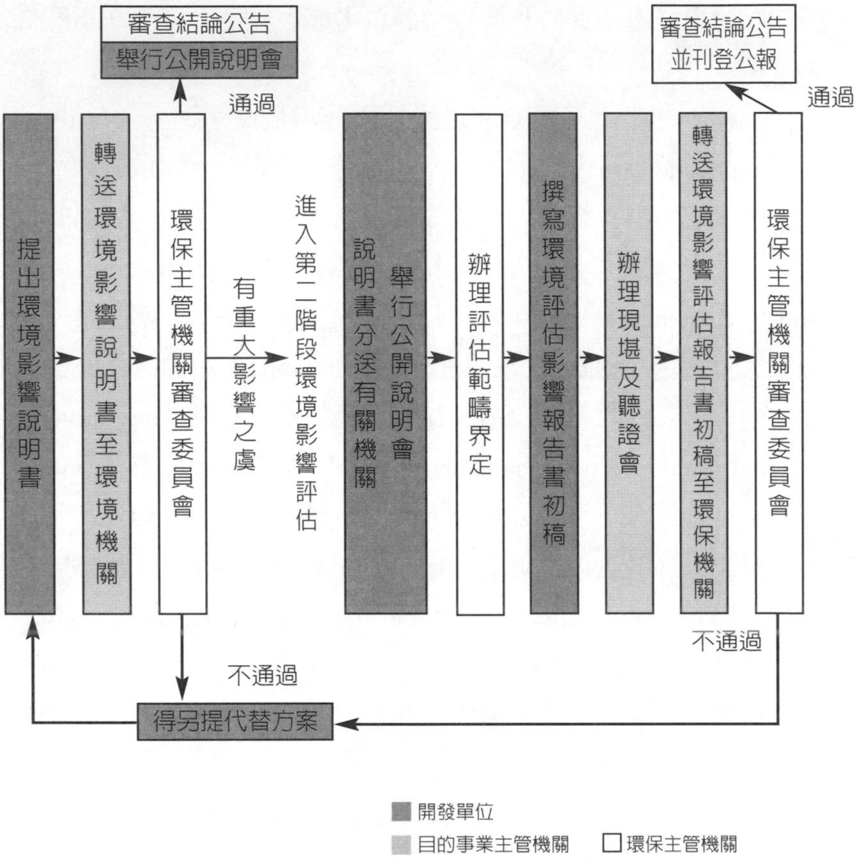

圖9-2　審查作業流程圖

3.環境影響說明書綜合評估者及影響項目撰寫者之簽名。

4.開發行為之名稱及開發場所。

5.開發行為之目的及其內容。

6.開發行為可能影響範圍之各種相關計畫及環境現況。

7.預測開發行為可能引起之環境影響。

8.環境保護對策、替代方案。

9.執行環境保護工作所需經費。

10.預防及減輕開發行為對環境不良影響對策摘要表。

　　過去，我們追求成長，認為唯有努力開發，「大地藏無盡，勤勞茲有生」，始能創建人類社會的福祉，「人定勝天」是我們所習常的勸勉語。然而，當環境生態屢屢遭受破壞時，我們霍然驚覺經濟開發如果沒有配合環境生態的維護，那辛勞累積的所得，終將一旦變為烏有，永續發展才是我們的未來。

　　法律對策上，雖然上述提及諸多環保法令措施，但所觸及的，仍屬點面而已，並不是整體環境法的全貌，事實上，對於環境公害與賠償救濟的問題，就付之闕如而未著墨，因此，如何從理念上認同永續發展，並加強相關環境法知識，俾使保護環境成為生活中的一部分，如此則人民之「環境素養」自然落實，我們的未來始能永續發展。

問題討論

一、環境生態與經濟發展常處於緊張關係，你怎麼看待永續發展
　　的議題？

二、管制性的環保法律措施有那些？棒子是否是推動環保最有效
　　的手段？

三、獎勵性的環保法律措施有那些？你認為其成效如何？

四、環境影響評估的制度理念為何？如何評價現行的運作實效？

五、法律是現代社會最重要的規範手段？它是否是體現永續發展
　　最好的手段？

新世紀的法律課題

註釋

1 此本影響世人最爲深遠的自然生態經典著作,國內已有李文昭譯,
《寂靜的春天》(台中:晨星出版社,1997年);溫繼榮,李文蓉合
譯,《今日知識叢書名著譯叢》(台北:大中國圖書公司,1990
年)。

2 《工商時報》,2004年9月1日,版31。

3 現(89)中華民國憲法增修條文第十條第二項。

4 如空氣污染防制法第十六條規定,「各級主管機關得對排放空氣污
染物之固定污染源及移動污染源徵收空氣污染防制費,其徵收對象
如下:

一、固定污染源:依其排放空氣污染物之種類及數量,向污染源之
所有人徵收,其所有人非使用人或管理人者,向實際使用人或
管理人徵收;其爲營建工程者,向營建業主徵收;經中央主管
機關指定公告之物質,得依該物質之銷售數量,向銷售者或進
口者徵收。

二、移動污染源:依其排放空氣污染物之種類及數量,向銷售者或
使用者徵收,或依油燃料之種類成分與數量,向銷售者或進口
者徵收。

空氣污染防制費徵收方式、計算方式、繳費流程、繳納期限、繳費
金額不足之追補繳、污染物排放量之計算方法等及其他應遵行事項
之收費辦法,由中央主管機關會商有關機關定之。」

5 如廢棄物清理法第二十四條規定,「直轄市、縣(市)主管機關爲
執行一般廢棄物之清除、處理,應依清除處理成本,向指定清除地
區內家戶及其他非事業徵收費用。

前項費用之徵收方式、計算方式、繳費流程、繳納期限及其他應遵行事項之徵收辦法，由中央主管機關定之。

直轄市、縣（市）主管機關得衡酌實際作業需要，增訂前項以外之費用徵收相關規定及收費證明標誌。

第一項徵收費用之數額，由直轄市、縣（市）主管機關訂定公告之。

第三項所增訂費用徵收相關規定，應報中央主管機關備查。」

6 二〇〇二年十二月十一日總統令公布施行。

7 綠色消費，可分別從國民、事業、政府三方面予以實踐：

「國民應秉持環境保護理念，減輕因日常生活造成之環境負荷。消費行為上，以綠色消費為原則；日常生活上，應進行廢棄物減量、分類及回收。國民應主動進行環境保護，並負有協助政府實施環境保護相關措施之責任。」（環基法五）

「事業進行活動時，應自規劃階段納入環境保護理念，以生命週期為基礎，促進清潔生產，預防及減少污染，節約資源，回收利用再生資源及其他有益於減低環境負荷之原（材）料及勞務，以達永續發展之目的。事業應有協助政府實施環境保護相關措施之責任。」（環基法六）

「各級政府施政應納入環境保護優先、永續發展理念，並應發展相關科學及技術，建立環境生命週期管理及綠色消費型態之經濟效率系統，以處理環境相關問題。」（環基法八）

8 區域計畫法的立法目的，在於為促進土地及天然資源之保育利用，人口及產業活動之合理分布，以加速並健全經濟發展，改善生活環境，增進公共福利。（區計法一）

9 都市計畫法的立法目的，乃為改善居民生活環境，並促進市、鎮、鄉街有計畫之均衡發展。（都計法一）

新世紀的法律課題

10 歐盟則於一九八五年制定「環境影響評估指令」（Richtlinien des Rates über Umweltverträglichkeitsprüfung bei bestimmten öffentlichen und privaten Projekten, Abl. vom 05.06.1985 I 175/40）。德國亦於一九九○年依歐盟指令制定「環境影響評估法」（Gesetz zur Umsetzung der Richtlinien des Rates vom 27.06.1985 über die Umweltverträglichkeit-sprüfung bei bestimmten öffentlichen und privaten Projekten vom 12.02.1990, BGBl. I S. 205.）

第七章 永續台灣與法律對策

參考文獻

外文書目

Carson, R. (1962). *Silent Spring.* Boston: Houghton Mifflin Co.

Kloepfer, M. (2004). *Umweltschutz, Große Lehrbücher.* 3. Auflage. München: C. H. Beck.

Kloepfer, M. (2004). *Umweltschutz, Loseblatt-Textsammlung des Umweltrechts der Bundesrepublik Deutschland.* München: C. H. Beck.

World Commission on Environment and Development(WCED)(1987). *Our Common Future.* Oxford University Press.

中文書目

王之佳、柯金良等譯（1992）。《我們共同的未來》(中譯本)。長春市：吉林人民出版社。

王之佳、柯金良譯（1992）。《我們共同的未來》。台北：台灣地球日出版社。

李公哲（1998）。《永續發展導論》。台北：中華民國環境工程學會。

於幼華主編（1998）。《環境與人》。台北：遠流出版公司。

柯澤東（1993）。《環境法論（一）》。台大法學叢書（53）。

柯澤東（1996）。《環境法論（二）》。台大法學叢書（83）。

陳慈陽（2000）。《環境法總論》。台北：元照出版公司。

湯德宗（1990）。《美國環境法論集》。台北：自刊本。

黃錦堂（1998）。《台灣地區環境法之研究》。台北：元照出版公

新世紀 的 法律課題

　司。

葉俊榮（1994）。《環境政策與法律》。台大法學叢書（63）。

葉俊榮（1997）。《環境理性與制度抉擇》。台大法學叢書（110）。

葉俊榮（1999）。《全球環境議題——臺灣觀點》。台北：巨流圖書出版公司。

鈴木麥康納原著，何穎怡譯（2000）。《神聖的平衡：重尋人類的自然定位》。台北：商周出版公司。

劉阿榮（2002）。《台灣永續發展的歷史結構分析——國家與社會的觀點》。台北：揚智文化出版公司。

蕭政宗（2004）。《水：水資源的歷史、戰爭與未來》。台北：商周出版公司。

中文論文報刊

王俊秀（2004）。〈永續台灣的社會願景：民間觀點〉。《社會文化學報》，第18期，頁1-19。

朱建民（2000）。〈由儒家觀點論西方環境倫理學人類中心主義與自然中心主義的對立〉。《鵝湖學誌》，第25期，頁1-41。

參考網站

行政院國家永續發展委員會http://ivy2.epa.gov.tw/nsdn。

行政院環保署http://www.epa.gov.tw。

第八章　新世紀的公司治理

中央大學
通識教育中心專任教授

楊君仁

作者簡介

楊君仁

　　德國哥廷根大學法學博士。曾任國立中央大學通識教育中心首任主任、教育部大學校院通識教育訪視委員、一九九六年德國DAAD訪問學者、二○○○年國科會補助Freiburg大學訪問學者。現任國立中央大學通識教育中心主任。著作有專書《有限公司股東退股與除名》及法律、通識教育等論文數十篇。

課程目標

一、介紹公司治理的意義與議題。
二、我企業組織如何因應公司治理。
三、公司監控模式與監察制度存廢的問題。

新世紀的法律課題

摘要

　　台灣二〇〇四年的暑假實在是不平靜，除了自然禍害颱風水災缺水嚴重外，在公司資本市場上地雷狂炸，也是人禍弊端連連，舉其大者如先是六月中旬首由博達科技公司突然無預警地宣布聲請重整，帳上的六十三億現金就這麼「蒸發」不見了，三萬多名小股東的權益遭受影響。九月繼之爆發訊碟巨額虧損，二十六億元資金流向不明，曾經股價高達五百一十二元的股票，現在是雞蛋水餃落地，並恐將成為全額交割股。而接二連三的企業風暴，除了侵害股東權益，影響投資意願，損及台灣國際化的進程，甚至造成邊緣化的危機外，亦更加突顯公司治理的重要性，已成為二十一世紀人民、政府、企業間都必須面對的課題。本文即在介紹公司治理的議題，及我國企業因應公司治理時猶待改進的措施，並論及公司監控模式、監察人制度存廢的問題。

273

第八章　新世紀的公司治理

台灣二○○四年的暑假實在是不平靜，除了自然禍害颱風水災缺水嚴重外，在公司資本市場上地雷狂炸，也是人禍弊端連連。舉其大者如先是六月十五日博達科技公司突然無預警地宣布聲請重整，帳上六十三億現金「蒸發」不見，一個上市股價八十元，最高時為三百六十元，市值達五百多億元的公司，在五年間美夢頓成幻影，三萬多名小股東的權益遭受影響。而博達董事長葉素菲等人則因涉嫌虛增業績美化帳面、隱匿財務操作、發行海外公司債虛偽不實、掏空公司等，被檢察官依違反證券交易法、侵占罪、背信罪等提起調查偵辦，金管會則對承辦博達公司會計簽證的勤業眾信及安侯建業兩家會計師事務所各兩位會計師，就其疏失而處以停止承辦上市櫃公司財務簽證二年的處分。

　　繼之者為泛新光集團，吳氏昆仲兄弟鬩牆的經營權爭鬥，僅著眼於家族或個人利益，而「以私害公」直把上市公司全體大眾股東的權益置之不顧；八月份則是衛道科技因十八億的資金缺口無力償付，除了股票被打入全額交割外，到期之可轉換公司債更以四折每單位四十六元贖回，影響債權人之權益甚鉅。九月三日檢調單位發現涉嫌太電百億元掏空案的茂矽、茂德兩家上市公司董事長胡洪九，因另案涉、洗錢及從事內線交易，違反證券交易法而發動全台大搜索；再者是訊碟爆發巨額虧損案，二十六億元資金流向不明，使得股價曾經高達五百一十二元的股票，當時是上櫃股王，現在是雞蛋水餃落地。而如此接二連三的企業風暴，在在侵害股東的權益，斲喪資本市場的公信機制[1]，影響國內外投資意願，損及台灣國際化的進程，相對地，亦更加突顯公司治理的重要性，已成為人民、政府、企業間都必須面對的課題。

新世紀的法律課題

第一節　公司治理的議題

公司治理並非僅是時尚語詞，而是內含諸多議題的上位概念，公司治理的績效能否有成，實繫於每個議題具體化的實踐。

公司治理是全球化的趨勢

一九九九年，經濟合作暨發展組織（OECD）公布公司治理準則（principles of corporate governance）[2]，內容涵蓋：第一、股東權利（the rights of shareholders）如確保股權登記與股份自由轉讓之權利、修訂公司章程、即時取得公司資訊與重大（交易）訊息之權利、出席股東會及行使表決權、選舉董事與分配公司盈餘之權利等。第二、股東公平對待（the equitable treatment of share-holders）：應確保平等對待所有股東，包括少數股東與外資股東、股權受侵害時都應有權請求救濟、同種類股票表決權均應同一、嚴格禁止內線交易並要求董事會應揭露任何影響公司重大利益之交易等。第三、利害關係人角色（the role of stakeholders）：利害關係人之權益受損時，應有權請求救濟、強化利害關係人之參與公司經營之機制、利害關係人取得相關資訊之可能。第四、資訊揭露及透明度（disclosure and transparency）：公司資訊及時且忠實之揭露，如公司的財務、業務、目標、主要股東與表決權狀況、董事與主要經理及其薪資、公司治理的結構與政策、重大

可預見的風險、涉及員工及其他利害關係人的重大問題等。第五、董事會責任（the responsibility of the board）：董事會應負注意與忠實之義務，執行審查並指引公司政策、主要行動綱領、風險管理策略、年度預算與營業計畫等、選任主要經理人、敘薪及監督、確保並稽核公司之財務與會計之真實及監控、對公司治理績效之監控、監督資訊揭露與溝通之程度等五大部分，提供會員國與非會員國發展檢驗公司治理績效的參考架構，將學界歷來所討論的公司治理（corporate governance）[3]，直接擴展深化到國家政府與民間企業，致使公司治理蔚為風潮，可說是國內外這幾年來最熱門討論的公司法制議題。影響所及，亦促使各國從政府部門到企業組織，從國內學術研究到國際交流評比，莫不積極調整改善相關公司治理機制，促使全球公司治理走向標準均一化的趨勢。

面對此一發展趨勢，行政院亦於二〇〇三年一月七日為強化我國公司治理之績效，並促進資本市場與金融體系之健全發展，提升國家整體競爭力，特別成立「改革公司治理專案小組」，並提出「強化公司治理政策綱領暨行動方案」[4]，作為推動公司治理之依據。

在地化的公司治理

一、家族式企業的弊端

然而，在與國際化準則接軌的過程中，亦必須兼顧國內企業的特質，以便能找對病因施以具體有效的針砭。檢視上述博達等

企業弊端的發生，不難發現它們都有著類似的原因，諸如家族化的企業特性[5]，董監事都是自家人，利用關係企業五鬼搬運，掏空母子公司的利益，會計帳目虛列不實，公司核心股東或董監事自肥，內線交易坑殺散戶小股東等。

以博達案為例，不僅公司經營團隊董監事都是自家人，公司決策亦唯董事長葉素菲馬首是瞻，公司內部監督機制失靈，然而，即使公司經營不善，公司過去獲利普通，二○○○、二○○一年度葉素菲的董事長薪資仍高達上千萬元之鉅[6]，一點都不輸給績優電子公司老闆；而其內線交易之事例，如當六月十三日博達科技臨時董事會通過聲請重整案，當時與會的董事，除董事長葉素菲外，還有葉素菲的大弟葉孟屏、創業夥伴彭進坤，和博達的財務協理賴哲賢，但博達公司並未在十三日當天董事會決議後公布，而是選擇在法定二天內期限的十五日下午公告聲請重整，致使預警熟知這重大利空重整案的人有機會在十四、十五日放空，六月十五日當天博達普通股股價漲停收盤；至於博達藉由增業績美化帳面、隱匿財務操作、發行海外公司債虛偽不實，掏空公司之操作手法，依金管會之調查如圖10-1。

二、董監薪酬與員工分紅制之改正

因此，在落實公司治理的面向上，如對於董監事之薪酬，理應有更明確與透明公開之決議程序，以避免公司董監事或員工藉分紅配股的機會，形成「董監員工吃肉，小股東喝湯」有損股東權益的情形。以台灣二○○三年的薪資為例，企業家若計入員工分紅配股以市價估算，台積電董事長張忠謀居冠，包括薪資及三千多張員工配股，年薪達二億多元，宏碁董事長施振榮、明基與

1999年12月18日上市

2000年現增	43.2億元	興建廠房購買設備
2001年現增	16.25億元	轉投資尚達
2001年CB	35億元	償還銀行借款
2001年ECB	16.95億元	海外購料
合計	111.04億元	

1. 自2000年陸續新增五大客戶，涉虛增營收及獲利
2. 應收帳款涉虛偽出售或收現→美化獲利能力及財務狀況

擬因股價下跌護盤需要，涉嫌規劃虛增業績美化財務報表

涉透過國外交易安排套取公司資金

財務操作

股票交易

涉嫌以公司資金不當為他人擔保或透過非常規交易套取公司資金

| 博達為某外國公司的銀行借款擔保，該外國公司取得資金用於認購博達公司發行的ECB，並轉換為股票全數已於市場賣出，博達則承受擔保債務 | 博達以其銀行存款為某外國公司融資擔保，因該外國公司欠款，博達銀行存款則遭止扣 | 博達疑以虛增應收帳款出售海外金融機構，疑因應收帳款無法收現，金融機構終止存款合約 | 博達與海外銀行簽訂存款合約，並授權購買金融商品契約，該金融商品契約疑為安排的交易而未具價值 |

合計1.8億美元

1. 涉將公司資金移轉外國公司認購海外可轉債，再轉換成股票賣出套取資金
2. 涉嫌以實施庫藏股及外國戶頭買賣股票，製造活絡假象，使海外可轉債認購人可以較高價格賣出股票
3. 涉嫌利用戶頭買賣股票，製造活絡假象，以利發行GDR
4. 內部人涉嫌在公司公告重大資訊前先賣出股票

1. 涉虛飾財務報表，違反證券交易法第171條、第174條及商業會計第71條
2. 涉隱匿對他人保證等交易，違反證券交易法第171條及第174條規定
3. 發行公司債，資金用途與申請不一致，違反公司法第259條規定
4. 涉背信不當財務操作造成公司損失，違反刑法第342條規定

1. 涉嫌直接或間接影響公司股價之操縱行為，涉嫌違反證券交易法第155條規定
2. 涉及內線交易，涉嫌違反證券交易第157條之1規定

圖10-1　博達弊案操作手法剖析

資料來源：《經濟日報》，2004年7月17日。

新世紀的法律課題

友達董事長李焜耀、光寶與電興電總裁宋恭源，則以一億多元名列在後，但台塑董事長王永慶及奇美總裁許文龍卻分毫未取，那到底董事長酬勞多少才合理？小股東怎樣發揮力量？亦屬公司治理之問題。

雖然，證期會對此有所規定，要求上市櫃公司必須在公司年報中揭露董事長薪酬，但公司實務常將所有董監事酬勞加起來計算，並把總經理與副總薪資包裹揭露，以致外界無法清楚掌握情況，直至二○○三年底證期會強制規定公司年報必須載明董事長與總經理酬勞。至於，國內高科技產業風行的員工分紅配股制，則是近年來備受國內外質疑的問題，由於員工分紅配股勢必稀釋股權，引起證券主管機關與外資法人股東的關切，質疑董事會大舉配發員工股票，恐會影響股東權益，此亦是公司治理必須處理的議題[7]。

蓋依現行法之規定，董事（長）的酬勞，是由章程明訂或股東會議定，而非有如其他國家乃由獨立董事組成薪酬委員會所決定。公司法第一九六條「董事之報酬，未經章程訂明者，應由股東會議定。」另依同法二三五條規定，「第一項、股息及紅利之分派，除章程另有規定外，以各股東持有股份之比例為準。章程應訂明員工分配紅利之成數。但經目的事業中央主管機關專案核定者，不在此限。第二項、公營事業除經該公營事業之主管機關專案核定，並於章程訂明員工分配紅利之成數外，不適用前項本文之規定。第三項、章程得訂明員工分配股票紅利之對象，包括符合一定條件之從屬公司員工。」故理論上，只要依法於公司章程或股東會明確訂明，即可清楚規定董監事之薪酬，但問題是，我國尤其是上市高科技公司的股權結構，散戶小股東動輒六、七十萬人，大都僅在意排隊領取股東會紀念品，常置股東權之行使

於不顧，何能寄望其利用公司內部管控自理機制，以阻抑公司派利用法令之便予取予求，因此，唯有藉由修訂相關法令乃能落實公司治理之精神。

三、資訊公開與內線交易

由博達案的發生，可以清楚看出董事長葉素菲等人利用虛列交易、獲利數字灌水等手法美化公司財務、業務績效，致使社會大眾難以掌握公司之真實情況，仍然給予投資支持，因此，如何經由修訂相關會計簽證法令，提高會計師之簽證責任，並要求公司必須公開相關公司資訊，增加其透明度利於外部監控，誠如有言，「陽光是最好的防腐劑」，以減少經營團隊內部胡作非為。

內線交易是公司治理上的另一挑戰，瑞士洛桑管理學院（IMD）歷年對台灣所作競爭力評比時，對於內線交易的防制，一向是評分最低的項目之一。雖然，一九八八年起，證券交易法即立法禁止內線交易，然而始終績效不彰，內線交易仍是傳聞不斷，即使至今實施已十七年，但因內線交易而被定罪坐牢者，亦不到二十人。因此，如何經由立（修）法更加明確規範何謂「內線交易」、何時為「內線消息」成立內線交易、獲利者與失利者如何界定及如何賠償等等問題，亦是公司治理上重要的課題。

四、獨立董監事制的商議

近幾年來，獨立董監事制一直是公司治理上，社會大眾最關注矚目的議題，外國立法例如美國要求上市公司董事會成員，應有二分之一以上為獨立董事，韓國則規定上市公司董事會，獨立

新世紀的法律課題

董事應達四分之一以上，但資產總額達兩兆韓元以上的公司，其獨立董事至少應有二分之一以上。我國則自二○○二年起，爲推動「上市（櫃）公司獨立董事、獨立監察人制度」，提升國內公司治理，要求凡是新申請上市（櫃）者，都必須設置獨立董事二名，獨立監察人一名。

然而，獨立董監事與審計委員會（稽核委員會），是美式公司組織上常見的設計，但是，獨立董、監事並非就是公司治理之全貌，過度依賴獨立董事制度反而會造成錯覺，誤以爲獨立董事就是強化公司治理的萬靈丹。事實上，公司治理的層面，所涉及的議題除了強化公司治理績效的獨立董事外，尚包括資訊公開揭露透明、公司內部監管審計、會計師簽證制度，甚至是併購市場相關法令之完善與否。

尤其是政府於博達案後，爲避免再爆發類似的企業財務危機，金管會提議修正證券交易法，規定上市上櫃等公開發行公司獨立董監事比重須達四分之一以上，符合一定條件者並將強制設立審計委員會等，預計自二○○六年一月一日生效。對此包括工總、商總、工商協進會等三大工商團體表示，企業都支持公司治理，但建議獨立董事的設置不應採強制執行，而應採逐步、自願方式辦理，以免一下子所需適任獨立董事數量不足而流於形式，台灣的企業界都很聰明，一旦沒有適任人選，但又得合乎政府規定，「誰沒有幾個親朋好友」，變通方法很多[8]。

當然，獨立董事之功能爲何？究竟是「獨立董事超人論」抑或是「獨立董事無用論」？「獨立董事超人論」認爲獨立董事應有抗衡經營者的能力，如藉由否決權等以大幅提高獨立董事的權責來監督經營者；相反地，「獨立董事無用論」則認爲獨立董事未必具有公司經營的知識與經驗，對於公司的經營參與不深，所

知不多，不太可能有實質的貢獻。如果獨立董事握有大幅權責，多方干預，更可能妨礙公司的經營（柯承恩，《經濟日報》2004年8月20日，版A6）。學者認為，獨立董事的功能，在於提供企業經營者與經營團隊之諮詢與督導之用，制度的設計與推動應該思考如何架構獨立董事與經營者之間的良性互動，促使經營者借重獨立董事改善公司決策與監督制度運作的品質，過度將獨立董事作為與經營者抗衡的機制，並不適當。

事實上，對於獨立董事期望過高或者過度擔憂兩極化的評價，或許都不適當，無法正確理解獨立董事制的重點，而宜從組織架構的規範面來作觀察審思，始能有效掌握其精髓。尤其是，政府在「強化公司治理重要政策方向」上，有意將原本董監雙軌制（dual board system），改為董事會單軌制（single board system），使公司法上的大陸（德制）法系傳統，轉向改為海洋英美法系新制，實更值得吾人探究監察人制度的存廢問題

第二節　監察人制度存廢問題

二○○三年一月七日，行政院為強化公司治理之績效，促進資本市場與金融體系之健全發展，提升國家整體競爭力，特別成立「改革公司治理專案小組」，並提出「強化公司治理政策綱領暨行動方案」，作為推動公司治理之依據。其中在「強化公司治理重要政策方向」，對於強化公司治理機制的具體措施，即是著重健全內部控制制度，設置獨立董監事或審計委員會制度，改進公司內部稽核單位之位階，增加其獨立性，以循序建立獨立董監事制

度，開放實施董事會單軌制（single board system），此項行動方案，則責由財政部（證期會）於二○○四年證券交易法修正後辦理。

雖然，財政部在最近初步決定，證券交易法將維持董監雙軌制，並擬修法增訂公司董監事不得由同一法人指派。而且，公司如有設立「審計委員會」者，亦僅為強化董事會結構，不得取代監察人制度[9]。但是，無可避免地，我國公司傳統董監雙軌制（dual board system），勢必因「審計委員會」而使監察人的功能有所變動，如此則已存在我公司法制百年之久的監察人制度何去何從，實在值得吾人關心。因為法制度之移植，必須理性認知任何制度都是良窳並存，唯有能夠施行落實的才是好的制度，而直接改善現行制度的窳劣部分，卻比簡略地以「迎新棄舊」的處理方式更來得合理與有效。至於，寄意兼採歐美之長而綜（混）合之，雖是值得期待的美景，但有時卻是執行實效上的敗筆，當監察人制未能就本土情境思考改善其所以監督不足處，卻率然引進之獨立（外部）監察人或「審計委員會」，單純寄望其有幡然矯治之效果，吾見其未可也。

我國監察人法制的發展歷程

一、一九○四年中國首部公司法即有類似監察人制

一九○四年一月二十一日，清光緒二十九年十二月五日，清廷正式頒行「公司律」[10]，是為中國第一部公司法，開啟往後公

司法制發展之先河。「公司律」分十一節，一百三十一條條文，五分之三仿效日德，五分之二師法英國，可說是大陸法與英美法的綜合體，其中第五節即規定「查帳人」（公司律第七十九條至第八十四條），明定查帳人至少二人由股東會選舉之，任期一年，連選得連任之。董事不能兼任查帳人，查帳人可以隨時到公司查閱帳目一切簿冊，董事及總辦人等不能阻止，如有詢問應即答覆，其職權類如今日之監察人制，因此，監察人可以說是中國從有公司法就有的制度。

二、一九二九年公司法監察人為法定必備常設機關

一九二七年，國民政府奠都南京，行政院所屬工商部組織工商法規討論委員會，從事公司法之修訂。一九二九年十二月七日，公司法草案經立法院完成審議，同月二十六日國民政府公布，一九三一年七月一日起正式施行，是為民國成立後第一部經立法程序制訂完成之公司法[11]。此次公司法之制訂，乃仿德國及日本立法例，以監察人為股份有限公司之法定、必備、常設之監察機關，由股東會就股東中選任之，職司監察董事（會）之業務執行及審核公司會計[12]，但對於監察人人數為何，並未設有規定。

三、一九四六年公司法建立監察人基礎規模

抗戰勝利後，一九四六年四月十二日公司法修正公布施行，對於監察人有較舊法更為詳盡的規定，舉其重要者如：除原規定監察人須為股東，由股東會就股東中選任之外，監察人中至少須

有一人在國內有住所（公司法第二〇〇條[13]）；監察人任期一年，但得連選連任（公司法第二〇二條）。此條文之立法意旨，據草案起草者所言[14]，乃在於年改選一次之目的，在於使股東會有考核之機會，而且，監察人之職務與董事不同，無駕輕就熟深知業務之必要，故任期一年，無妨公司之大局。監察人為專職，不得兼任公司董事及經理人（公司法第二〇九條），各得單獨行使監察權（公司法第二十八條），隨時調查公司財務狀況，查核簿冊文件，並請求董事報告公司業務情形（公司法第二〇四條）。監察人對於董事所造送於股東會之各種表冊，應核對簿據、調查實況、報告意見於股東會（公司法第二〇五條），且於執行前二項（公司法第二〇四條、第二〇五條）事務時，得代表公司委託律師、會計師辦理之，其費用由公司負擔（公司法第二〇六條）。

285 ••••••

四、一九六六年引進累積投票制選任

一九六六年公司法修正時，對監察人最大的變革，在於仿日、美立法例，採用累積投票制（cumulative voting），選任董事、監察人（公司法第一九八條、第二二七條），亦即股東會選任董事或監察人時，每一股份有與應選出董事或監察人人數相同之選舉權，得集中選舉一人，或分配選舉數人，由所得選票代表選舉權較多者當選為董事或監察人。藉此以改正因董事、監察人分兩次選舉時，監察人由於人數較少，常需大股東（指當選董事者）之支持，始能當選，致使監察之效果不易。

第八章　新世紀的公司治理

五、一九八○年合併同時選任董監事

　　一九八○年公司法修正時，規定股東會選任董事，同時選任監察人者，應與選任監察人合併舉行；每一股份有與應選出董事及監察人人數相同之選舉權，得集中選舉一人，或分配選舉數人，由所得選票代表選舉權較多者，分別當選為董事或監察人（公司法第一九八條第二項）。依前項規定同時當選為董事與監察人之股東，應自行決定充任董事或監察人，其缺額由原選次多數之被選人遞充（公司法第一九八條第三項）。立法目的在使董事與監察人選舉合併舉行，由股東會累積計票，可以奠定監察人之獨立地位，保障小股東之權益。原因在於過去公司法對監察人之選任未設特別限制，故習慣上董事與監察人由股東會分二次選舉，則其結果，監察人當選之票數常遜於董事，事實上必須由數個董事聯合才能推出一位監察人，造成監察人之產生全賴董事，董監利益依存關係如此，根本不可能實施監察權，監察人形同虛設[15]。

六、一九八三年刪除合併選任董監事

　　一九八三年，鑑於董事係執行公司業務，與監察人係行使監察權之性質不同，強行合併選舉董事、監察人，似有未宜。而且，別具用心之股東一旦當選為監察人，即假行使監察之名，利用隨時調查公司業務財務狀況為手段，滋擾公司以謀私利，影響公司及股東大眾權益甚鉅，因此，公司法修正時，乃刪除董事、監察人合併選舉之規定，恢復一九八○年修正前之條文規定，分別選舉董事、監察人[16]。

七、二○○一年公司治理時代之監察人

二○○一年十一月十二日，總統命令公布公司法第十二次修正後之新公司法，本次修正條文多達二百三十五條，幾乎為公司法條文總數之二分之一，幅度不可謂不大，其中與監察人有關者：

(一)專業獨立監察人已無須具有股東身分

為發揮監察人監督功能，加強監察人之專業性及獨立性，並體現企業所有與企業分離原則，規定監察人不以具有股東身分必要，並明定資本額新台幣五億元以上之公開發行股票公司必須設有二人以上之監察人（公司法第二一六條第一、二項），以兼顧並發揮監察功能；為保障股東權益，促進公司業務正常經營，並防止現行實務上常見因公司經營權之爭，致使監察人遲未改選之事例，乃明定「監察人任期屆滿而不及改選時，延長其執行職務至改選監察人就任時為止。但主管機關得依職權，限期令公司改選；屆期仍不改選者，自限期屆滿時，當然解任」（公司法第二一七條）。另外，為避免監察人全體解任時，無監察人行使財務報表查核、業務及財務調查等情形，公司陷於無監察人監督狀態，增訂「監察人全體均解任時，董事會應於三十日內召開股東臨時會選任之。但公開發行股票之公司，董事會應於六十日內召開股東臨時會選任之」（公司法第二一七條之一）。

(二)監察人應監督公司業務執行並得列席董事會

監察人應監督公司業務之執行，並得隨時調查公司業務及財

務狀況，查核簿冊文件，並得請求董事會或經理人提出報告（公司法第二一八條）。而且，為強化監督權功能，使監察人能夠知微見著，提早發覺董事等之瀆職行為，故增訂監察人得列席董事會陳述意見，俾使明瞭公司之業務經營，發揮作為公司業務監督機關之應有功能（公司法第二一八條之一）。而對於董事會不為或不能召集之情形，為積極發揮監察人之功能，乃參考德國立法例，規定監察人除董事會不為召集或不能召集股東會外，得為公司利益於必要時召集股東會（公司法第二二〇條）。

(三)章程自治選舉方式先於累積投票制

董事、監察人之選任方式，視為是公司內部自治事宜，致使原本之累積投票制，僅得於公司章程未有規定選舉方式時，始有適用之餘地，亦即公司可藉由章程之規定，排除採用累積投票制選舉監察人。依據現行公司法之規定，股東會選任董事、監察人時，除公司章程另有規定外，每一股份有與應選出董事、監察人人數相同之選舉權，得集中選舉一人，或分配選舉數人，由所得選票代表選舉權較多者，當選為董事、監察人（公司法第一九八、二二七條）。

對此修正規定之合理性實有疑義，蓋累積投票制之設，在於確保一定成數股權之少數股東亦有機會選任自己的董監事代表，以防止多數派股東利用所處優勢，把持董監事選舉[17]。當然，斯制之設對於少數股東利益之保護究竟有何實質意義，不無問題[18]，尤其是董事會基本上是個集體決策體（klollegialorgan），雖有少數股東代表，卻也容易產生董事會決裂，破壞企業內部運作最重要的合作和諧氣氛，或者在董事會多數決議規定下（公司法第二〇六條），少數股東所選派代表可以發揮的力量亦實在有限。所以，

有學者認為考量董事會之經營效率，避免董事會不同派系董事對立，或有必要排除累積投票制適用於董事選舉，但對於監察人而言，採用累積投票制，「則僅見其利，而無其弊，更易達監督之目的」[19]。

(四)經由資本市場法令落實獨立董監事制度

依我國目前政府部門分工，公司法制屬經濟部，資本市場法制則歸財政部執掌，因此，證券交易法相關法律規定，實際亦可影響公司治理之運作。

1.獨立（外部）董監事制

財政部證券暨期貨管理委員會，為推動「上市（櫃）公司獨立董事、獨立監察人制度」，提升國內公司治理，要求自二○○二年起，凡是新申請上市（櫃）者，都必須設置獨立董事兩名，獨立監察人一名[20]。並且，為確定獨立董監制施行後，提供公司遴聘獨立董事、監察人之參考，解決上市（櫃）公司難覓適當人才之窘境，亦著手建置「獨立董事、獨立監察人人才資料庫」，登錄的獨立董監事人數目前已超過一千人以上[21]。

2.上市上櫃公司治理實務守則

二○○二年十月四日，證券交易所及櫃檯買賣中心制訂公布「上市上櫃公司治理實務守則」，以為協助上市上櫃公司建立良好之公司治理制度，並促進證券市場健全發展。守則中依循OECD所揭櫫之公司治理五大準則，明定上市上櫃公司建立公司治理制度時，應依下列原則為之：1.保障股東權益。2.強化董事會職能。3.發揮監察人功能。4.尊重利害關係人權益。5.提升資訊透明度。其中對於發揮監察人之功能，除要求監察人應適時行使監察權，促使監察人制度之運作更為順暢外，為確實監督公司之財務業務

事項，必要時亦得委託專業會計師、律師代表審核相關事務。

而且，應該避免公司之監察人與董事為同一法人之代表人，或監察人與董事間有實質無法獨立行使職權之情形，公司於申請上市或上櫃時對於證交所或櫃檯買賣中心所出具之相關承諾事項，監察人宜督促公司確實補正改善，以免日後損及股東權益。又監察人應確實查閱內部稽核報告，追蹤公司內部控制與內部稽核之執行情形。遇有危害公司之狀況，監察人倘能適時主動告知主管機關及證交所或櫃檯買賣中心，將有助先期防範或遏止弊端。

公司監控模式與公司治理

一、公司法制的發達即在矯治企業弊病

檢視歷來公司新法制的變革，通常都是為了對抗企業不當行為而生，存在於法條背後的，往往是一頁頁的企業犯罪史，譬如為了制裁濫用公司法人制度所建構的否認公司人格或追究責任之制[22]；為了防止董事為非作歹，賦予少數股東甚或個別股東的訴權（aktionärsklage）；為了避免控制從屬母子公司間之不當利益輸送或侵權行為，制定了關係企業法[23]等。

當然，公司治理所以蔚為顯學，亦難脫此模式。二○○一年十二月二日美國第七大公司安隆（Enron）[24]宣布破產，掀起一連串知名企業相繼爆發弊案，如世界通訊（WorldCom）、泰科（Tyco）、全錄（Xerox）、默克藥廠（Merck）、安達信會計師事務所（Anthur Andersen）等公司，強烈打擊投資大眾的信心，「怎

麼最會爬樹的猴子也會從樹上掉下來[25]？」使得要求公司經營階層的董監事們能善盡職責，公司信息能夠更加透明，充分揭露相關營業財務資訊，以保障股東、債權人及投資大眾等的最佳權益，建立良善的企業治理機制，成爲當務之急。

一九九七年底，亞洲發生金融風暴，暴露出家族與集團化企業背後財務資訊不透明的嚴重性。而台灣則於隨後一九九八年十月起，相繼爆發包括國產汽車、東隆五金、國揚建設等十七家上市公司之本土型金融風暴，企業陷入經營危機，突顯我國公司治理的諸多問題[26]，包括：第一、公司決策機制閉鎖，例如：家族企業公司股權集中、董監事功能不彰等因素，造成公司決策受到董事長或少數人操縱。第二、財務不透明，例如：關係人借款及交易（如大陸或第三地投資往往以關係人借款，再以關係人個人名義投資大陸或第三地）、公司財務報表不實等。第三、財務槓桿過高，例如：交叉持股、炒作股票及房地產等。至於其他方面，尚有例如：員工分紅入股、併購、投資人保護、公營事業管理、金融服務業及特定行業管理等問題亟待處理。

問題是，在經過企業弊案及法制改革後，台灣公司治理的實際績效如何呢？依據里昂證券公司（CLSA）分別於二○○二及二○○三兩年所作的評等，報告顯示在十個亞洲國家（地區）中，以新加坡、香港的表現最佳，韓國及中國大陸排名分居第五、第八，但在平均得分有明顯的進步（另公司排名部分，韓國、中國大陸表現較國家排名略佳）。而台灣在國家排名持續居第四（另公司排名居第七），但平均得分並無進步[27]。此結果直接促使行政院成立「改革公司治理專案小組」，提出前述「強化公司治理政策綱領暨行動方案」，以作爲我國公司治理之指導方向。

事實上，公司治理雖是新詞[28]，但就其與公司制度有關之議

題面向[29]，從來就是公司法學研究的重點，因此，以公司組織而言，如何設立機關分工，合宜適度地配置職掌，除了藉此建構公司業務機關經營（führung）成功的基石外，亦需要公司的監控機關能夠發揮良善的監督（überwachung）效能[30]。因此，監察人能否發揮監督功能，那監察人如何產生，是否顧及企業本土結構的特點，監察人與董事會之關係如何，在在都是關鍵的環節。

二、公司監控模式

各國公司監控模式不一，都各具特色，美國式的公司監控模式為董事會單軌制（圖10-2）。

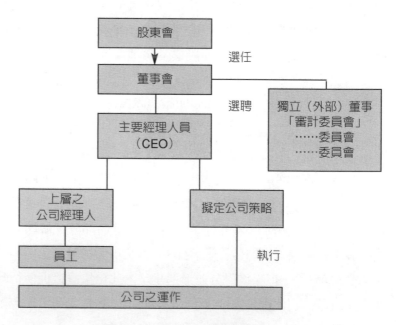

圖10-2　美式公司監控模式

資料來源：劉連煜（1995：1190）。經作者增刪改定。

新世紀的法律課題

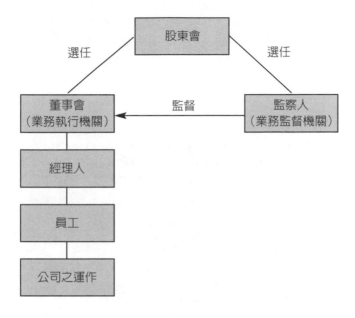

圖10-3　我國公司監控模式

　　我國的公司監控模式，採用董監雙軌制（圖10-3）。

　　至於，董監雙軌制母國源頭的德國，其監察人制之發展，可謂源遠流長。十八世紀時，德國公司法制對監察人仍然陌生，更遑論其內涵爲何，公司組織內部監控機制，大都藉由個別契約或章程規範，直至十九世紀中葉起，才開始對於股份有限公司（AG）內部組織之監控有所著力。一八六一年，德國（普魯士）公布德國商法通則（Allgemeinen Deutschen Handelsgesetzbuches, ADHGB），正式設立監察人（aufsichtsrat）[31]，它是德國公司法制上的創造品[32]，其所採行的公司監控模式，雖然與我國同爲董監雙軌制，但是是由股東會（後因產業民主制加入公司員工）選出監察人，再由監察人選任公司業務執行單位——董事會，其公司

第八章　新世紀的公司治理

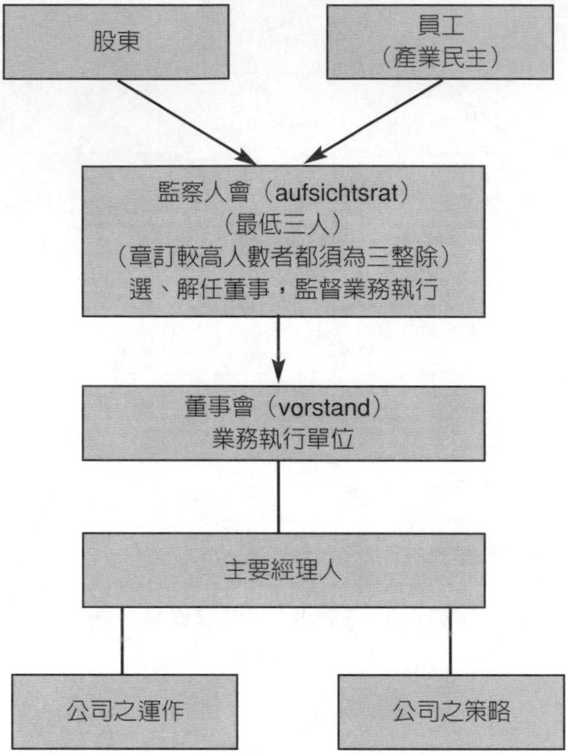

圖10-4　德國董監雙軌制

監控模式，如圖10-4所示。

　　比較上述不同的公司監控模式，實難判定哪種機制最具效能，因為德國與美國可說分別各自代表大陸法與英美法的典範國家，彼此難分軒輊，各有其制度的發展背景。有學者即從歷史的發展脈絡觀察，而歸結美國式之公司治理模式，是偏向資本市場法的（kapitalmarktrechtlich），以保護投資者之利益是尚，也就是說著重在股東財產權益，是為單面向取向的（eindimensionale ori-

entierung）；而歐洲大陸（德國）公司治理模式，以公司法制
（gesellschaftlich）爲核心，權益保護的取向多元（interessenplu-
ralität），除了股東的權益外，少數股東或者是銀行（債權人），
都是保護之內容，也因此除非釐清這根本分野，否則對於瞭解德
國公司法制創設資本確定與資本維持原則（kapitalaufbringungs
und erhaltungsgrundsätze）之因緣，或者對於會計法（bilanzrecht）
上，對債權人之保護優於投資股東之規定，恐怕難以瞭解[33]，因
此，掌握此原點差異，將有助於認識兩國不同之公司監控發展進
程。

　　社會上，對於我國監察人之刻板印象，就是在財報上蓋章，
然後坐領乾薪，直到公司出事了，資產被掏空時，一幅不知情的
委屈面貌，擺得彷彿比誰都倒楣。監督功能素來被批評不彰，有
學者即直指「監察人的功效，簡單地說，不怎麼樣；如果更刻薄
一點，實務界對監察人的觀感是聊備一格，作用和監察委員差不
多」[34]。反觀，在德國擔任監察人，特別是監察人會主席，即使其
薪資較董事來得微薄許多，在社會上卻仍是個備受尊崇的職位[35]。
因此，探究我國監察人地位淪落至此的原因，並提出改正此種法
律與現實脫節（diskrepanz）的現象，實宜就如下幾點考量。

　　我國因以中小企業爲主，股權多集中在核心股東上，深具家
族企業特色，公司較屬閉鎖型，董監事的選任勢必無法開放多
元，如此則選任出之監察人究竟能對公司董事業務之執行發揮多
少監控功能，實不無疑問。因此，對於此類公司，在董監相互依
存關係密切的情況下，究竟宜採用上述美、德及我國之公司監控
模式，實際上應該並無多大分野。

　　但是，對於資金密集上市（櫃）的公眾型公司（publikumsge-
sellschaft）而言，則上述三種美、德及我國之公司監控模式，確

實會產生不同的影響。美國式公司監控模式，採用董事會內部審查稽核機制，則獨立董監事或審查會人選聘任皆出自董事會，實不敢期待這些人能夠發揮監督制止之職責，因此，冒然引進定爲法制度，新進品種能否適應本土情境，實在值得考慮。相反地，德國之董監雙軌制，監察人由股東會（含公司勞工）選任，再由監察人選任董事（解任時亦同），組織董事會以執行公司業務，監察人人數至少三人，如公司章程另有較高之約定者，從其約定，但其監察人總數須爲三的倍數，如此則監察人會，實不啻爲常設之股東會[36]。而且，以監察人在我國公司法制並存之經驗，如果能夠從選任監察人、董監職權結構上仿德國立法例，應無美制初來乍到生疏之失，且能有效減緩傳統監察權閒散功能不彰的流弊。

「公司治理」雖是熱門新詞，但事實上，自有公司此一商業營利組織起，公司內部關係（innenverhältnis），諸如股東地位、股東權利義務及執行業務機關與監督業務機關間的權責問題，及探討公司人格地位，及對公司債權人、社會大眾等權益規定之公司外部關係（Auß enverhältnis），就已經是公司法及證券交易法等相關法制度所永恆關注的課題。回顧這百年來公司法制的發展，當時，清廷之所以改弦易轍，揚棄「賤商」的文化傳統[37]，實爲救亡圖存，欲藉重商貿易改變凋敝的民生經濟。「公司律」的制頒，可說是東方意會到現代化的進程，除了船堅炮利新式科技之外，更需學習西方典章制度的事例，而此種仿效外國法律作爲立法草案藍本，大量引進外國制度，而與本土傳統固有法制幾已完全脫離的現象，可說是海峽兩岸法律現代化的發展模式，不論是傳統法域的民（訴）、刑（訴）法，或是新興的證交、期貨、公平交易法等，都不脫外國法律的影響。如此現象，推究其源，學者

認為「乃由於新制度的引進，非因自發自覺，而係被動的在外力衝擊下為期救亡圖存所作的回應」。而且，展望未來，在「國際化、自由化」的政策目標下，這種外國法律或國際協約為立法藍本的模式，可能越演越烈[38]，「公司治理」不就是個現成的事例嗎？

當然，以今日地球村的觀點，引進外國法制，絕非就是負面而應給予撻伐，而是吾人必須瞭解就法律的功能而言，法律是社會規範整合的工具[39]，既須面對社會弊病而時有調整，俾以維持其規範功能，同時亦須善用法律明確且具強制力之特質，積極發揮其社會控制（social control）[40]的整合功能，引領社會正向地發展。因此，如何針對問題之真正所在，對症下藥，制定適宜本土情境的法制度，不能錯把馮京當馬涼，誤以為引進他國法制即為治病萬靈丹（allheilmittel），實不宜因為過去公司法未對監察人良善規劃，致使先天體質不良（kinderkrankheiten）而功能有限，就認為應即改弦易轍，引進獨立董監新制或審查委員會，以取代監察人。

公司法前輩張肇元曾言，「外人讀我法律，必曰既非甲制，又非乙制。既有甲制之骨骼，又有乙制之皮毛，猶長衣袍掛，西冠革履，事實如此，誠非謬論。然老大古邦一躍而為新興強國，即在其能取人所長捨人之短耳」[41]。公司治理時代，公司法制在監察人身上，是否應再套件獨立董監新制，前輩之言，是耶！非耶！

第八章　新世紀的公司治理

問題討論

一、經濟合作暨發展組織（OECD）公布的「公司治理準則」內容為何？

二、公司是什麼人的公司呢？是股東抑或是公司自身？公司職工應該包括在內嗎？公司債權人與社會大眾的權益呢？

三、台灣企業常見的弊端有那些？它是否與我國家族企業、中小企業特性有關？

四、怎麼樣才能發揮公司治理的績效？

五、你怎麼評估我國監察人制度的存廢問題？

新世紀 的 法律課題

註釋

1 報載企業發債籌資由於受到博達案的影響，包括上市櫃等公開發行
公司，七月經核准發行海外公司債（ECB）金額只有二億美元，遠
低於六月的十八‧一四億美元，而現金增資籌資活動亦急遽萎縮。
此外，證券商拒發權證結果，七月權證市場也創下八十五億元，今
年最低量的成交值。《經濟日報》，2004年8月23日，頭條。

2 OECD公佈的「公司治理準則」，其二○○四年最新修正版本，請參
閱網站：http://www.oecd.org/ document/49/0,2340,en_2649_34813_
31530865_1_1_1_1,00.html。

3 雖然，公司治理可說已是傳誦耳熟能詳的語詞，但是，其內容究竟
爲何，在我國仍無統一的標準，請參閱，〈我國公司治理〉（台北：
財團法人中華民國證券暨期貨市場發展基金會，2002年），頁1。

4 請參閱行政院改革公司治理專案小組，〈強化公司治理政策綱領暨
行動方案〉（台北：行政院，2003年），頁4。行政院經建會網站資料
取自http://www.cepd.gov.tw/indexset/indexcontent.jsp?
task=direct&topno=1&url=../analysis/corporate% 20governance%20meet-
ing/corporate%20governance%20meeting.htm。

5 事實上，就企業的股東結構而言，世界上大概除了美國與英國外，
大部分的上市公司皆存在明顯的大股東，而且又以家族控股爲最主
要型態。

6 據商業周刊調查，八百六十六家上市櫃公司董事長二○○三年的平
均薪酬爲四百零五萬元，不過，董事長的薪資並非都與公司淨值報
酬率成正比，八百六十六家上市櫃公司中有四分之一去年的薪資增
加，但公司淨值報酬率卻下降。其中台一國際、茂矽、友旺、國喬

石化、倫飛等五家公司去年稅後盈餘、淨值報酬率均為負，而董事長的薪資仍達六百五十萬至九百三十萬元之間。《聯合報》，2004年8月19日，版A11。

7 但與此不同令人矚目的例子，則是鴻海集團總裁郭台銘，二○○四年七月九日透過重大訊息對外揭露，自掏腰包申報交付信託八萬張鴻海股票，以當日鴻海收盤價每股一百一十九元計算，這筆交付信託的股票市值高達九十五·二億元，就其股票每年配股全數用於激勵鴻海員工，減緩員工配股稀釋獲利，顛覆公司治理，化解經營團隊與股東利益衝突。

8 《經濟日報》，2004年7月10日，版A1。

9 《經濟日報》，2004年5月5日，綜合新聞，版6。

10 賴英照，〈中國公司立法之回顧與前瞻〉，載於氏著，《公司法論文集》（台北：中華民國證卷市場發展基金會，1988年），頁11；Chun Li (李俊)，"The Kung-ssu-Lu of 1904 and the modernization of Chinese Company Law", *Chengchi Law Review*（政大法學評論）（1974），1(10), p. 171; 2(11), p. 163.

11 賴英照，前揭文，頁16。

12 柯芳枝，〈日本法上外部監察人制度之探討〉，《台大法學論叢》，第25卷，第1期，陳故名譽教授棋炎先生紀念特刊（1995年），頁252。

13 此處公司法，乃指一九四六年之公司法而言，後各段括號內所稱之公司法，亦都指各當該年之公司法，並非現行公司法條文。

14 張肇元，《新公司法解釋》，（台北：中華文化，1957年），頁168。

15 林咏榮，《新版商事法新詮（上）》（台北：五南圖書出版公司，1985年），頁529。

16 柯芳枝，前揭文，頁253（註六四）。

17 當然，對累積投票制亦不能給予太多的期待，一方面是並非所有少數股東，而是必須擁有相當成數股權的少數股東，始有機會藉此獲得董監事席次；再者，如果應選出之董監事人數縮減，或是將董監事的任期錯開（如每年改選三分一），都可以使持有相當成數股權的少數股東，全無機會利用累積投票制選出代表。劉連煜，〈累積投票制與應選董事人數之縮減〉，載於氏著，《公司法理論與判決研究（一）》（台北：三民書局，1997再版），頁23。

18 劉連煜，前揭文，頁28。

19 柯芳枝，《公司法論》（台北：三民書局，1999年），頁368（註二九○）；黃銘傑，〈監察人〉，收錄於賴源河等合著，《新修正公司法解析》（台北：元照出版公司，2002年），頁289。

20 二○○三年八月九日財政部證期會（台財證一字第○九一○○○三九四八號函）、證交所（台證九一上字第一○二二七六號函）。

21 請參閱證期會「獨立董、監人才資料庫」，http://www.sfi.org.tw/watch/main.asp。

22 濫用公司法人制度，可說是與法人理論同時而生的問題，各國對其處遇手段，不論是英美法的「否認公司人格」（disregard of corporate personality）、揭開公司面紗（piercing the corporate veil），或是德國法的追究責任（durchgriffshaftung）之制，確實都各具特色。相關文獻請參閱劉興善，〈論公司人格之否認〉，載氏著，《商法專論集》（台北：三民書局，1982年），頁269；黃鴻圖，〈公司人格否認理論之研究〉，政大碩士論文（1984年）；范建得，〈論公司人格之否認〉，《財經法論集：柯芳枝教授六秩華誕祝賀文集》（台北：三民書局，1997年），頁1；（德文）Grunewald, *Gesellschaftsrecht*, 3. Auflage, 1999, Rdz. 143ff.; T. Raiser, *Recht der*

Kapitalgesellschaften, 2. Auflage(Münch: VerlagFranz Vahlen, 1992), §
29; K. Schmidt, *Gesellschaftsrecht,* 2. Auflage(Köln: Carl Heymanns
Verlag, 1991), § 9 "Durchgriffsproblem"：（英文）Gower's
Principles of Modern Company Law, 6th edition, 1997, p. 148; M. E.
Roszkowski, *Business Law: Principles, Cases, and Policy*(Illinois:
collins Publichers,1989), p. 946.

23 洪貴參，《關係企業法——理論與實際》（台北：元照出版公司，
1999年）；Emmerich, Volker & Sonnenschein, Jürgen, *Konzernrecht,*
6. Auflage(Müncher: C. H. Beck, 1997).

24 Enron成立於一九八五年，原爲天然氣分銷公司，後改變經營方
式，把天然氣當大宗物資來交易，成爲北美洲及英國最大的天然氣
交易商，資產高達六百八十億美元，是全美排名第七大的企業。然
而，事實卻是安隆九〇年代的風光業績，全是捏造的，都是透過與
旗下合夥公司的買賣交易，藉以規避負債的揭露及隱藏損失，製作
財務假報表掩蓋眞象。

25 劉紹樑，《從莊子到安隆—A⁺公司治理》（台北：天下出版公司，
2002年），頁27。

26 請參閱行政院經建會「強化公司治理政策綱領暨行動方案」，頁4，
網址爲 http://www.cepd. gov.tw/indexset/indexcontent. jsp?
task=direct&topno=1&url=../analysis/corporate%20governance%20meet
ing/corporate%20governance%20meeting.htm。

27 《經濟日報》，2003年8月26日，六版。

28 學者指稱「公司治理」名詞出現於一九六〇年代，近十年來始較爲
人知，請參閱劉紹樑，前揭書，頁21。

29 事實上，公司治理既是全球化，也是跨領域的議題，它所觸及的領
域，其實不僅是公司法而已，更牽涉到企管、財務、會計等範圍，

無怪乎有人認為，公司治理是一個從法律學、經濟學、財務學、會計學，甚至政治學、文化學與社會學的多元角度來探討的課題。江丙坤，〈公司治理提升國家競爭力〉，載於劉紹樑，前揭書，推薦序。

30 B. Kropff & J. Semler, *Münchener Kommentar zum Aktiengesetz* (München: C. H. Beck/Verlag Franz Vahler, 2004).

31 R. Wiethölter, *Interessen und Organisation der Aktiengesellschaft im amerikanischen und deutschen Recht* (Karlsruhe: Verlag C. F. Müller, 1961), S. 271.

32「有限（責任）公司」（gesellschaft mit beschränkter Haftung, gmbH），亦為立法者著名的藝術創作品（kunstschöpfung）。至於目前廣被各界審慎討論的「產業民主」（mitbestimmung），德國於一九二○年之Betriebsräte-Gesetz即已立法規定。

33 H. Merkt, "Zum Verhältnis von Kapitalmarktrecht und Gesellschaftsrecht in der Diskussion um die Corporate Governance", *Die AG* (2003/3), 127, S. 126.

34 劉紹樑，前揭書，頁175。

35 M. Lutter & G. Krieger, *Rechte und Pflichten des Aufsichtsrats,* 2. Auflage (Freiburgi. Br.: Rudolf Haufe Verlag, 1989), S. 22.

36 林咏榮，前揭書，頁282。贊同我國改採德國公司監控模式者如劉連煜，《公司監控與公司社會責任》（台北：五南圖書出版公司，1995年），頁144。

37 中國歷史上，商人雖在春秋戰國時代有過黃金時代，但自秦統一天下後，「上農除末，黔首是富」（《琅玡刻石》），以抑商為基本國策，影響所及，近二千年之中國傳統社會都以「重農抑商」為務，直至近代西力東漸以後，商人的地位始再度回升，甚至富可敵國力

303

及世界。唐力行，《商人與中國近世社會》（台北：台灣商務印書館，1997年），頁6。

38 賴英照，前揭書，頁15。

39 諺云：「有社會，必有法」（ubi societas ibi jus），「有法，斯有社會」（ubi jus ibi societas），即言法與社會之共生互動關係。按jus之意有二，一是指法律（law），一是指權利（a right），此處係指法律而言。見B. A. Garner, *Black's Law Dictionary,* 6th. edition (St. Paul: West Publishing Co., 1990), p. 857.

40 "social control" 一詞出自二十世紀初美國社會學家E. A. Ross，「法律是社會控制最特別和完善的工具」（law as the most specialized and highly finished means of social control），但其真意並非指監督（berwachung）或管制（prfung），而是著重在秩序（ordnung）、影響（einflu）或社會的統制（soziale herrschaft）功能，見M. Rehbinder, "Rechtskenntnis, Rechtsbewutsein und Rechtsethos als Probleme der Rechtspolitik", *Jahrbuch fr Rechtssoziologie und Rechtstheorie,* Band 3: Zur Effektivitt des Rechts (Düsseldorf: Bertelsmann Universitätsverlag, 1972), S. 25.

41 張肇元，前揭書，頁24。

參考文獻

外文書目

Chun Li(1974). "The Kung-ssu-Lu of 1904 and the modernization of Chinese Company Law". *Chengchi Law Review,* 1(10), p. 171; 2(11), p. 163.

Emmerich, V. & Sonnenschein, J. (1997). *Konzernrecht.* 6. Auflage. München: C. H. Beck.

Garner, B. A. (2004). Black's Law Dictionary. 8. edition. St. Paul: West Publishing Co.

Kropff, B. & Semler, J. (2004), *Münchener Kommentar zum Aktiengesetz,* Band: 3. München: C. H. Beck/Verlag Franz Vahlen.

Lutter, M. & Krieger, G. (1989). *Rechte und Pflichten des Aufsichtsrats.* 2. Auflage. Freiburg/i. Br.: Rudolf Haufe Verlag.

Merkt, H. (2003). "Zum Verhältnis von Kapitalmarktrecht und Gesellschaftsrecht in der Diskussion um die Corporate Governance". *Die AG*, 127, S. 126.

Raiser, T. (1992). *Recht der Kapitalgesellschaften.* 2. Auflage. München: Verlag Franz Vahlen.

Rehbinder, M.(1972). "Rechtskenntnis, Rechtsbewußtsein und Rechtsethos als Probleme der Rechtspolitik". *Jahrbuch für Rechtssoziologie und Rechtstheorie,* Band 3: Zur Effektivität des Rechts. Düsseldorf: Bertelsmann Universitätsverlag, S. 25.

Roszkowski, M. E. (1989). *Business Law: Principles, Cases, and*

Policy. 2nd edition. Illinois: Harper Collins Publichers.

Schmidt, K. (1991). *Gesellschaftsrecht*. 2. Auflage. Köln: Carl Heymanns Verlag.

Wiethölter, R. (1961). *Interessen und Organisation der Aktiengesellschaft im amerikanischen und deutschen Recht*. Karlsruhe: Verlag C. F. Müller.

中文書目

伍忠賢（2003）。《公司治理的第一本書》。台北：商周出版公司。

林咏榮（1985）。《新版商事法新詮(上)》。台北：五南圖書出版公司。

洪貴參（1999）。《關係企業法──理論與實際》。台北：元照出版公司。

柯芳枝（1999）。《公司法論》。台北：三民書局。

唐力行（1997）。《商人與中國近世社會》。台北：台灣商務印書館。

張肇元（1957）。〈新公司法解釋〉。《現代國民基本知識叢書》，第五輯。台北：中華文化。

黃銘傑、於賴源河等著（2002）。《新修正公司法解析》，頁289。台北：元照出版公司。

劉連煜（1995）。《公司監控與公司社會責任》。台北：五南圖書出版公司。

劉連煜（1997）。〈累積投票制與應選董事人數之縮減〉。載於氏著，《公司法理論與判決研究(一)》。台北：三民書局。

劉紹樑（2002）。《從莊子到安隆──A+公司治理》。台北：天下

文化出版公司。

賴英照（1988）。〈中國公司立法之回顧與前瞻〉。載於氏著，《公司法論文集》。台北：中華民國證券市場發展基金會。

劉興善（1982）。〈論公司人格之否認〉。載於氏著，《商法專論集》。台北：三民書局。

中文論文報刊

柯芳枝（1995）。〈日本法上外部監察人制度之探討〉。《臺大法學論叢》，第25卷，第1期，陳故名譽教授棋炎先生紀念特刊，頁252。

范建得（1997）。〈論公司人格之否認〉。《財經法論集》，柯芳枝教授六秩華誕祝賀文集，頁1。

黃鴻圖（1983）。〈公司人格否認理論之研究〉。國立政治大學碩士論文。

《聯合報》。2004年8月19日，版A11。

《經濟日報》。2004年7月10日，版A1。

《經濟日報》。2004年5月5日，綜合新聞，版6。

《經濟日報》。2003年8月26日，版6。

參考網站

OECD公布的「公司治理準則」

http://www.oecd.org/document/49/0,2340,en_2649_34813_31530865_1_1_1_1,00.html。

行政院經建會網站

http://www.cepd.gov.tw/indexset/indexcontent.jsp?task=direct&topno=1&url=../analysis/corporate%20governance%20meeting/cor-

porate%20governance%20meeting.htm。

證期會「獨立董、監人才資料庫」http://www.sfi.org.tw/watch/main.asp。

行政院經建會「強化公司治理政策綱領暨行動方案」http://www.cepd.gov.tw/indexset/indexcontent.jsp?task=direct&topno=1&url=../analysis/corporate%20governance%20meeting/corporate%20governance%20meeting.htm。

新世紀的法律課題

第九章　法律的全球化與在地化

中央大學
通識教育中心專任教授

楊君仁

作者簡介

楊君仁

　　德國哥廷根大學法學博士。曾任國立中央大學通識教育中心首任主任、教育部大學校院通識教育訪視委員、一九九六年德國DAAD訪問學者、二○○○年國科會補助Freiburg大學訪問學者。現任國立中央大學通識教育中心主任。著作有專書《有限公司股東退股與除名》及法律、通識教育等論文數十篇。

課程目標

一、瞭解全球化（globalization）的意義及其對法律的影響。

二、法律在「全球一村」的實例驗證。

三、融會法律全球化與在地化（localization）的新法律觀。

新世紀 的 *法律課題*

摘要

　　全球化的風潮正如火如荼的展開，而「地球一村」的影響，也愈益深化到日常生活當中，觸及層面之廣，可謂鉅細靡遺，即使原本被視為甚具文化精神傳統特色的法律，都有趨向全球一致化標準的發展，因此，面對這二十一世紀的時代脈動，如何在全球化與在地傳統上理性和諧轉化新的法律文化，是作為地球村成員不可忽視的課題。本文即以法律的全球化及在地化為題，會通此兩股法律時潮，以為新時代法律觀。

311 ●●●●●●

全球化的時代風潮，「速度」是最大的推力，尤其是經由快速的流動衝擊，使得過去可能必須要一天、一月，甚或經年始能達到的傳輸，今天卻可以在彈指間跨越時空的隔閡，完成信息的交換而隨即產生影響結果，隨處可見的例子，如便捷的交通，使得人類過去受限於行的工具，而在空間移動上緩慢短距的情況，變得方便且頻繁；網際網路的建立，促使資訊的傳遞在彈指間即能快速流通，因此時尚品味的追求，已明顯不再受地域之限，就在同一瞬間，米蘭、巴黎、紐約、東京、台北的時尚新潮可以氣息相通。當然，全球化的影響尚不僅只如此而已，就是諸如失業、都市病、中年危機、減肥風等也都是共同的時代弊病，「地球一村」應是新世紀的子民共同面對的未來。

　　全球化風潮的形成，可說是源自於上個世紀一九八〇年代以來新自由主義的觀點，認為資本會從已開發經濟區（具備充裕的投資經費，但人口逐漸老化）「自然」、「理性」地流向「新興」（emerging）的經濟區（有相對年輕的人口，並極需投資）。而新興經濟區的成長發展，會帶來全球生活水準的趨近，達到全球普遍的繁榮（Went, 2000: XI）。因此，從一九九〇年代開始，全球化就與所謂的後冷戰時期共同標誌著時代的脈動，它的根本驅動力就是「速度」，因此，當全球的資金、人才、科技、商品、勞務與資訊等都以前所未有的速度，跨越國界樊籬，在全球各地尋求市場時，此時唯有能夠搭上全球化整合列車的，才有機會面對未來世紀的發展。所以，在先天上較處於弱勢的落後國家，就必須在資訊流通上、教育語文上、法令改革上及智慧產權上加速改進直追，避免使自己在全球的整合過程中發生「數位落差」的現象，而被遠遠拋棄在後頭，「速度」已成為決定成敗的關鍵，無怪乎微軟總裁比爾·蓋茲（Bill Gates）就曾說過：「如果二十世

紀八〇年代的主題是品質，九〇年代是企業再造，那麼公元二〇
〇〇後的關鍵就是速度。」

　　然而，當全球化已爲新世紀子民愈益認同時，處於這樣的風
潮之下，法律規範是否亦有走向全球化同一國際標準的問題，不
止具有法學研究的興味，也是現代人必須面對的挑戰，尤其是法
律在傳統上被認爲是文化的表現，深具民族精神（volksgeist）[1]與
在地化的特色，因此，如何兼顧全球化與在地化，使法律規範能
理性和諧轉化爲新的生活價值（法律文化），是作爲地球村成員不
可忽視的課題。

第一節　全球化的理念與實踐

　　爲清楚認識全球化的理念，及掌握其實際發展，本節首先應
對全球化的意義有所釐清，並探討其影響。

全球化的意義

　　「全球化」可說是目前最具爭議的概念之一（Went, 2002:
XI）， 而且，全球化亦往往被描繪爲一種無從避免、不可逆轉的
過程，就像某種自然現象般地席捲而來，劇烈地衝擊著我們的生
活。因此，全球化所表彰的，並非指某種單一狀況，而可說是一
個過程或者是一系列過程，且此發展趨勢的引動，乃在於全球各
區域間快速的流動所產生的，所以說沒有任何社會生活領域可以

免於全球化過程的影響，舉凡經濟、文化、政治、法律、軍事、環境等（沈宗瑞等譯，2001：35）。

因此，如果循著這個思維來理解全球化，可知全球化運動並非只是今日有，其實早在過去就已曾經風靡，或許「全球化」今昔之別，其間最大的差異，乃在於它所擴散影響的速度、廣度及那更不可抵擋的強度而已。在過去，絲路造成東西文化的接觸，漢商胡賈絡繹不絕於途，將東方中國的絲綢、茶葉、瓷器、指南針、印刷術等物經西域通印度、中亞、西亞、地中海到歐洲，而西方歐洲世界具特色的香料、寶石、樂器及科技產品，亦經由此路而傳入中國，加上馬可波羅（Marco Polo）遊記的推波助瀾，更對此風潮推向前所未有的境界，於是東西雙方除了在具體商品交換外，在抽象精神文明層面更是深受影響，共同創建那個時代的全球化價值。

當然，對於全球化的概念認知，有時亦受制於吾人看待周遭（地球）的視野，過去或許由於科技工具有限，人類跨越天然阻隔的能力不足，以致於觀察世界的角度狹隘，「井底之蛙」而不自知，所以，我國過去即使只在地（全）球地理位置上僅有黃河流域，但卻以己國自視為世界之中，而將四方認為蠻夷戎狄，上古以來即自稱「中國」。而同樣地，西方對於文明的理解，亦曾僅限於歐洲大陸，而絲毫不知地球上其實另有非洲、美洲等等文化的存在。

正由於對「全球化」的理解，深受限於概念定義與觀察角度的不同，而有不同的認知，所以亟欲將「全球化」作統一明確的定義，任何嘗試都勢必難以成功，此亦正是「全球化」被視為最具爭議概念的原因，現今詮釋全球化的概念，大概有如下三種傾向（表11-1）：

表11-1　全球化的具體概念化：三種傾向

	超全球主義論	懷疑論	轉型主義論
新穎之處	全球時代	貿易集團、地域統治能力較前期弱	全球往來聯繫程度達到歷史顛峰
主要特徵	全球資本主義、全球管理、全球公民社會	世界互賴程度低於一九八〇年代	密集型全球化（指擴張性與強度）
國家統治權力	衰退與腐蝕	強化或提高	復甦或重建
全球化的驅動力量	資本主義與技術發展	國家與市場	各種現代勢力的結合
階級型態	舊階級體系崩潰	南方國家利益逐漸邊緣化	世界秩序的新階級體系
中心思想	麥當勞之類的多國籍企業	國家利益	政治社群的轉型
全球化的概念化	全球化是人類行為架構的重新安排	全球化即國際化與區域化	全球化是國際關係與遠距離行為的重新安排
歷史軌跡	全球文明化	區域集團與文化衝突	含糊而不確定：全球整合與分裂
簡要結論	民族國家型態結束	仰賴國家默許與支持的國際化	全球化促使國家權力與世界政治的轉型

參考資料：沈宗瑞等譯（2001：14）。

全球化的影響

　　當然，在面對全球化的積極效應時，亦不應忽略其負面的影響。專研政治經濟學、經濟思想史及歐洲經濟的學者羅伯・溫特（Robert Went）就為文指出，全球化的概念至少在三方面被濫用了：

首先，是關於資本市場、跨國公司與國際機構（IMF、世界銀行、WTO、OECD、G7）限制政府制訂政策的能力。……支配性的六道戒律經濟邏輯簡直快要取代十誡：「你應全球化。你應不斷竭力於技術創新。你當逐競爭者於商業圈外，否則相同待遇將施之於你。你當令國內市場自由化。你不可支持國家干預經濟生活。你當私有化。」

國際清算銀行（Bank for International Settlement, BIS）在年度報告中宣稱，「資本自由流動的好處是無庸置疑的。這是分配金融資源最有利的方式，且據此加諸在政府上的規範整體而言是健康的。」這些權威們否認金融市場正在損害民主，堅稱由無數投資者與貸款人所做的決定本身即是民主的；或者說，有了市場的引導，選民將做出更為負責的決定；或簡單來講，市場懂得比公民更多。……要是國家無法滿足跨國公司的要求，便面臨極大的危險，眼睜睜看著生產移至別處或投資外移。資本的逐漸集中，已讓一小群人握有過度（事實上根本是無法控制）的權力。全世界最大的幾百家公司控制了價值數兆的生產活動。這些公司的否決權，足以阻止一切重要的政治決定。金融市場已經變成世界經濟中的法官、陪審團和警察。

第二，各類政客急於指出經濟正逐漸國際化，來為那些殘酷的、不受歡迎的政策辯護。舉例來說，全歐洲的政府用以辯護一個接一個緊縮政策的方式，即是訴諸馬斯垂克條約（Maastricht Treaty）的一致性標準（convergence criteria），謂所有國家皆須遵守該標準，以符合單一歐洲貨幣（據說會強化歐洲在世界市場上的競爭力）

的要求。……如此一來，全球化變成了缺乏政治想像、懦弱、社會厭食症（social anorexia）與反社會政策的託詞。

最後，世界經濟體的互相滲透，被用來正當化給予世界性組織、機構（如歐盟、NAFTA、WTO、聯合國）愈來愈多的權力、影響力與權威。因此，國家議會與政府扮演的角色、擁有的選擇便不斷受限。這背後的想法即是：「由於國際上的制度環境發生了根本改變，因此市場法則已經不可避免地、逐漸地侵蝕了獨立經濟與社會政策的可能性。據此，這些國際的、制度的規則必須調整，與世界秩序原則配合，以廢除（至少是限制）盲目市場法則的獨裁，但同時又不排除市場的正面影響，如有效率的生產、行銷與技術革新。」

雖然關於國際協作（international coordination）僅是空談大過實踐，但這樣的修辭正甚囂塵上。全球化趨勢正被用來當做藉口，來賦予不負責任、官僚的國際組織更多權威，透過國際協定、規則與機構，來定奪、懲罰、並逐漸限制國家與區域層次的經濟社會選擇（Went, 2002: 3-5）。

第二節　法律的全球化與在地化

　　法律原本深受民族文化的影響而展現不同的法系特色，如我國的中華法系、回回法系、羅馬法系等等。然而在國與國的頻仍交互影響下，法律的發展避免不了必須面對全球化與在地化的問題。

法律的全球化實例

當代全球化運動的風行，雖然深受科技工具高速傳輸的推動，人可以在一日之內異地而居，直接體驗不同的生活文化，而信息新知更可以在彈指之間流通兩地，經由如此相互快速往返的交換過程，使得人類「地球一村」相互為鄰的情況愈益緊密，小至生活用具，大到國際議題，影響與回應更加快速，如據報外來手機知名品牌Motorola，就因台灣Moto手機商業廣告的效果卓著，而成功回傳到美國，使得母公司亦以Moto來稱呼其品牌；或如最近即因俄羅斯同意簽署而再次引起注目的京都議定書，亦因其環境保護議題攸關全體人類未來，而成為當代重要的國際公約。當然，全球化風潮所帶來的影響，不僅只是科技新知、國際議題而已，更是深入到社會、政治、經濟、倫理道德等各個層面，法律的制定、增刪亦同樣地受全球化的思潮而變革，事實上，法律全球化的實例諸多，除了前兩次講座所提及的環境生態保護與公司治理的法制議題：如環境生態保護由原本各國地域性的問題處理，發展成為國際性公約的議題；因聯合國經濟合作暨發展組織（OECD）一九九九年所公布公司治理準則（principles of corporate governance），帶動近來各國公司法制，特就公司治理的研議與立法，試舉其犖犖者尚有如下幾個成例：

一、國際信用狀統一慣例

國際貿易上，「信用狀」（letter of credit, L／C）制度的建

立，可說是法律體現全球化的最佳實例，因為當買賣交易雙方分處於不同的國家時，受制於各自國內法規定的差異，及當事人間彼此欠缺信用瞭解下，如何確保買賣雙方債權債務關係，要一方履行交貨，另一方付款，這是極為困難的事。基於以上原因，雙方就必須透過信譽較好的銀行作為提供信用之仲介，其出具承擔付款保證的文書，此文書即為信用狀。因此，信用狀可說是一種附有條件之承諾付款文書，主要是作為開狀銀行以其信用代替進口商對出口商所作的確定付款之擔保。也正由於此種擔保，使得交易雙方在高度保障下，貿易更為便利安全（石裕泰，1992：48）。

此種全球國際商事所適用的習慣，於一九九三年經國際商會訂立「信用狀統一慣例」，將其成文化，其後並隨著國際商事環境的改變而歷經幾次修正，俾使更能貼近國際貿易之實務需求。雖然，信用狀統一慣例的條文，本身仍不是具強制性的法律，但卻廣為世界貿易所遵行的規則，成為國際社會共通的習慣，絲毫無礙其法規範效力。

而在我國，雖然仍乏針對信用狀之特別立法，僅於銀行法中規定，簽發信用狀得為銀行經營業務項目，並於同法第十六條作信用狀定義性規定，「本法稱信用狀，謂銀行受客戶之委任。通知並授權指定受益人，在其履行約定條件後，得依照一定款式，開發一定金額以內之匯票或其他憑證，由該行或其指定之代理銀行負責承兌或付款之文書。」至於，法實務上，即使對於國際商會所制定「信用狀統一慣例」的法律性質仍有不同的說法[2]，但並無礙將其視為是具法效果之規範準據，而為法院解決國際貿易上有關信用狀爭議之參考。

二、國際商品買賣統一化運動

國際買賣法的統一化（kaufrechtsvereinheitlichung），是國際上特就跨國間商品買賣法律全球化的另個成例。商品買賣是國際間重要的商事行為，然而由於各國有關買賣法的規定不一，致使買賣雙方可能對於締約要件、契約履行、給付障礙及瑕疵擔保等認知不同，等到產生買賣爭議時，又可能因適用準據法的問題，使得交易雙方權益更不明確，因此，如何取得各國有關買賣法的最大公約數，制定切合國際商品買賣實務的法律，以適應國際商品買賣的交易便利性，國際買賣法統一化的努力，從上世紀一九二〇年代即已展開。

首先是在一九二六年九月三日，於羅馬成立國際私法統一化研究所（Das internationale Institut für die Vereinheitlichung des Privatrechts），並於一九二八年五月三十日，由德國法學家埃恩斯特·拉貝爾（Ernst Rabel）在向該所所長維多里歐·西亞羅加（Vittorio Scialoja）提交首份工作計畫，將跨國商品買賣法的統一化列為工作重點。在拉貝爾教授的主導下，國際商品買賣法的統一化法典研擬工作獲致具體成就，在一九二九年提交著名的藍皮書（blauer bericht），奠定後續國際社會對於統一跨國商品買賣立法工作的基礎，而拉貝爾教授也因此被尊稱為制定國際買賣法統一化背後的偉大心靈（master mind）。

一九六四年，國際上買賣法統一化的立法工作，終於在海牙會議達成制定「統一國際商品買賣契約訂立法條約」及「統一國際商品買賣法」的兩項法案成就，然而，因為締約國最後只有九個國家決定採行「統一國際商品買賣法」，也由於法規推廣數目有

限，海牙統一國際商品買賣法施行的結果並不理想，所以，聯合國隨即於一九六六年，設立國際貿易法委員會（Commission on International Trade Law, UNCITRAL）繼續買賣法統一化的立法草擬工作。

　　一九八〇年三、四月間，聯合國於維也納舉行會議，共有六十二個國家與會，終於在四月十日經與會的四十二個國家同意通過「維也納聯合國國際商品買賣契約公約」（U. N. Convention on Contracts for the International Sale of Goods, CISG），並於一九八八年一月一日起正式生效。雖然，我國並非此公約的締約國，但由於我國屬於海島型經濟，對於國際貿易依賴甚深，因此，在從事各項對外貿易時，或因國際私法原則，或因我國人民在公約締約國境內設有營業所，該公約對我國民間貿易活動實際上具有相當拘束力，故並不能僅非公約締約國而忽視其法規定之影響。

三、罪刑法定主義確保人身自由權

　　人身自由權的維護，是現代民主法治國最重要的制度性保障，只是面對國家權力時，如何禁止其越權，避免人民遭受不當不法之侵害，實有賴於更明確之法律規定，罪刑法定主義（gesetzesbestimmtheit der strafe）即是落實人身自由權保障的基石，「罪刑法定」也成為刑事法全球化共同擁護的價值。

　　罪刑法定原則（gesetzlichkeitsprinzip），乃是由「無法律即無犯罪」（nullum crimen sine lege, kein verbrechen ohne gesetz）與「無法律即無刑罰」（nulla poena sine lege, keine strafe ohne gesetz）兩核心概念所構成。我現行刑法第一條，「行為之處罰，以行為時之法律有明文規定者為限」，即明確揭櫫此原則本意。外國立法

例都有類似規定，如德國基本法（Grundgesetz, GG）第一〇三條第二項：「行為之處罰，以其可罰性於行為前明定於法律者為限。」

　　罪刑法定原則，雖然就其理念發展，歷史上可以上溯至一二一五年英王約翰（King John）所簽署的「大憲章」（Magna Charta Libertatum），其中第三十九條規定：「任何自由人民，非依國家法律及采地貴族之適法裁判，不得加以逮捕、監禁或沒收其財產，剝奪其受法律之保護，或予以放逐……。」但事實上，因為此條文僅有程序上之意義，而乏實體法之內涵，故與現今所理解之罪刑法定原則仍有相當差距。（Jescheck, 1988: 117）　而後，隨著人權價值理念的發達，相關的政治宣言中，都莫不把罪刑法定原則納入人民基本權利保障之重點，如以美國為例，一七七六年的獨立宣言（Declaration of Independence）第八條「任何人非依國家之法律或裁判，不得剝奪其自由。」或一七九一年的人權宣言（United States Bill of Right）的第五條，亦有類似規定；或現今美國憲法修正第五條及第十四條第一項更是明白規定，「……未經正當法律程序（due process of law），不得使任何人喪失生命、自由或財產。」

　　至於，在法國一七八九年革命「人權宣言」第八條則規定：「任何人非依犯罪前已制定公布，且經合法適用之法律，不得處罰之。」確定了罪刑法定原則的形式。而後於一八一〇年所制定的刑法第四條中規定：「無論違警罪、輕罪或重罪，不得使用行為前法律所未規定的刑罰予以處罰。」更是開創罪刑法定原則明定於刑法的立法先例。而在國際法上，世界人權宣言（一九四八）第十一條第二項規定：「任何人在刑事上之行為或不作為，於其發生時依國家或國際法律均不構成罪行者，應不為罪。刑罰不得

重於犯罪時法律之規定。」

因此，在罪刑法定原則下，應該禁止如下幾個法律適用的問題：

第一、是禁止追溯既往（rückwirkungsverbot）。

第二、是禁止適用類推解釋（analogieverbot），刑法就因有禁止類推解釋運用的原則，使刑法成為如德國刑法學家法蘭茲·封·李斯特（Franz von Liszt）所稱的「犯罪人的大憲章」（magna charta des verbrechers）。違反者，其對人身自由之保障將渺茫而不可期待，如蘇聯一九二六年的刑法第十六條規定：「凡本法所未直接規定之反社會之危險行為，其責任之依據與範圍，依本法所定與該行為種類最相類似的條款定之。」或如希特勒主政的德國納粹時代，在其一九三五年公布的刑法第二條後段規定：「對於具有刑罰性之行為無可以直接適用之法律時，依對該行為最妥適之基本思想之法律處罰之。」都是明顯可以恣意侵害人民權益的法律規定。

第三、是禁止適用習慣法（verbot des gewohnheitsrechts）：習慣法的適用問題，雖然法律並非全然禁止，如我民法第一條即規定，「民事，法律所未規定者，依習慣；無習慣者，依法理。」使得民事問題如法律未明文規定者，於有適用習慣法之可能者，亦得以習慣法作為裁判民事衝突之依據，唯須注意者是，在刑事法上並不適用此原則。

如上所舉事例，可知隨著全球化運動的風行，勢必使得法律超越傳統國界限制，從過去國內法的格局設計，漸漸以全球一致國際標準的價值理念作為法規定的內容，如從近來因生科基因技術的發達，所引發的全球道德、倫理、法律對策的探討；或是在WTO的規範架構下，各國相關貿易法律的調整，都可得到法律全

球化趨勢的明證。

法律在地化的挑戰

一、法律在地化是社會變遷的過程

　　法律的在地化應是指外來移植的法律，經過社會變遷後轉化為當地的價值，而表現在生活內涵的過程。法律作為社會規範制度，雖有人認為並非無生命之物，而是隨時間成長，尤其配合當時社會環境的需要而建立發展，如法家慎到即曾有言：「法非從天降，非從地出，發於人間，合乎人心而已。」（慎子逸文）　而持同樣看法者，在西方如以Savigny為代表的歷史法學派，亦認為法律是民族精神的結晶，且係自然之生成物，其與該國民族之血統、語言、宗教和風俗習慣密切不可分，立法只不過是其成文形式化過程之最後階段而已[3]。當然，此種看法經後來實證法發展印證，顯得立論架構不足，並非可以全然採信。再加以上個世紀初，當西方列強挾其船堅砲利、現代先進典章制度之勢侵犯殖民世界各地時，東方國家如土耳其、中國、日本、韓國等國不得不放棄傳統舊習，門戶洞開去學習繼受歐洲大陸法制[4]，以作為改變傳統社會結構的必要選擇，更加印證法律已不再只是民族精神的產物，僅可出於本土自生，而是相反的，它可以是理性選擇的手段，甚至更被視為是社會改革的主要工具[5]。

　　然而，法律的制定並非只是一次之行動（ein einmaliger akt）而已，而是長期社會變遷的過程（ein langwieriger prozeβ sozialen

新世紀 的 法律課題

wandels）[6]。即使歷史法學派的看法並非全然可信，但仍影響後來法律社會學的思考，如法律社會學家奧根‧愛爾利希（Eugen Ehrlich）就曾說過，「法律發展之重心，從來不在於立法，亦不在於法學或司法，而在於社會本身。」因此，法律一經制定，即已過時[7]。也就因為此種極端的看法，使得當代法學的研究，已不再自滿於傳統抽象法律概念之闡釋，而轉向務實地面對社會生活事實（facts of social life, soziale Wirklichkeiten），探討法律和社會甚或社會變遷間之關係。

尤其是當全球性的議題，如環境生態、公司治理、基因複製（cloning）、死刑存廢等等，大量藉由國際組織、國際條（公）約的方式處理時，勢必影響國內法制的變革，促使社會以更積極主動的態度去接受新的價值理念，所以，當全球化的法律規範進入當地社會時，除了隨之而來的立法修法外，更是漫長的社會變遷程序。

二、法文化的形塑是法律全球化與在地化的融匯

法律的功用，通常被認為具有下列諸如解決紛爭（konflikts-bereinigung）、行為規範（verhaltenssteuerung）、教育的功能（erzieherische funktion）、社會治療（sozialthcrapeutische funk-tion）、娛樂的功能（unterhaltungsfunktion）、宗教或魔幻的功能（religiöse oder magische funktion）、經濟的功能（wirtschaftliche Funktion）與政治的功能（politische funktion）（Rehbinder, 2000: 129）。或者，吾人將法律視為社會規範的整合工具[8]，它必須隨著社會的變遷而動，因當代生活之需要而生，俾能維持其應有功能，除此之外，法律亦應有前瞻性之立法目的，經由法律明確且

具強制力之本質，發揮社會控制（social control）[9]之功能，小至個人價值觀，大至整個國家社會體制，以引領社會的變遷。

　　學者在觀察西方法制和傳統儒家文化在台灣社會互動關係後，對於台灣未來發展提出了如此呼籲：「台灣社會的本體仍以儒家文化為中心，因此在這個轉變的過程，將因為缺乏高度法意識、法律知識及使用專業人員的意願，而倍增困難[10]。」法律的全球化與在地化問題，使吾人有機會檢視法律和社會之互動關係，瞭解法律制定是否平易近人，確能影響人民法認知層面，牽動其利用法律之動機。進而整體法律文化的建構，更有賴法意識居中連結，作為後續發展之橋樑。

　　當代全球化的動力，雖說主要源自於新技術的發達，但其所牽動的層面，卻是深及經濟、文化、政治、法律、軍事、環境、道德等各領域，使得傳統視法律為民族精神、文化特色的觀點面臨挑戰，全球國際所共同認同的法律制度勢必介入到我們日常生活當中，尤其是此股全球化風潮的影響，實不同於上波十九世紀的法律繼受宿命，源自於西方列強殖民主義盛行，東方世界為追求國家的現代化，為求改變自己命運不得不然的選擇。相反地，搭上二十一世紀全球化列車的目的，乃為創造人類更優質的生活願景，因此，如何在全球化與在地傳統上理性和諧轉化新的法律文化，培養全球視野的襟懷，是作為地球村成員不可忽視的課題。

問題討論

一、全球化的原因為何？它所衝擊的面向諸多，你能試舉幾例嗎？

二、在全球化的時潮下，如何面對自我的教育與學習？

三、全球化明顯展現西方科技文明的影響，我們東方文化對此應如何回應？

四、法律的全球化影響有那些，你能試舉幾例嗎？

五、台灣是否有自己的法（律）文化，它的特色在那？

註釋

1 對歷史法學派（die historische schule）宗師Friedrich von Savigny
（1779~1861）而言，所有的實證法都源起於民族法（volksrecht），它
是集合所有個體共同生活與影響的民族精神，是民族精神創建與促
進法律的發展。剛開始時，法律亦如我們共同生活中的語言或風
俗，其存在與改變並不明顯或有意識，而是在隨後社會分歧的階段，
經由國家立法賦予民族法外觀明確可見的存在事實（ein äußerlich
erkennbares dasein），將疑惑不明處剔除以有利其施行，而創造儘速適
應環境變遷的能力，補強與扶助引導過程的發展方向。請參閱V.
Savigny, *System des heutigen Römisches Rechts* Bd. 1(Aalen: Scientia
Verlag, 1840), § 7.

2 「信用狀統一慣例」的法律性質，有習慣說、契約條款說、慣例有
無效說等不同的法律見解。

3 參閱洪遜欣，《法理學》（台北：三民書局，1988），頁95；W.
Friedmann著，楊日然等合譯，《法理學》（*Legal Theory*）（台北：司
法院祕書處），984，1，頁227；林文雄，〈德國歷史法學派——薩
維尼〉，前揭書，頁1。

4 在這以前德國之繼受羅馬法，是法學史上成功的典範，其影響所及
帶動社會重大的變遷，更造就了Max Weber所指西方文化特有的法律
人（juristen）階層。有關德國繼受羅馬法之介紹，請參閱戴東雄，
〈中世紀意大利法學與德國的繼受羅馬法〉；F. Wieacker,
Privatrechtsgeschichte der Neuzeit, 2. Auflage(Göttingen: Vandenhoeck
& Ruprecht, 1967), S. 97ff.

5 Rheinstein, *Einfhrung in die Rechtsvergleichung* (München: C. H. Beck,

1987), S. 64; 哥倫比亞大學法學院院長Michael I. Sovern更是直言「法律就是個過程」（Law is not a thing but a process.） s. Rheinstein, aaO., S. 5.

6 Vgl. Ernst Hirsch, "Die Einflüsse und Wirkungen ausländischen Rechts auf das heutige türkische Recht", *Zeitschrift fr das gesamte Handelsrecht und Konkursrecht,* Bd. 116(1954), S. 201; E. Hirsch, *Rezeption als sozialer Prozess, erlutert am Beispiel der Türkei* (Berlin: Duncker & Humblot, 1981) ; Z. Kitagawa, *Rezeption und Fortbildung des europischen Zivilrechts in Japan* (Berlin: Alfred Metzner Verlag, 1970); K. Bünger, "Die Rezeption des europischen Rechts in China, Deutsche Landesreferate zum III", *Internationalen Kongre fr Rechts-vergleichung in London* (London: Sonderdruck, 1950), S. 166.

7 Eugen Ehrlich: "Der Schwerpunkt der Rechtsentwicklung liege auch in unserer Zeit, wie zu allen Zeiten, weder in der Gesetzgebung noch in der Jurisprudenz oder in der Rechtsprechung, sondern in der Gesellschaft selbst." Vorrede zur "Grundlegung der Soziologie des Rechts"（1913）, zitiert nach M. Rehbinder, *Die Begründung der Rechtssoziologie durch Eugen Ehrlich,* 2. Auflage (Berlin: Duncker & Humblot, 1986) , S. 34.

8 諺云：「有社會，必有法」（ubi societas ibi jus），「有法，斯有社會」（ubi jus ibi socictas），即言法與社會之共生互動關係。按jus之意有二，一是指法律（law），一是指權利（a right），此處係指法律而言。見B. A. Garner, *Black's Law Dictionary,* 6th. edition (St. Paul: West Publishing Co., 1990), p. 857。

9 social control一詞出自本世紀初美國社會學家E. A. Ross，「法律是社會控制最特別和完善的工具」（law as the most specialized and highly finished means of social control），其意並非指監督（berwachung）或

管制（prüfung），而是指秩序（ordnung）、影響（einfluβ）或社會的
統制（soziale Herrschaft），見M. Rehbinder，"Rechtskenntnis,
Rechtsbewuβtsein und Rechtsethos als Probleme der Rechtspolitik",
Jahrbuch für Rechtssoziologie und Rechtstheorie, Band 3: Zur Effektivität
des Rechts (Düsseldorf: Bertelsmann Universitätsverlag, 1972) , S. 25.

10 蘇永欽，〈韋伯理論在儒家社會的適用〉，載於氏著，《經濟法的
挑戰》，頁75。

新世紀 的 法律課題

參考文獻

外文書目

Bünger, K. (1950). "Die Rezeption des europäischen Rechts in China, Deutsche Landesreferate zum III". *Internationalen Kongreβ für Rechtsvergleichung in London.* London: Sonderdruck.

Garner, B. A. (2004). *Black's Law Dictionary.* 8. edition. St. Paul: West Publishing Co.

Hirsch, E. (1954). "Die Einflüsse und Wirkungen ausländischen Rechts auf das heutige türkische Recht". *Zeitschrift für das gesamte Handelsrecht und Konkursrecht,* 116, S. 201.

Hirsch, E. (1981). *Rezeption als sozialer Prozess, erläutert am Beispiel der Türkei.* Berlin: Duncker & Humblot.

Jescheck, H. H. (1988). *Lehrbuch des Strafrechts.* Allgemeiner Teil, 4. Auflage. Berlin: Duncker & Humblot.

Kitagawa, Z. (1966). "Das Methodenproblem in der Dogmatik des japanischen bürgerlichen Rechts". *AcP,* 166, S. 331.

Kitagawa, Z. (1970). *Rezeption und Fortbildung des europäischen Zivilrechts in Japan.* Frankfurt/Main, Berlin: Alfred Metzner Verlag.

Rehbinder, M. (1972). "Rechtskenntnis, Rechtsbewuβtsein und Rechtsethos als Probleme der Rechtspolitik". *Jahrbuch für Rechtssoziologie und Rechtstheorie,* Band 3: Zur Effektivität des Rechts. Düsseldorf: Bertelsmann Universitätsverlag, S. 25.

Rehbinder, M. (1986). *Die Begründung der Rechtssoziologie durch Eugen Ehrlich.* 2. Auflage. Berlin: Duncker & Humblot.

331

Rehbinder, M. (2000). *Rechtssoziologie*. 4. Auflage. München: C. H. Beck.

Rheinstein, M. (1987). *Einführung in die Rechtsvergleichung*. München: C. H. Beck, S. 64.

Savigny, V. (1840). *System des heutigen Römisches Rechts Bd. I*. Aalen: Scientia Verlag, S. 7.

Wieacker, F. (1967). *Privatrechtsgeschichte der Neuzeit*. 2. Auflage. Göttingen:Vandenhoeck & Ruprecht. S. 97ff.

中文書目

Bill Gates著，王美音譯（1996）。《擁抱未來》。台北：遠流出版公司。

Friedmann, W.著，楊日然等合譯（1984）。《法理學》。台北：司法院祕書處。

Held, D., McGrew, A., Goldblatt, D., & Perraton, J.著，沈宗瑞、高少凡、許湘濤、陳淑鈴譯（2001）。《全球化大轉變》。台北：韋伯文化出版公司。

Robert Went著，萬毓澤譯（2002）。《全球化：馬克思主義的觀點》。台北：連結 雜誌社。

石裕泰（1992）。《國際貿易法規》。台北：五南圖書出版公司。

李惠宗（1998）。《憲法要義》，第二版。台北：敦煌書局。

林文雄（1993）。〈德國歷史法學派——薩維尼〉。《法實證主義》，第五版。台北：三民書局。

洪遜欣（1998）。《法理學》。台北：三民書局。

戴東雄（1999）。《中世紀義大利法與德國的繼受羅馬法》。台北：元照出版公司。

謝瑞智、謝立功、鄭善印、翁玉榮（2000）。《刑事法》。台北：正中

新世紀 的 法律課題

書局。

蘇永欽（1994）。〈韋伯理論在儒家社會的適用〉，載於氏著，《經濟法的挑戰》。台北：五南圖書出版公司。

第九章　法律的全球化與在地化

筆 記

筆記

筆 記

筆記

新世紀的法律課題　　　　通識叢書01

主　　　編☞楊君仁

出 版 者☞威仕曼文化事業股份有限公司

發 行 人☞葉忠賢

總 編 輯☞閻富萍

登 記 證☞局版北市業字第1117號

地　　　址☞台北市新生南路三段88號5樓之6

電　　　話☞(02)23660309

傳　　　眞☞(02)23660310

劃撥帳號☞19735365 戶名：葉忠賢

法律顧問☞北辰著作權事務所 蕭雄淋律師

印　　　刷☞大象彩色印刷製版股份有限公司

初版一刷☞2006年3月

I S B N☞986-81734-6-9

定　　　價☞新台幣450元

E-mail☞service@ycrc.com.tw

國家圖書館出版品預行編目資料

新世紀的法律課題 / 楊君仁主編. -- 初版. --
臺北市：威仕曼文化, 2006[民95]
　　面；　公分
參考書目：面
ISBN 986-81734-6-9(平裝)

1.法律 - 論文,講詞等

580.7　　　　　　　　　　　　95001441